汉语方言语法的参数理论

A Parametric Theory of Chinese Dialectal Grammar

邓思颖 著

Sze-Wing Tang

北京大学出版社
2003年,北京

图书在版编目(CIP)数据

汉语方言语法的参数理论/邓思颖著. —北京：北京大学出版社，2003.3
(语言学前沿丛书)
ISBN 7-301-06107-2

Ⅰ.汉…　Ⅱ.邓…　Ⅲ.汉语方言－语法－参数－理论研究　Ⅳ.H17

中国版本图书馆 CIP 数据核字(2003)第 000055 号

书　　名：	汉语方言语法的参数理论
著作责任者：	邓思颖
责任编辑：	徐　刚
标准书号：	ISBN 7-301-06107-2/H·0818
出　版　者：	北京大学出版社
地　　址：	北京市海淀区中关村北京大学校内　100871
网　　址：	http://cbs.pku.edu.cn
电　　话：	发行部 62754140　编辑室 62752028　邮购部 62752019
电子信箱：	zpup@pup.pku.edu.cn
排　版　者：	兴盛达打字服务社　82715400
印　刷　者：	北京大学印刷厂
发　行　者：	北京大学出版社
经　销　者：	新华书店
	890 毫米×1240 毫米　A5 开本　8.25 印张　235 千字
	2003 年 3 月第 1 版　2005 年 10 月第 2 次印刷
定　　价：	16.00 元

序

　　自一九五〇年代以来，新的语言学研究改变了我们思考语言的方式和研究语言的方向，把我们带到一个"认知革命"的新纪元。在这新纪元里，语言学者与心理学、哲学、神经科学和进化人类学的专家们对人类心智从事有系统的研究并开拓了一片全新的视野。引起这场认知革命的原动力，就是诺姆·乔姆斯基（Noam Chomsky）所提出的生成语法学。生成语法学的理论把语言当作反映人类心智的一面镜子，并以研究这面镜子为手段，来探究人类心智的奥秘。

　　生成语法学中的一个核心支柱，就是乔姆斯基对语言的看法——每个人都有一套与生俱来的"语言器官"。这"语言器官"就如我们天生有一颗心、两只手、两条腿一样，都是进化的产物。它跟其他器官的主要分别在于它并不是一种有形有状的"硬件"，而是一种无形的"软件"。语言学家观察语言实况，加以分析推论，把这软件的特征勾勒出来。具体而言，人类天生具有一套专司语言的"基因型"（一般称为"普遍语法"），这个基因型随着小孩的发育逐渐成为语言的"表现型"（亦即"个别语法"）。普遍语法这套软件包含一组运算系统以及一组原则系统。运算系统使语言得以生成，原则系统则确保语言的生成受到规范。人类因天赋有了普遍语法，得以超过其他物种而发展其个别语言能力；同时因其语言能力必受普遍语法的规范，所以人类语言有其特殊的结构和表现，并有别于其他物种（如电脑或猩猩）的沟通系统。以简单的例子来说明基因型与表现型之间的关系：水牛因天赋的基因型，而长出四只脚，但也因这种基因型的限制而无法长出六只脚。苹果树因其基因型终能长成苹果树，但也因其基因型而不可能长出橘子来。这是生物的本质。再者，一般植物虽然天生属于同一种类，但若以不同的方法培植，假以时日，就会有若干差异。这也是生物的共性。人类的语言习得也是如此。普遍语法虽然有力地规范语言,但也预留一些空间(称作"参数")。小孩子在成长的过程中,以普遍语法为基础,经由不同的学习环境,选择性地习得个别语言的特点,形成他们在语言上的差异。由此可见,我们所观察到的人类语言,其实是先天遗传和后天培育两相结合的产物,它具有一般生物的特性。因此语言学研究可说是属于(广义)生物学的一环。

在这种语法观点和研究方法的影响下,语言学的研究更趋活跃蓬勃,我们的视野得到前所未有的扩大,许多相关学术领域的研究都受到启发,也因此形成了一门崭新的学科——认知科学。与此同时,从这种观点建立起来的语法理论经过多次修正,不断地改善和提升。到了八十年代初,理论发展到巅峰阶段,并促成了一套相当精密、解释力颇高的"原则与参数理论"。这个理论迅速地成为语言学研究的主流,为探索自然语言提供了一个非常有用的工具箱。此外,依据这个理论模式所作的研究,也大大加深了我们对人类语言和人类心智的了解。由于新的研究成果不断地涌现,这个理论分两方向继续开展:一在解释上愈趋充分,二在分析方法上愈能力求精简。如今语言学家自认对语言本质已有相当的掌握与认识,因此也已开始对语言学和其他认知科学之间的关系进行有意义的探索。

这场"认知革命"并未在中国发起,而刚发起之时也没有在中国得到太大的回响。除了少数的例外情况,在主流的语言理论发展中,我们似乎没有多大的参与。作为语言学者,我们未曾跟认知科学家合作,共同开拓研究人类心智的新视野。其实,过去汉语语言学界做过的工作并不少,比如说,在八十年代初大量描述汉语现象的材料,就给人深刻的印象。这些语料虽然获得很好的记录和保存(甚至相同的语料有时可能在很多不同的场合被重复地记录下来),却大多欠缺全面的分析。虽然确有若干重要著作提出过很有见地的分析,可惜大多数都只注重探讨汉语本身的特性,而没有着眼于普遍语法方面的研究,更没有涉及人类认知的研究层面。

这个情况直到八〇年代末到九〇年代初,才有了小规模的转变。我们可以看见一些用汉语写成的专门介绍生成语法学基础原理的著作,在这些著作中,有时也会阐述如何运用某些新理论为汉语语言学的旧问题提供新的解决方法。此外,利用当前的语言学理论分析汉语语料的文章也开始在国际认可的主要杂志上出现,这在汉语语言学史上可说是划时代的。即使数量并不算多,但已经值得我们注意。还有,在主要国际学术会议上发表的论文中,应用一般的语法理论去分析汉语语料的论文,数目也显著地增加。在上述的著作中,有些就大家所熟知的汉语语料提出令人耳目一新的原创分析;也有些把具有理论价值的新语料发掘出来;更有一些著作运用本身的分析方法,讨论重要的汉语语料,进而为当前的语言学理论作出贡献:解决了某些理论上的争论,甚至发现了一些支配人类语言的新原则。

近年汉语语言学的发展已愈能令人振奋:以往学者只埋首于对汉语语料的描述,现在越来越多的语言学家就汉语语料进行新颖而成熟的分析,并对一般的语言学理论作出直接的贡献。这个发展正标志着一个重要时代的开始。已故哈佛大学人类学教授张光直曾经呼吁:中国的人文学科和社会科学的研究应迈向世界主流。他曾举例说,在不少场合里,"中国(来)的社会学家"往往被误为研究"中国社会学"的专家,而专研经济学的华人专家则被"想当然耳"地误以为研究"中国经济学"的专家。原因无他,主要是华人学者倾向把自己的研究领域和贡献局限在与中国有关的范畴中,至于建构整个学科主流理论的工作,就没有去参与。从张教授的观点来看,最近汉语语言学的发展倒是蛮令人鼓舞的:虽然为数不多,但迈向主流的步伐可说是已经展开了。

在这少数能把汉语语言学的资料引入当前主流理论的研究中,邓思颖先生的这本书算是一个代表作。在这本书里,作者以原则与参数理论的模式,从四个方面来讨论粤语句法的问题,并且提出一个能够解释普通话和粤语句法差异的参数理论。本书有三个特点,使其贡献更具价值。

第一,书中的讨论以最新的原则与参数理论作为主导,同时也包含了最简方案的新近内容。在书中的第二和第三章,作者以汉语的实际例子,简明而精确地阐述了有关的理论基础、原理和方法。作者在美国接受过全面的理论句法学训练,加上他流畅的文笔,这本书写来就具有理论精确和行文易读的优点。

第二,书中应用原则与参数理论去建立一个具有限制性的理论,从而解释了两个汉语方言——普通话和粤语之间的"微型参数"差异。据我所知,这本书是这方面研究的第一部专书。在各个章节中,读者会发现书中论证审慎和理论简明的优点。第四到第七章的分析,新颖且具原创性,应能为将来的研究带来新的启发,让不熟悉理论的人士大开眼界。这本书的分析,显示在原则与参数理论的研究方法下,经过严谨而科学的探索,可以为粤语句法找到重要的新发现。

第三,作者提出"显性参数化假定",为语言学理论直接作出贡献,应是这本书最有价值的特点。根据显性参数化假定,语言的差异只能局限于显性的特征(如语音特征、词类特征、词缀特征等),而非隐性的特征(如语义特征)。对于观察到的语言差异,过去文献上提出过不少流于想像的解释。显性参数化假定的重要性,就是摒弃了这些流于想像的解释,并根本地限制了参数理论中有些不切实而又不受规范的部份。作者在书中指出,基于显性参数化假定、普遍语法的其他原则、语言习得的实况等各方面的考虑,我们要挑选出最恰当的分析去解释普通话和粤语的差异,包括涉及所谓倒置双宾语结构、与格结构、正常的双宾语结构、被动和使役句子等现象。其实,显性参数化假定提供了一个实用的指导原则,帮助我们为那些现象挑选出适当的分析。与此同时,这些语言现象也反过来支持显性参数化假定的论点。更重要的是,显性参数化假定是一个关乎普遍语法理论的方案,因此这个假定也对其他语言的分析提出若干建议,算是对普遍语法理论所作出的一项贡献。

这本书为我们提供了一个很好的范例:研究汉语句法,哪怕是方言间小小的差异,都可以对一般语言学理论作出贡献,让汉语研究加入主流理论的行列。所谓"小处着手、大处着眼",尽管作者或许认为这本书的工作,只不过是踏出了一小步,然而对还算初成的"理论汉语语言学"这块园地来说,这种研究应可算是迈出了一大步。对于这本书,能够先睹为快,感到获益匪浅,谨在此广邀读者与我共享。

黄正德

于麻省 剑桥
2002 年 11 月

自　序

　　这本题为《汉语方言语法的参数理论》的小书,顾名思义,探讨的是汉语方言的问题,分析的方法是生成语法学的原则与参数理论。利用当前流行的理论来分析汉语方言语法,是我最近甚感兴趣的研究工作。这本小书,是我一些不成熟想法的一个记录,期望收到抛砖引玉之效。

　　萌起提笔撰写这本书的念头,大致上有三个原因。

　　第一,是为了用汉语介绍新的学说。从去年开始,我有幸在中国内地进行一系列的学术报告和讲座。根据我的印象,我发觉不少语言学研究者,特别是年轻的研究生,对生成语法学理论的最新发展有极大的兴趣和关注。可惜用汉语写的专著并不多,而一般读者直接阅读国外的文献有一定的困难。在材料不足的情况下,推广新的学说是很吃力的。因此,我希望能够用汉语写一本书,把一些生成语法学的新观点和新方法,结合我们熟悉的例子,介绍给我们的读者。

　　第二,是为了把汉语方言的语料带进生成语法学的研究里。生成语法学虽然对汉语的研究已经取得一定的成果,但是主要集中在普通话的研究,很少用到汉语方言语法的资料。因此,我希望利用生成语法学来分析汉语方言语法,扩展生成语法学的研究范围,证明汉语方言一样可以为形式语言学服务。

　　第三,是为了把汉语方言研究形式化和理论化。传统方言学的研究,主要着重语料的调查、方言的归类和历时源流的探索。至于怎样从方言的事实揭示语言机制操作的系统性,却不是过去方言学关心的课题。这本书试图借助生成语法学把方言研究提升到形式化、理论化的层次,让读者知道这个学科也同样适用于汉语方言的研究。

　　本书采用生成语法学的原则与参数理论进行探讨,注重方言语法形式化的对比。虽然这本书的内容并不全面,绝对不是一本生成语法学的入门书,也不是一本汉语方言语法的导论,但是,我希望通过选取几个特殊的结构,重点讨论汉语方言的明显语法差异,从而介绍一点基本的研究方法。其实,介绍形式语言学的文章已有不少,过去调查汉语方言语法的文献也很丰富,然而结合这两方面的专著,无论在国内或国外都好像没有。因此,我的愿望就是填补这个空白,撮合形式语言学和汉语方言学,发展一个新的研究方向,为汉语语言学作出一分贡献。

本书的内容大致分为两个大部分:第一部分是概论部分(第一至三章、第八章),介绍本书采用的理论背景,阐述对汉语方言研究的看法,提出分析语言差异的"显性参数化假定"的主张。第二部分是分析部分(第四章至第七章),对汉语方言语法作实际的比较分析,包括双宾语结构、与格结构和被动结构等句式,集中比较普通话和粤语的语法差异。通过这两个语言的对比,一方面介绍生成语法学的基本分析原理,另一方面利用汉语方言的语料支持显性参数化假定。

在以下的段落里,让我谈谈本书一些重要内容的构思背景。

显性参数化假定最初在我的博士论文里提出来,在原则与参数理论的框架下,解释语言差异的问题。虽然近几年原则与参数理论有了一些新发展,但是,有关语言差异的部分基本不变,显性参数化假定仍然有它的合理性。当初我在博士论文里,采用显性参数化假定来比较汉、英、日等语言的异同;如今我在这本小书里,用这个假定来讨论汉语方言的问题。呈现在读者面前的,可谓显性参数化假定的"汉语方言版"。

汉语方言"倒置双宾语"的问题,早在十年前已经困扰我。所谓"倒置双宾语"并非由"倒置"形成,我十年来都没有改变过这个看法,反而发现支持的证据越来越多,更有信心把我的想法放在这本小书里,作为说明显性参数化假定的例证。至于本书有关"倒置双宾语"的讨论,基本上是在 Tang(1998b)的基础上经过全面的扩充和修改而成。

分析与格结构词序差异的构思,主要在我去年的讲学中孕育出来。这部分的讨论是一个实验性的尝试,利用动词移位来解释汉语方言之间某些词序的差异和一些表面上毫不相关的语言特点。读者可以察觉得到,我的分析深受 Huang(1991 et seq)、Kayne(1994)等学者提出的移位理论的影响。

为什么某些汉语方言没有双宾语结构？这个问题一直是我研究"倒置双宾语"时的一条尾巴。至于目前读者所看到的双宾语的分析，是我在去年思考与格结构问题的时候一并想出来的。参加过今年八月的国际中国语言学学会年会后，我对这个问题又有了新的认识，对原来的分析作了补充。

我对汉语方言被动句的兴趣，主要受到 Huang(1999)一文的启发。把被动句动词说套用在汉语方言的例子，结果得出意想不到的新发现。这几年来我多次发表我对被动句的想法，收到很多宝贵的意见。收录在这本书的有关被动句的部分，是以 Tang(2001a)作为讨论的架构。在这个架构之上，总结我近年对被动句研究的一些心得。

本书大部分的内容一年来曾经在多个场合系统地报告过，包括中国内地院校的邀请讲座(按时间顺序)：解放军外国语学院、北京大学、清华大学、北京语言文化大学、中国社会科学院语言研究所(2001年10月)、广东外语外贸大学(2001年12月)和上海外国语大学(2002年4月)；还有学术会议：西安外国语学院举行的"全国汉语方言学会第十一届学术年会"(2001年10月)、香港浸会大学举行的"香港语言学学会周年学术年会"(2001年12月)、香港大学举行的"第一届中国语言文字国际学术研讨会"(2002年3月)、日本爱知县立大学举行的"国际中国语言学学会第十一届年会"和日本同志社大学举行的"东亚语言学论坛"(2002年8月)。此外，部分内容也曾经整理为讲课材料，在香港中文大学语言学硕士班(2001-2002年上学期)和香港理工大学中国语言学硕士班(2001-2002年下学期)跟研究生讨论过。因此，这本书可谓见证了我过去这个难能可贵、获益良多的一年，汇集了丰硕和有益的学术讨论成果。

过去一年多以来在本书构思的期间，幸好得到以下各位为我提供各种各样的安排、帮忙和协助，或者跟我对本书的内容作过非常有用的交流(按拼音序)：蔡维天、曹广顺、Wynn Chao、程工、方立、方梅、顾阳、郭进眉、花东帆、黄正德、李宝伦、李敬忠、李连进、李行德、林宗宏、刘辰生、刘丹青、刘镇发、陆俭明、Stephen Matthews、欧阳伟豪、彭小川、沈家煊、沈力、石定栩、司富珍、王洪君、王文心、温宾利、杨小璐、叶彩燕、袁毓林、张伯江、张宁、赵世开等,我谨此向他们每位,以及在不同场合就有关课题跟我讨论过的专家学者,表示谢意!

促使我把过去一年以来所酝酿的构思,用文字表达出来,汇集成这本小书,直接跟广大读者交流分享,有赖北京大学中文系教授袁毓林先生。袁先生的建议、鼓励和帮助使本书的出版非常顺利,让我的心愿得以实现,我非常感谢。北大出版社的徐刚先生在编辑过程中提出了很多实际的意见,改正了不少错漏的地方,谨此致谢。

香港理工大学中央研究拨款(The Hong Kong Polytechnic University Central Research Grant)所拨出的科研经费和我所任职的中文及双语学系所给予的支持,使我在内地一系列的访问讲学得以成行(拨款编号 G-T334 和 G-T363),并且解决了出版本书的资助问题(拨款编号 G-T705)。

我想在这里特别向黄正德老师表示由衷的谢意。我很幸运能够成为黄老师的学生,在他耳提面命的教导下,我认识了语言学的严谨性和科学性,同时也发现语言学可爱魅人之处,懂得怎样欣赏汉语句法和普遍语法的"美"。虽然我已经离开了美国的校园生活,但黄老师的教导,对我目前的研究仍然有深远的影响,而他本人仍无减对我的爱护和关怀。这一次,他慨允在百忙中抽空为本书作序,我万分感激。他对我目前的研究工作所给予的肯定,我真的感到非常鼓舞。

最后,我想借这个机会,真诚地感谢一个人,一个默默耕耘、不问收获、任劳任怨、为我分担解忧的人——内子影红。正当我忙着为讲学和学术会议而东奔西跑,她已经为我打点好一切,免去我很多后顾之忧;我为了撰写本书而终日伏在电脑屏幕前左思右想、废枕忘餐,她不但毫无怨言,反而悉心照料我的健康,免得我捱坏。她的体谅和照顾,使我可以安心地专注学术和教学工作,疲累的眼睛不再疲累,乏力的身躯不再乏力。这段期间实在辛苦了她,我只能说一声多谢,并且把这本小书献给她,作为报答她的一份小礼物。

邓思颖

2002 年 12 月于香港

目　录

序 …………………………………………………… 黄正德（1）
自序 ……………………………………………………………（1）

第一章　绪论 …………………………………………………（1）
　1.1　语言、语言学和方言的研究 ……………………………（1）
　1.2　汉语方言的形式化研究 …………………………………（7）

第二章　汉语方言语法研究的理论基础 ……………………（10）
　2.1　"方言"的内涵 ……………………………………………（10）
　2.2　从生成语法学的观点看汉语方言语法的研究 …………（15）
　2.3　对汉语方言研究的一些基本假设 ………………………（21）
　2.4　题解："汉语方言语法" …………………………………（23）

第三章　语言差异的参数分析 ………………………………（26）
　3.1　语言差异的研究基础：原则与参数理论 ………………（26）
　3.2　最简方案 …………………………………………………（30）
　3.3　显性参数化假定 …………………………………………（35）
　3.4　原则与参数理论对汉语方言研究的重要性 ……………（40）
　3.5　附录：一些基本的句法学假设 …………………………（43）

第四章　语音/音韵的问题：倒置双宾语的形成 ……………（60）
　4.1　引言：粤语的倒置双宾语 ………………………………（60）
　4.2　粤语双宾语句的动词分类 ………………………………（64）
　　　4.2.1　"畀"类动词 …………………………………………（66）
　　　4.2.2　"寄"类动词 …………………………………………（67）
　　　4.2.3　"炒"类动词 …………………………………………（68）
　　　4.2.4　"摘"类动词 …………………………………………（68）
　　　4.2.5　"问"类动词 …………………………………………（69）
　　　4.2.6　其他动词 …………………………………………（72）
　　　4.2.7　小结 ………………………………………………（73）

4.3 双宾动词的题元角色 ……………………………………… (74)
4.4 粤语倒置双宾语和介词省略说 …………………………… (75)
    4.4.1 过去的分析 ……………………………………… (75)
    4.4.2 介词省略说 ……………………………………… (79)
    4.4.3 为什么？ ………………………………………… (83)
4.5 与格结构介词省略和动词题元角色的互动关系 ………… (85)
4.6 与格结构介词省略的参数差异 …………………………… (89)

第五章　词序的问题：与格结构的差异 ……………………… (94)
5.1 语言移位的事实和理论分析 ……………………………… (94)
5.2 移位与词序差异的关系 …………………………………… (101)
5.3 普通话和粤语的词序差异：与格结构的词序差异 ……… (104)
5.4 与格结构的介词短语移位 ………………………………… (108)
5.5 动词移位的问题 …………………………………………… (112)
5.6 汉语和英语的词序差异和汉语的句法结构 …………… (116)
5.7 移位的参数差异 …………………………………………… (126)

第六章　词汇的问题：双宾语和词项的存在与否 …………… (129)
6.1 汉语双宾语结构的分析 …………………………………… (129)
6.2 汉语双宾语结构 …………………………………………… (131)
6.3 双宾语结构和与格结构的关系 …………………………… (135)
6.4 双宾语结构：间接宾语移位 ……………………………… (142)
6.5 F 的形态 …………………………………………………… (149)
6.6 缺乏双宾语结构的理论分析 ……………………………… (154)
6.7 余论：如果你拥有，你不一定能给 ……………………… (162)

第七章　词汇的问题：被动句和词项特征的性质 …………… (166)
7.1 引言：普通话被动句的分类 ……………………………… (166)
7.2 "被"的词类地位 …………………………………………… (170)
7.3 被动句施事主目的省略问题 ……………………………… (175)
    7.3.1 施事主目是一个空代语 ………………………… (178)
    7.3.2 施事主目是一个语迹 …………………………… (184)
7.4 方言差异：被动动词的次范畴化 ………………………… (187)
7.5 词类特征的参数化 ………………………………………… (198)

第八章 结语 ························· （201）
8.1 对汉语方言差异的观察 ················ （201）
8.2 对汉语方言研究的展望 ················ （207）

参考文献 ······························· （212）

语言学术语英汉对照表 ················· （232）

语言学术语汉英对照表 ················· （241）

第一章 绪　　论

　　语言学是一门有系统地研究语言本质和使用的学科，语言学理论能帮助我们认识语言，掌握运用语言的规律，深入了解语言深层的性质。本书的写作动机，就是通过形式语言学的参数理论分析汉语方言语法差异的一些现象，希望把形式语言学的研究和汉语方言语法的研究结合起来，开展一个新的研究方向。

1.1　语言、语言学和方言的研究

　　研究语言的学科是语言学(linguistics)。比起其他学科的研究来讲，在表面上，语言的研究好像来得容易。我们每个人都会说话，语言对于我们来讲都绝对不会觉得陌生。小孩子到了两三岁以后，说话就开始流利；而我们成年人，只要随便张开嘴巴，就可以哇啦哇啦地讲话，想讲什么就可以讲什么。某一句话能不能讲，我们往往要征询以那种语言为母语的"母语者"(native speaker)，[①] 以他们的"语感"为标准。

　　比如说，如果我们问所有说汉语普通话的人，尽管他们没有受过语言学的训练，甚至是文盲，只要他们会说普通话，是普通话的母语者，他们一定会异口同声地说句子(1)是可以接受的，但(2)却不像话。(2)的星号"＊"表示那个句子不合语法。

(1) 每个人都热爱和平。
(2) ＊热爱都个和平人每。

　　对于母语者来讲，这些语言上的判断，就是他们的语感。从语言

[①] 英语的"native speaker"一词在汉语里比较难翻译。比较准确的叫法，应该是"以某种语言为母语的人"；沈家煊把它翻译为"操本族语者"(克里斯特尔 2000:235)。但是，这样的叫法稍欠简洁。虽然本书采用的"母语者"一词稍为别扭，但是比较简单，也接近英语原文的意思。

学的角度来讲,这些语感就是决定某个语言形式"合语法"还是"不合语法"的依据。由此可见,语言形式合语法不合语法,不是以什么专家权威来决定,而是以母语者的语感来决定。

然而,母语者语感的"权威性"往往构成对语言研究的障碍。就是由于我们每一个人张开嘴巴就能讲话,有些人会觉得能够说话没有什么了不起。如果语言学是一门学科,专门研究像(1)和(2)这些显然易见、俯拾即是的例子,可能会产生一种误解,觉得语言学家很"无聊",甚至认为语言学是没有用的。反正一个不会语言学的人,一样可以流利地讲话,表达自己,跟人沟通。干嘛我们花时间去研究语言学呢?

还有一种误解,就是有些人觉得会讲某一种话,就是那种话的"专家"。从某种角度来讲,答案是肯定的(因为他是那种语言的母语者);但是,从另一个角度来讲,答案是否定的(因为他不一定有意识地知道那种语言的语法体系)。比如说,如果我是普通话的母语者,究竟我认识普通话有多深?一个普通话的母语者跟一个专门研究普通话的语言学家(不一定是普通话的母语者)比较,他们有什么分别?语言学对帮助我们认识一种语言有没有作用?

批评往往来自误解,而误解往往由于对事物的不认识。以下的问题和对话,在我以前读语言学学位的时候经常碰到:

问:"你读什么呀?"
答:"我读语言学。"
问:"很好啊!你会讲多少种语言?"
答:"只不过是两三种而已。"

每当对方知道我是读语言学,他一定会感到很"惊讶"。带着既好奇,又疑惑的心情,猜度我一定会讲很多种语言。虽然不一定要博通古今语言,至少期望我会讲起码十几种语言。听到我的答复后,对方大抵很失望,又或者更不了解语言学可以学些什么。

不少人把语言学等同于翻译学,又或者把语言学视作教授语文的学科,例如教授汉语、英语、西班牙语等。在不少坊间的书店里(除了少数大学的书店外),我们可以很容易找到生物学、化学、数学、心理学、文学的书架,却偏偏找不到"语言学"的书架,最多只能找到有关"语言"的书架,放了一些字典辞书,又或者语言录音带等的东西。究竟什么是语言学呢?

我们知道生活离不开语言,每天我们都使用语言,语言可以说是传意的系统、作为思想的媒介和表达感情的工具。语言学就是一门有系统地研究语言本质和使用的学科。

我们不难发现每一个小孩子能够在短短的时间内学会语言。究竟是谁教会小孩子讲话?是他们的父母吗?可是,不是所有的父母都是语言教育家,不一定受过语言学和教育学的训练,也许并不了解小孩子所说的语言的特点,也不可能把所有的语言材料有系统地教他们的孩子;可是,小孩子却很聪明,只要在正常的语言环境下长大,无论父母的教育背景如何,似乎全世界的小孩子都遵循着一定的步骤,慢慢学会语言。他们在未入学前,已经可以利用语言表达自己,掌握了一定的说话能力和说话技巧。小孩子学习语言的奇妙历程引起了语言学家的注意。

人类说不同的语言,而语言之间可以有天渊之别的差异。比如说,在普通话里,"我吃苹果"是正常的词序;可是,在日语里,"我苹果吃"却是正常的词序;更有趣地,爱尔兰语用了"吃我苹果"这样的词序来表达相同的意思。意义虽然一样,但是不同的语言却用了不同的词序。除了词序的问题外,语言之间语音的分歧也是很明显的。尽管粤语跟普通话同样属于汉语,在词序和词汇上有很多相似之处,一个没有学过普通话语音的粤语母语者,在北京的街头根本无法跟当地的市民沟通。

在表面上,虽然语言之间存在不同的差异,但它们都有一些共通的特点。例如,每一种语言都有结构,当造一句句子的时候,我们并非杂乱无章地把词汇堆砌在一起。句子的结构性,也可以反映在以下的句子里:

(3) 我知道小明绝对不会相信小强。

(4) [相信小强],我知道小明绝对不会 [ ]。

(5) *[知道小明],我 [ ] 绝对不会相信小强。

根据我们的语感,(3)和(4)基本上表示相同的意思,只不过"相信小强"移动到句子开头的位置。可是,我们不能把句中"知道小明"移动到句子开头的位置。上述的例子可以证明词与词之间的组合有结构性,并非纯粹线性的组合,也不能胡乱地把其中的某些部分抽出来进行移位。比如说,"相信"和"小强"在句子(3)里组成一个成分,但是"知道"和"小明"并非组成一个成分,因此不能移动至句子的开头位置。

此外,每一种语言都具有创造性,无论我们说什么语言,我们都可以理解甚至说以前从没说过或者听过的说话。举个例子,如果有力气的话,我们可以说出一句"无限长"的句子:

(6) 我知道小明以为小强相信小张怀疑小李知道小王相信……。

对每一个人来说,这一句肯定是一句"新"的句子。虽然是一句新的句子,我们对它的理解却完全没有问题。究竟这种语言能力是从哪里来的呢?

根据语言的这些特点,不少语言学家认为人类语言能力是天赋的,小孩子一生下来就有说话的能力。这种天生的语言能力,就像一个正常的小孩子,一生下来,就会笑、会哭、会分辨甜和苦的能力一样,不是后天学来的。语言学家希望透过语言现象,寻找出语言共通的特点,从而了解这种天赋的语言能力的奥秘。

假设人类有一种天赋的语言能力。如果这个假设是正确的话,为什么一个初生的婴儿只能呱呱叫,不能运用语言来表达自己呢?

语言能力并不等同于语言本身。小孩子有说话的能力,并不表示他们会马上讲话。有些语言知识是天生的,但无可否认,有些语言知识应该是后天学来的。语言学研究其中的一个任务就是尝试找出什么语言知识早已在人类的大脑里,而什么语言知识必须通过后天学习学得。比如说,人类语言有结构性这个特点,似乎不是后天学会来的。按照一定的结构,我们可以创造出无穷尽的句子。语言的这种创造性,似乎也是天赋的。

至于后天学习的那部分,小孩子学习语言就像学习走路一样,需要时间。透过经验的累积,小孩子逐步掌握成年人语言的特点。因此,要求一个小孩子会说"妈妈今天很漂亮",首先他要学会了"妈妈"、"今天"、"很"和"漂亮"这几个词的发音和意义,还有他需要知道怎样把这几个词组合成合乎语法的句子。这些过程实在不简单啊!至于哪些成分是先天的、哪些成分是后天学的、哪些成分允许变异而造成语言差异,都是语言学家关心的问题。在本书里,我们将会提出一个有关语言差异的理论,并且运用这个理论,解释一些语言现象。

由于语言应用的层面很广,语言涉及的问题也不少,而语言学研究的内容也包括了不少的课题。一般来说,语言学"核心"的内容包括语音学(phonetics)、音韵学(也叫"音系学",phonology)、形态学(也叫"词法学",morphology)、句法学(syntax)和语义学(semantics)。

语音学讨论与发音有关的问题,例如发音的器官和发音的方法。音韵学关注如何把语音组合成系统,研究的课题包括音节的构成、声调变化等问题。形态学研究词形和构词的问题,例如,形态学可以告诉我们词缀在构词法中扮演的角色,如何利用词类决定词的组合等。句法学研究与句子结构有关的问题,例如,句法学理论可以解释我们刚才所见的例句(5)为什么不能接受。语义学研究词和句子意义的问题,可以解释为什么我们接受"我吃苹果"但不能接受像"*苹果吃我"这样的奇怪句子。总的来说,这几门核心的语言学科目主要集中研究语言内部的特质。语言学家希望透过语言本身,反映语言能力的面貌。

此外,语言学与其他学科也有密切的关系,形成了不少重要的相关科目,例如社会语言学、应用语言学、计算语言学、心理语言学等。这些学科跟其他学科,例如社会学、历史学、教育学、资讯科技、心理学、神经科学等,息息相关。语言学的发现,对其他学科中有关语言部分的研究,提出了重要的参考。反过来说,配合其他学科的知识,我们对人类语言的特质和功能可以有更进一步的理解和认识。我们可以这样说,语言学可以作为窥探人类认知秘密的一个途径,是反映大脑内部结构的一面镜子,透过语言的特点来了解人类的特点。因此,语言学在当今认知科学里成为一门重要的学问。

听起来,语言学好像是一门很艰深的学科,牵涉到很多抽象难懂的概念和术语。事实上,语言学知识来自活生生的语料。语言学理论是对语言现象进行有规律的概括、归纳和分析。反过来说,语言学理论能帮助我们认识语言,掌握运用语言的规律。对于语言的表面现象和语言差异的原因,语言学能够提出解释的方法,让我们可以更深入了解语言深层的性质。因此,除了研究的价值外,语言学知识也具有实用价值,可以应用在日常生活的语言环境里。

比如说,在学校的环境里,老师往往向学生介绍某种语言的语音(例如声母和韵母的发音)、词汇和句法的特点。在语言对比分析中,老师实际上已运用了若干语言学基本的知识,向学生介绍语言的特点。如果老师知道不同语言在句子结构和句法特点上的异同,老师就可以向学生重点介绍语言差异之处,让学生理解这语言异中有同的道理。透过对比分析,老师往往向学生指出某语言的句法特点,要求学生避免出现病句的问题。老师的解说可以减少学生在学习过程中所遇到的困难,提高他们学习的兴趣。

如果只从语言表面的现象入手,耗费的时间和精神肯定不少,而且不一定清楚知道人类语言的真正差异和共通之处。既然语言学理论已提供了一套分析人类语言特点的方法,如果我们能具备一定程度的语言学知识,对于语言的结构和运用就能有更深刻的了解。每当面对学生在学习语文时出现的困难和错误的时候,我们就能分辨哪些是学生常见的问题,而哪些是个别学生的问题了。由此可见,语言学知识有实质的效用,起码在语文教学里,对提升语文水平,无论是直接还是间接,肯定是有帮助的。

另外的一个有关语言的问题,是怎样看待"语言",怎样为不同的语言定位。我曾经不止一次在香港的街头听到某些香港人有这样的说法:"我会讲中文,但是不会讲国语。"这里的"国语"是指普通话;那么"中文"是什么呢?由于大多数香港人都以粤语为母语,因此,原来在不少香港人的心目中,嘴巴说的"中文"就是粤语!上面那句话,其实意思是说:"我会讲粤语,但是不会讲普通话。"

在香港的环境里,对于没有受过严格语言学训练的人,包括不少语文老师,对于下面一大堆的语言名词,往往搞不清楚它们之间的关系。例如,粤语是"中文"吗?"中文"包括书面上的粤语吗?普通话和粤语是一种语言还是两种语言?书面语是否标准语?而口语是否等于方言?

(7) 中文,中国语文,汉语,国语,华语,中国语,普通话,粤语,广东话,广府话,广州话,白话

(8) 语言,标准语,书面语,口语,母语,方言,外语

　　要把上述的术语讲清楚,仔细分辨它们之间的关系,无论对语言研究者还是语文工作者来讲,都是不能忽视的问题。只有掌握清晰的概念、准确的分类,我们才能避免不必要的争论,扫除来自一般人甚至是来自学者的误解。本书的讨论焦点,是汉语方言语法的问题。因此,对于本书的讨论来讲,把"语言"、"方言"等术语的概念搞清楚,尤为重要。

1.2　汉语方言的形式化研究

　　本书撰写目的主要是通过当代形式语言学(formal linguistics)的"参数理论"分析汉语方言语法差异的一些现象。顾名思义,形式语言学是一个讲求形式化的研究语言的方向。在方法上,形式语言学以精确的、科学的方式研究语言,提出形式化的解释,运用形式化方式作抽象性的概括,例如使用规则、原则等方式。我们在本书里,所采用的研究方式就是形式语言学的方式。参数理论是形式语言学的一种尝试解释语言差异的理论,具体的内容和主张我们会在第三章作详细的介绍。

　　尽管形式语言学涉及不少抽象、严谨且具概括性的表达方式,对不熟悉的读者来讲,在阅读的过程中可能比较吃力,然而,我们仍然采用形式语言学的研究方式。我们认为通过形式化的表达,可以更有系统地、更准确地介绍和解释某些语言差异的现象。不过,为了避免不必要的繁琐细节,影响阅读的困难,我们尽量把复杂的表述简单化,用浅易的文字说明抽象的道理。有兴趣的读者,可以自行寻找本书参考文献所列的介绍性入门书或者研究某一问题的专书,阅读相关的参考资料,对某些感兴趣的课题作进一步深入的探讨。

　　至于句法术语的汉语翻译问题,不少新的名词术语,它们的汉语翻译在文献里暂时还没有一个公认的统一标准。不同的学者往往按照自己的理解和语言习惯,得出不同的汉语翻译,难免对读者造成阅

读上的负担。为了方便读者能够查考部分术语的解释和定义,我们主要根据沈家煊的翻译(克里斯特尔2000)。如果遇上陌生的语言学术语,读者可以翻查该词典的解释。如果本书遇上跟该词典翻译不一致的地方,我们会在本书的注释中表明。

通过本书的讨论,我们希望达到两方面的目的。

第一,我们希望藉形式语言学的分析方法,特别是参数理论的研究观点,探讨过去传统的汉语方言学和汉语语法学所没有发现的新问题。从新的角度,研究汉语方言的语言特点,揭示造成汉语方言分歧的原因,正确理解汉语方言语法的差异,并且进一步窥探现代汉语的整体面貌,从而了解人类语言的深层特点。

第二,我们希望藉具体的汉语方言语料和实际的分析讨论,系统地介绍当前形式语言学所关心的问题,展示参数理论原则的概括性和解释性,让从事汉语语法研究和汉语方言研究的读者,认识参数理论的优点。希望读者能够掌握形式语言学研究的一些基本精神,怎样利用形式化的方式来分析汉语方言的语料,从而能够丰富汉语语言学研究的理论。

本书所依据的理论基础是当前流行的生成语法学(generative grammar)模式。在这个模式下,我们提出对汉语方言语法差异的分析理论。藉汉语方言的讨论,我们对参数理论提出严谨的限制:明确提出参数应该限制于显性的成分,包括语音、音韵、形态和词类等性质。除此以外,人类语言的其他性质应该是一致的。根据汉语方言的语料,我们会进一步发展和完善参数理论的内容。从形式语言学和语言类型学的角度来考虑,我们研究的结论应该具有一定的参考价值。我们希望最终把形式语言学的研究和汉语方言语法的研究结合起来,把方言的语料带到形式语言学的研究,而同时把理论带进方言语法的研究,开展一个新的研究方向。

本书重点比较的汉语语料主要是普通话和粤语。通过比较普通话和粤语的异同,说明参数理论如何看待人类语言、分析造成语言差异的原因。此外,本书研究分析的语言结构,集中在双宾语结构、与格结构和被动结构等句式。通过普通话和粤语的比较,再配合其他汉语方言的语料,本文所提出的分析和得出的结论对整体现代汉语方言语法来讲也应该具有一定的启发性和普遍性。

本书的章节安排大致分为两个部分：

第一部分是概论性、总结性的部分。本书的第二章和第三章主要介绍本书采用的理论背景，交待我们的一些基本的假设和理论基础，属于概论性的部分；第八章综合全书的讨论，提出我们对汉语方言研究的看法，属于总结性的部分。对于不太熟悉生成语法学的读者，第二和第三章的讨论十分重要。如果对生成语法学有兴趣的读者，那两章也可以作为入门介绍，从而了解理论较新的发展路向。

第二部分是余下的第四章到第七章，我们对汉语方言语法作实际的比较分析，属于分析的部分。我们选择了双宾语结构、与格结构和被动结构等句式，比较普通话和粤语的语法差异。通过这两个语言的对比，一方面介绍生成语法学的基本分析原理，另一方面利用汉语方言的语料支持显性参数化假定。利用这些汉语方言的语料，我们分别讨论跟语音、词缀、词汇等方言差异的问题，说明造成语言差异的原因，希望读者能够对汉语方言法有一个新的看法、对人类语言有一个更深入的认识。

第二章 汉语方言语法研究的理论基础

　　本章主要讨论"方言"定义的问题。从方言学的观点来看,方言的定义基本上根据语言历史演变和社会政治等因素来决定;从生成语法学的观点来看,方言是独立的语言,拥有自己的语法。本研究所讲的"汉语方言语法",就是以跟汉民族有历史文化渊源的语言为研究对象,探索它们语言系统的特点。

2.1 "方言"的内涵

　　本书从形式语言学的角度研究汉语方言的差异。首先,我们应该了解一下"方言"跟"语言"有什么相同和不同的地方。只有把它们在定义上的异同搞清楚以后,我们才知道我们能不能利用研究语言差异的理论来研究汉语方言的差异,能不能把方言研究当作语言研究来看待。

　　在汉语的情况,古人早就留意到地域上语言差异的存在。例如,在古汉语里,已经有"五方之民,言语异声"(《礼记·曲礼下》)、"诸侯力征,不统于王,言语异声,文字异形"(《说文解字》序)等的描述,而先秦的典籍也记载了不少因地域上语言不通的例子。西汉的扬雄以"方言"的名字,编成了一部记载了当时殊方异语的专著《方言》,保存了很多珍贵的古代方言材料。

　　但是,过去不少古人对方言的地位贬得很低,往往以"雅言"为贵,排斥方言俚语。方言是只流通于个别地域的语言,带有乡土的色彩,为"君子之所不取也"(顾炎武《日知录集释》卷二十九"方音"条)。"雅言"是共同语,而方言是次一等的地域性俚语,大概有不能登大雅之堂之感。

　　虽然目前研究汉语方言的学者对方言的看法跟古人并不完全一

样,没有那份优劣雅俗的价值判断,但不少学者仍然把方言当作带有地域色彩的语言。以下我们选录了一些学者对方言的定义:

(1) 一、方言是同一个语言的地方变体,特别是语音方面,往往是其他地方的人觉得难于听懂。二、方言是不见于书面的特殊口语,是不够大雅的土语。三、方言间在语音词汇语法各方面互有异同,一个语言的方言往往有两个或以上,就是在人口很少,分布面积很小的地点,居民的话也可能因年龄,性别,职业,阶级不同而有所不同。

(袁家骅等 1960:1)

(2) 方言是全民语言的分支,是全民语言的地方变体。方言是某个社会内某一地区的人们所使用的,有它自己的特点。……方言是由于一个社会内各地区不完全的分化或是几个社会间不完全的统一而造成的。

(高名凯、石安石 1963:221-222)

(3) 平常说方言,是同一族的语言,在地理上渐变出来的分支;分到什么样程度算是不同的语言,这个往往受政治上的分支的情形来分,与语言的本身不是一回事儿。

(赵元任 1980:100)

(4) 方言:一种语言的地区、时间或社会的变体,这些变体无论在发音、语法和词汇上与标准语(standard language)都有不同。……有时很难判断某种变体语言是一种方言还是另一种语言,因为政治界线可能难以分清,如荷兰语和某些低地德语方言之间的情况就是这样。

(哈特曼、斯托克 1981:99)

(5) 方言是一种语言的地方变体,具有不同于其它亲属方言的特征,它的内部发展规律是服从于全民共同语,像低级形式服从于高级形式一样。作为同一语言的不同方言,必须具备两个条件:一是分布在不同的地域;二是属于同一个古老语言发展的结果。

(詹伯慧 1985:7)

(6) 方言是一种语言的地方变体,是共同语的分支。方言在一定的地域为全民服务,并作为低级形式服从于全民共同语的高级的标准语(也叫"文学语言",是经过加工和规范化的共同语)形式。

(黄景湖 1987:1)

(7) 方言,就是人们常说的"地方话",它是通行于某一地点或某一地区的交际工具。

……把方言看作"地域性变体",含有跟共同语相对立的意思,意味着对于某些属于"地域性变体"的方言来说,一个全民族人民共同使用的、在本民族地区内不受地域限制的语言,无疑就是"共同语"了。就现代汉语来说,方言是经常被用来和普通话相对着说。普通话是现代汉民族的全民共同使用的交际工具;汉语诸方言是汉语的地方分支,是一定区域内人们共同使用的交际工具。

……我们要鉴别一种话是方言还是共同语,就得从两个方面着眼:一要看这种话是地方性的交际工具还是全民性的交际工具,二要看这种话在全民族范围内是处于主导的地位还是处于从属的地位。

(詹伯慧等 1991:1-2)

(8) 方言(dialect)是语言的支派和变体。

……方言是相对于语言而言的。方言与语言的关系是个别对一般的关系。语言是一般,方言是个别。方言是语言的存在形式,人们日常使用的是个别的方言,而不是一般的语言。……方言一般只有口语形式。……研究方言也就是研究语言。不过语言研究的范围更广些,还可以包括民族共同语、书面语言、古代文献、古代语言等。

……方言又是相对于民族共同语而言的。民族共同语是以该民族所使用的某一种方言为基础,以某一地点方言的语音为标准音的。

(游汝杰 1992:1,7)

(9) 方言是一种语言的地方分支。教科书上给它的定义是"语言的地方变体"。一个民族,通常有全民族通用的语言。但是,如果这个民族的居民,其居住的地方比较分散,他们所使用的"话",既与"共同的"全民族通用的"话"不一样,也与其他地区所流行的"话"有差异,这就是出现了不同的方言。

(李新魁 1994:3)

(10) 方言:一种语言地域上或社会上有自身特点的一种变体,可从一批特殊的词和语法结构来识别。……"方言"和"语言"的区别似乎很明显:方言是语言的细分。

(克里斯特尔 2000:107)

(11) 方言:语言的一种变体,一个国家的某个地区使用(地区方言),或特定社会阶级的人使用(社会方言),在有些单词、语法及/或发音上不同于同一形式的其他语言。方言通常有特殊的口音。有时方言地位提高就会变成一个国家的标准语。

(理查兹等 2000:133-134)

(12) 方言,俗称地方话,在中国传统中,历来指的是通行在一定地域的话。

(李如龙 2001:1)

(13) 方言是语言的下位概念,即一种语言由若干种方言构成。例如汉语由官话、吴语、闽语、粤语、客家话等组成。……普通话是口语化的现代汉语书面语。……汉语标准语(及其书面语)的下位概念是方言,如粤语。

(邹嘉彦、游汝杰 2001:84-85)

基本上,我们可以发现,根据上述的意见,学者对"方言"一词的内涵主要有两个方面的看法。

第一,从语言演变发展的角度来看,方言强调了它作为某一种语言的地方变体,历史发展上方言从一种语言分化演变出来。

第二,从地理方面来考虑,方言的使用范围有局限,只流通在一个国家/民族内的局部地域。在层次上,方言从属于民族共同语。方言不属于独立的"语言",而民族共同语才属于语言的层次,是一个国家/民族的标准语,流通于广泛的地域,作为国家内不同地域的人们、民族沟通的工具。虽然民族共同语可能以某一种方言为基础,但已经经过人为的加工和规范。

上述的第一点说明了方言之间的历史关系,方言基本上是从一个(单一的)语言分化出来,在历史上有密切的"血缘"关系。比如说,在香港的粤语虽然过去受到英语的影响,夹杂了不少英语的特点(例如外来词),而且在香港社会里粤语和英语都通行于某些局部的环境里,但是香港的粤语和英语没有任何血缘关系,它们并非一种语言的"变体"。因此,我们不能把粤语和英语当作两种方言来看待,它们只能是两种互不相干的语言。

上述的第二点是强调社会上/政治上的方言和语言之间的从属关系。比如说,粤语通行于两广、港澳等地,是该地域内人们沟通的工具;然而,普通话是国家的标准语,作为全民族的共同语言,处于主导的地位。按照上述第二点的观点来考虑,粤语只不过是中国的一种方言,并非一种独立的语言。

一般的方言学学者认为中国的粤语、闽语、吴语等属于方言,它们都是只流通于某些地域内的沟通工具。在方言学的学术文献上,它们也叫做"粤方言"、"闽方言"、"吴方言",冠以"方言"的名称。

至于汉族的共同语、国家的标准语,则确定为"普通话"。什么是普通话?国家早已经对普通话下了一个明确的定义:

(14) 以北京语音为标准音,以北方话为基础方言,以典范的现代白话文著作为语法规范。

从这个定义来看,虽然普通话跟北京话、北方话有密切的关系,也有一定的方言基础,但普通话不等同于北京话、北方话。从方言学的角度来考虑,普通话并非一种单一的方言,而是一种流通于整个民族、国家的共同语、标准语。

从社会、政治的层面来考虑,普通话则是一种官方语言。根据狭义的定义,"汉语"或者"现代汉语"就指普通话,以普通话代表了汉语。[①] 对外,普通话代表了中国的语言,过去"国语"就是指普通话,而"中文"也以普通话为代表。比如说,对外汉语教学就是教普通话。在国外,"华语"、"中国语"实质上是指普通话。根据英语的叫法,虽然普通话可以叫做"Mandarin"或者"Putonghua",但是在很多的场合

---

① "汉语"一词的广义含义应该包括汉语方言和古代汉语。

里"Chinese"实际上就是指普通话。①

2.2 从生成语法学的观点看汉语方言语法的研究

在前面的小节里,我们主要从方言学的角度讨论方言和语言的问题。至于从生成语法学(generative grammar)的角度,我们应该怎样来处理汉语方言的问题?

首先,让我们简单回顾一下生成语法学的一些基本假设和主张。

生成语法学最早由 Chomsky(1957)所提出。经过这几十年众多语言学者的研究和探索,生成语法学已经发展成为一门当今研究语言的最有影响力的重要学科。虽然这个学科里有不同的学派理论,但生成语法学的基本精神还是一致的。在语言学导论科目和目前畅销流行的语言学入门教科书里,不可能只字不提生成语法学,完全忽略生成语法学的主张。这个学科的不少主张已经成为当今语言学理论的常识。

生成语法学的主要研究方向是从结构形式入手,探讨人类语言的特点。生成语法学称为"生成"的原因是由于这个学科假设每个人的大脑中已经天生有一个跟语言有关的装置,配合后天的学习,这种装置能衍生出新的句子,具有创造性、生成能力。这个天生的装置称为"语言机制"(language faculty),置于人类大脑之中,是大脑中一个与生俱来掌管语言功能的特定部位。

跟禽兽不同,人类会说话。人类这个特点,根据生成语法学的观点,就是我们拥有了这个天生的语言机制。没有这个语言机制的生物,无论我们怎样努力去教,它们都没有可能学会语言。相反,如果拥有这个语言机制,虽然有些语言现象不是靠后天学来的,但每个人对那些现象都有相同的语感,每种语言都有相同的特征。那些相同的语感、相同的特征,正好反映了人类语言有共性的一面,跟天生的语言机制有关,而每个人的语言机制都应该是一样的。生成语法学认为人类大脑里的语言机制是先天遗传已经规定好的,具备了会说话的能力。因此,语言获得并不是光靠模仿而得来的,某些语言知识

---

① 除了指汉语以外,严格来讲,英语的"Chinese"一词也应该包括中国境内的少数民族语言。

也并非靠后天的学习。

　　这里所说的先天遗传并不是说人一生下来不需学习就能哇啦哇啦地讲话,生成语法学也并非完全排斥后天学习的重要性。语言机制所扮演的角色只不过是提供了人类能说话的能力,至于怎样利用这种能力说话,如何把这种能力转换成实际的语言,则是后天的问题。因此,探索人类语言能力的真相和语言知识的获得成为生成语法学研究的核心问题,希望藉此发现更多关于人类大脑认知的秘密。在生成语法学的影响下,研究语言也成为研究人类大脑的一个途径,跟心理学的研究息息相关。

　　我们嘴里所说的话,虽然表面上非常复杂,但我们可以把它归纳为各条的公式和规则,这些公式和规则组成了"语法"(grammar)。这里所讲的"语法"跟我们日常所讲的"汉语语法"、"英语语法"里的"语法"在概念上不完全一样。我们日常所讲的"语法"大概指句法、文法,即研究组成句子结构的学科;而生成语法学所讲的"语法"内涵更广,基本上是指一个语言系统,属于大脑中内在化的系统。简单来讲,语言机制是制造语言的机器,这部机器配合各种操作守则,形成了一个系统,这个系统就是生成语法学所讲的"语法"。

　　一般来讲,语法,作为一个语言系统,主要由下面几个部分构成:组成短语、句子结构的部分——句法(syntax)、解释意义的部分——语义(semantics)和发音显形的部分——音韵(phonology)。[①] 语言经由语言机制生产出来,语法就是这个语言的系统。因此,只要拥有一个完整的语法,就是一个语言。

　　生成语法学把语言分为两个大类:"外在语言"(external language,简称"E-language")和"内在语言"(internal language,简称"I-language")。外在语言就是我们平常所听所讲的语言,它给我们的就是语言的表面现象。研究语言当然离不开外在语言,例如,我们从语料库里看到的语料,就是一种外在语言。但是,语料库里的语料并不是一个语言的全面面貌。在语料库里找不到的语料并非不能说,而在语料库里能找到的语料也并不一定能说。所以,我们不能过分迷

[①] 虽然某些语言没有语音(例如手语),但也有一定的形态(例如手势)。

信语料库、迷信外在语言的现象。要真正了解语言,我们必须藉语言的表面现象,进一步发现它的深层特征和支配它背后的原因,尝试了解语言机制的面貌,探索人类认知的奥秘。这种深层的语言,就是一种内在语言。生成语法学的研究重点就是研究内在语言。

由此可见,生成语法学重视的是探索语言机制的本质问题,以及语言与人类认知的关系。其他跟这个方向无关的问题,例如一些语言外在的问题,则并非生成语法学所关心的课题。打个比喻,以生成语法学的观点来研究语言就好像我们用生物学的方法研究鼻子与呼吸系统的关系一样,鼻子的结构是生物学家所关心的问题;但是,高鼻子漂亮不漂亮、代表不代表好运气或者适合什么职业的人,则绝对不是生物学家研究的课题。跟其他语言学的理论比较,生成语法学显然有不同的研究方向和关心的问题。与其说生成语法学是语言学的一支"流派",倒不如说它是一门独立的"学科"更加准确。

作为一门独立的学科,生成语法学会怎样看待汉语方言的问题?跟传统的方言学有什么不同?

生成语法学认为只要拥有完整的语法,就是一个独立的语言。汉语的所谓方言,例如粤语、闽语、吴语等,它们都拥有完备的句法系统、语义系统和音韵系统,换句话说,它们都有完整的语法。毫无疑问,它们是语言。从生成语法学的观点来考虑,我们看不出它们为什么不能分析为语言的理由。

至于方言的分类,这个观念在生成语法学里可以说是毫无地位。在上一节里,我们认为方言的定义基本上根据语言历史演变和社会政治等因素来考虑。从生成语法学的观点来看,语言历史演变和社会政治因素并非语言机制的问题,跟大脑的结构无关。可以这样说:方言的概念是其他学科(例如历史学、民族学、民俗学、社会学等学科)的产物,跟语言学没有直接的关系。

对于方言的问题,Chomsky(1986:15)曾经有以下的意见:

(15) We speak of Chinese as 'a language', although the various 'Chinese dialects' are as diverse as the several Romance languages. ... A standard remark in introductory linguistics courses is that a language is a dialect with an army and a navy (attributed to

Max Weinreich). That any coherent account can be given of 'language' in this sense is doubtful; surely, none has been offered or even seriously attempted. Rather, all scientific approaches have simply abandoned these elements of what is called 'language' in common usage.

[尽管各种"汉语方言"的分歧跟罗曼语言的分歧一样,我们仍然说汉语是一个"语言"。……一般在语言学导论课里的标准讲法是:语言是一个拥有陆军和海军的方言(按 Max Weinreich 的讲法)。任何根据这种想法而提出对"语言"的一致性分析是值得怀疑的。显然地,这样的分析从来没有提出过或者认真地尝试研究过。相反,所有科学的研究方向都早已否定了这样对"语言"一词的普遍用法。(笔者译)]

当然,我们不一定完全否定从社会政治的角度研究语言。事实上,这方面的研究也很有意义。我们可以这样说,生成语法学与传统的方言学是两种不同的学科,各自有不同的理念和假设,因此对语言和语言研究的看法也不尽相同。

不过,生成语法学的研究不见得跟传统的方言学研究互相排斥。对内在语言的深入研究,并不会妨碍外在语言和其他非语言学方面的研究;相反,或许会加深我们对语言与客观世界关系的认识。Chomsky(1988:37)有这样的意见:

(16) The term 'language' as used in ordinary discourse involves obscure sociopolitical and normative factors. ... It may be possible and worthwhile to undertake the study of language in its sociopolitical dimensions, but this further inquiry can proceed only to the extent that we have some grasp of the properties and principles of language in a narrower sense, in the sense of individual psychology. It will be a study of how the systems represented in the mind/brains of various interacting speakers differ and are related within a community characterized in part at least in nonlinguistic terms.

["语言"一词在平常言谈话语的使用中牵涉到含糊不清的社会政治和规范性的因素。……研究语言的社会政治方面可能是可行的和值得的,不过,只有我们已经从狭义方面(个人心理学方面)掌握了语言的性质和原则,才能进一步进行这方面(社会政治方面)的探究。狭义方面的研究将会是研究互相接触的不同说话者,在他们心智/大脑内的系统如何有差异;以及在一个至少部分地由非语言学方式界定的群体内,研究这些系统如何产生关系。(笔者译)]

方言的概念,是语言划分、归类的一种方法,主要按照语言历史演变和社会政治等外在因素来进行,纯粹是一个语言分类的问题。在生成语法学里,"语言"和"方言"的层次从属问题对语言机制的研究没有任何的关系。举一个例子:

(17) 荔枝　草莓　鸡　狗　芒果　熊猫

(17)是各种各样的动植物。如果研究这些动植物,我们可以仔细比较这些动植物的性状本质等特点,找出构成它们的核心成分;或者,我们可以把它们归类,例如把它们分成土产的和外来的("荔枝、鸡、狗、熊猫"和"草莓、芒果")、食用的和非食用的("荔枝、草莓、鸡、芒果"和"狗、熊猫")等不同的类别。土产类和外来类是一个历史、地理的问题,而食用类和非食用类的划分往往牵涉到地域文化的差异和其他社会的因素。比如说,"熊猫"不能吃是因为它们是珍贵的国宝、受保护的动物,而"狗"能不能吃则是文化的问题。在中国内地,狗是可以吃的,但根据现行香港特区的法律吃狗肉却是犯法的。然而,吃狗肉合法不合法绝对不会影响狗作为一种独立生物的事实。由此可见,熊猫和狗能不能吃纯粹受外在因素的影响,跟它们的性状本质毫无关系。研究这些动物的内部机能和研究如何把它们归类完全是两个不同的学科,基于不同的基础,不能混为一谈。生成语法学的研究,就好比生物学的研究一样,只研究那些动植物的性状本质,找出它们生长的共同规律,而不是谈它们的历史、文化问题。

在方言分类的研究中,往往会出现归属不清和分类的争议。例如,客语是不是一个独立的方言?目前一般汉语方言学者都把客语当作汉语其中一个大方言来看待,跟粤语、赣语、闽语等方言平起平坐。刘镇发(2001a,b)详细列举了历史、人类学和语言学等证据,说明客语作为独立方言的说法值得质疑。造成汉语方言划分不明显的原因,刘镇发(2001a:145)认为"实际上汉语方言是按照方言学家的信念和说话人的感觉而分区的"。在方言学研究里,划分方言这个问题,主要是一个方言定义、划分标准的问题,标准不清楚造成方言归属的不清楚。这些争议往往是传统方言学所遇到的难题。

李敬忠(1994)曾经提出一个颇有争议的看法,他认为粤语不是汉语的方言,而是一个独立的语言。他的主要根据是粤语保留了比较多的古汉语成分和粤语受到南方少数民族语言的影响。由于它的悠久历史背景和独特的语言特征,粤语完全有资格独立出来。李敬忠(1994)的这个主张显然跟传统汉语方言学的观点很不同,引起了对粤语归属的问题和"方言/语言"的争论。

从生成语法学的角度来考虑,这些争论根本不是一个问题。粤语拥有自己的体系,句法、语义、形态、音韵等部分组成了一个完整的语法。以粤语为母语的人,他大脑中的语言机制就是一套粤语语法,而他的语言机制所产生出来的毫无疑问是一种独立的语言——粤语。

客语和普通话也有同样的情况:跟客语和普通话比较,粤语和它们确实拥有不同的语法。最低限度,在形态和音韵等方面,粤语、客语和普通话都有各自的特点,并不一致。因此,粤语、客语和普通话应该是三种不同的语言。无论历史演变和语言接触等因素重要不重要,在生成语法学的框架里,这些因素也改变不了粤语、客语和普通话作为独立语言的事实。

但是,严格从方言学的角度来考虑,无论列举多少证据,李敬忠(1994)的主张都不能成立。我们在前面曾经讲过,方言的定义基本上考虑历史演变和社会政治等因素。我们不能否认,现代的粤语、闽语、吴语、客语等语言都有血缘上的关系,有共同的源头;而说这些语言的人都是汉族,生活在同一个国家里。这些历史和社会的因素,足以说明它们可以冠以"方言"的名称。方言学所谈的"语言"跟生成语法学所谈的"语言"并非一回事儿。就好像我们尽管充分证明了荔枝和鸡是两种独立的生物品种,却无法改变它们同属食品类的事实一样:生物品种和食品分类是两种不同的考虑。

事实上,部分汉语方言学者也承认"方言是自足的体系,在一定的地域,它可以是无往而不利的惟一交际工具。就这一点说,方言也就是语言"(李如龙 2001:1);"方言虽然不是共同语,但从体系结构上看仍是一个完整的语言,'小小麻雀、五脏俱全'"(高然 1999:22)。请注意,这里所讲的"方言"是方言学所讲的"方言",而"语言"则应该是生成语法学所定义的"语言",而并非方言学所讲的"语言",我们必须小心地把它们区分开来。如果把这两种不同的"语言"概念混淆起来,不必要的争论就由此而生。

2.3 对汉语方言研究的一些基本假设

本研究所采用的框架是根据生成语法学的理论,把语言的研究当作一种研究个人心理和大脑认知的过程。假设当小孩子一生下来,大脑里就有一个天生的语言机制,掌握语言能力。这个语言机制是人类大脑独有的,而且具有普遍性。经过这个语言机制所产生出来的就是语言,而所有人类语言都是平等的,没有任何的从属关系,都具有同等的研究价值。

基于生成语法学的理论假设,方言的概念在本研究里没有任何的作用。汉语方言学认为的方言,例如粤语、闽语、吴语等,在本研究的讨论里,都是独立而平等的语言。它们的差异,我们都看成是语言的差异,就跟看待英语、法语、日语等语言的差异没有什么分别。我们尝试通过比较这些"方言",建立一个解释语言差异的理论。

当然,对于传统汉语方言学的观点,我们毫无异议。在历史地理和社会政治渊源的大前提下,我们绝对承认粤语、闽语、吴语等属于方言。至于上述所讲的所谓"方言的概念在本研究里没有任何的作用",只不过是指传统方言学常做的工作,例如方言分类和历史考证等,都不是本书的研究范围。我们的研究重点是从生成语法学的基本假设出发,把上述的"方言"当作拥有独立语法体系的语言,从而比较它们的异同,并且尝试找出这些异同的共时原因,把它们的差异视作语言差异看待。我们跟传统方言学的不同之处实际上是观察角度和研究方向的不同。

尽管"方言"的地位在我们的研究里并不重要,不过,为了方便本研究的讨论和照顾读者的习惯,我们行文中仍然会采用"方言"一词来描述象粤语、闽语、吴语等这些有历史地理和社会政治渊源的语言,统称它们为"汉语方言"。不过,请注意,在我们的研究里,我们所用的"方言"一词纯粹是一种非正规的用法,一种方便而已。"汉语方言"在我们的研究里实际上是指与汉语有关的语言。① 在比较"方言"差异的时候,虽然我们偶尔会用到"方言"这个名称,但是,并没有任何主次观念、主从关系的含义。我们仍然从个人心理学的角度,平等对待它们的地位。由于本研究以生成语法学理论为研究架构,严格来讲,"方言"一词应该加上引号,避免不必要的混淆。不过,只要读者明白我们的假设,在行文时我们就不加上这个引号,减轻阅读的负担。

关于普通话的地位问题,从汉语方言学的角度来看,普通话是作为民族的共同语、国家的标准语,而不是一种方言。至于它的组成部分,正如我们在前文(14)已经引述过了,普通话以北京话语音为标准,以北方话为基础方言。严格来讲,它不是一个单一地域的语言。正如邹嘉彦、游汝杰(2001:86)指出,"大多数人所说的普通话实际上可以说只是'蓝青官话',即带有方言语音特点的不标准的普通话"。至于不少普通话的母语者,虽然他们所说的普通话大致上是一样的,但是总不免受到他们身处的语言环境的影响。比如说,对于同样以普通话为母语的人,在黑龙江哈尔滨长大的人和在河南洛阳长大的人,难免受到哈尔滨话和洛阳话的影响。虽然在方言归属上哈尔滨话和洛阳话同属北方话,但是无可否认它们还有一些差异。生长在这两个地方的人,他们嘴里所讲的普通话不可能一模一样,最低限度,他们的口音也应该不同。

在本研究的讨论里,如果没有重大的差异和分歧,以求同存异的

---

① 按照英语的用法,"Chinese dialects"(汉语方言)也应该理解为"Chinese languages"(汉语语言)。不过,用"Chinese"对应"汉语"一词也有问题,"Chinese languages"应该包括少数民族语言,理解为"中国境内的语言"。

原则,我们把各个地方的普通话都当作一种单一语言来看待。虽然在本研究谈到的普通话语料来自"五湖四海"的人,但是,他们都是普通话的母语者。本研究列举的例子和发现的现象应该适用于大多数地方的普通话(蓝青官话),有一定的普遍性和代表性。如果没有必要的话,本研究不会一一标明本书所用的普通话例子来自哪个地方的人。我们简单地假设普通话是一个单一的语言,拥有单一的语法。如果地域性的因素对我们的讨论真的很重要,我们就索性采用"某地话"来形容那种北方话,跟普通话区分开来,以避免混乱。

在术语名称上,本研究采用"普通话"(或简称"普")这个名称。在讨论到普通话和其他汉语方言比较时,例如普通话和粤语的比较,由于按照汉语方言学的观点,普通话不是一种方言,因此,我们在这个情况下行文时也尽量避免"方言比较"的讲法,而采用更加准确的"语言比较"的讲法。

2.4 题解:"汉语方言语法"

根据上述的讨论,本研究所讲的"汉语方言"事实上是指跟汉民族有历史文化渊源的语言;而"语法"则按照生成语法学的定义,指一个完整的语言系统,包括了语言的结构、意义和形态等方面。我们假设每一个汉语方言都是独立的语言,有它自己的语法。这里所讲的语法不光是句法、文法的问题。

至于语料的依据,我们以普通话作为本研究的参考基准语言;此外,我们选取粤语作为比较的对象。选取粤语也有一定的意义,按照李荣(1989a)的数字,说汉语的人口一共有九亿七千七百四十四万人,其中说粤语的人就有四千零二十一万人;如果减去六亿六千二百二十四万说北方话/官话的人口,以剩下来的人口计算,说粤语的人占了百分之十二;如果把海外说粤语的人都加起来,那么,说粤语的人大概有七千万人(李新魁等 1995),数字并不少呢!此外,我们在本书讨论的那几个结构现象(双宾语结构、与格结构和被动结构)不光是粤语的语法特点,也是不少南方方言的语法特点。我们考察普通话和粤语的语法异同,透过对这两种语言的深入比较,不仅希望能够找出造成普粤差异的原因,也希望能够从普粤比较得出来的结论,揭示汉语南北方言差异的规律,进一步窥探现代汉语的整体面貌,从而了解人类语言的深层特点。

在文献上,粤语又称为"广州话"、"广府话"、"广东话"、"白话"等。在汉语方言学的文献上,"粤语"是一个为学术界接受的叫法。虽然"粤语"一词的涵盖面可以很广,包括好几个的方言片(李荣1989b,余霭芹1991等),但方言学界一般以广州的粤语为典型的粤语代表,因此粤语又称为"广州话"。至于本研究所谈的粤语是以香港的粤语为标准,而本书内粤语例子的接受度也是以香港粤语母语者的语感为准。香港通行的粤语跟广州的粤语基本上一致。当然,由于地域上的不同,香港和广州两地的粤语难免会有差异。为了避免不必要的争议和混淆,本研究放弃"广州话"的叫法而采用"粤语"这个名称。

讨论有需要时,我们会为粤语注音。我们采用的粤语拼音系统是根据香港语言学学会在一九九三年十二月公布的"香港语言学学会粤语拼音方案",简称"粤拼"。粤拼目前主要流通于学术界和香港的大专院校,既可以作为粤音的拼写工具,又可以作为中文电脑输入法。对这个拼音方案有兴趣的读者,可以浏览该学会的网页:www.lshk.org。

此外,我们为方言的例句翻译为普通话。我们依从《方言》杂志的做法,在方言例句的后面,用小字号的字体把普通话翻译写出来。

语言比较研究就是比较不同的语法。虽然我们将会讨论的问题是汉语方言的问题,但是,严格来讲,本书的工作属于"对比语言学"(contrastive linguistics)的研究。对比语言学又称为"对比分析"或"对比研究",是语言学的一个分支。这个学科的任务是对两种或者两种以上的语言进行共时的对比研究,描述它们之间的异同,特别是它们的不同之处,从而掌握语言的特点(许余龙1992)。我们认为汉语方言之间是可以比较的。尽管我们集中注意汉语方言语法分歧的一面,但是我们相信它们之间应该有某些相似之处,可以作为比较的基础。

至于本研究的对比方法,我们采用生成语法学的原则与参数理论,注重方言语法形式化的对比,特别是通过对比普粤之间在语法系统上的异同发现语言机制的系统性,并且期望我们可以藉本书对比的成果来探讨原则与参数理论的理论意义。本书所讲的"参数理论"就是指原则与参数理论中解释语言差异的部分。有关原则与参数理论的介绍,我们会在下一章作详细的介绍。

第三章　语言差异的参数分析

本章介绍生成语法学一些重要的理论背景。根据原则与参数理论，原则是天赋的，参数的值是后天设定的，语言差异决定于参数的值。按照显性参数化假定，只有显性的特征能够参数化，这个观点完全符合最简方案的思想。从原则与参数理论来探讨汉语方言语法差异的问题是希望发现新的问题，从而更好地了解语言机制和普遍语法的性质。

3.1　语言差异的研究基础：原则与参数理论

在生成语法学的研究中，经常要处理的矛盾，就是要同时兼顾描述上的充分（descriptive adequacy）和解释上的充分（explanatory adequacy）。描述充分的语言学是把一个语言仔细清楚地描写出来，利用文字尽量穷尽该语言的所有特点，描述的面要做到广和深。传统的语法学家，包括不少从事方言学研究的学者，所希望达到的目标就是要把一个语言或者方言的事实清清楚楚交待出来。一部深刻的描述性语法书可以说是描述充分语言学的研究总结，读者能够从语法书中掌握语言的基本语料和特点。至于解释充分的语言学，它的侧重点在于解释的部分。光看语言表面的现象，我们也很难充分了解个别语言甚至是人类语言的特点。解释充分的语言学试图从繁多的语料中建立理论，反过来，依靠理论来摆脱复杂的表面现象，从深层的角度了解和认识语言。简单、清晰、具概括性的理论是解释充分语言学的最终研究成果。生成语法学主要的研究方向，就是希望建立一套具解释性的语法理论。

人类语言的面貌究竟是怎么样？语言差异是怎么一回事？根据描述充分的语言学，语言是一个错综复杂的系统。语言之间存在极大的分歧；表面上，在同一个语言系统里的句式，也可以有惊人的差异。虽然描述充分的语言学能详尽地罗列语料和忠实地反映语言的表面现象,但它不能就语言现象提供任何的解释,也不能揭示语料背后的特点和联系语言现象差异的共通之处。对于语言差异的问题,描述充分的语言学最多只能说"怎么样",而不能说"为什么"。

至于解释充分的语言学,研究重点则有所不同。对于语言差异的问题,解释充分的语言学不满足于解答"怎么样"的问题,它还要探讨"为什么"的问题,尝试发现和解释造成语言差异的原因。解释充分的语言学旨在寻找不同语言所共同遵守的原则,从而发现造成语言分歧的因素。

从语言习得的观点来考虑,语言的原则必须具普遍性;而造成语言分歧的因素,应当由可观察的经验证据来决定。这些经验证据的数量应该是有限的,否则小孩子不可能在短时间内学懂。因此,解释充分的语言学所绘画的语言蓝图应该是这样:各种语言的原则基本上都应该是一致的,语言系统也应该比我们想象中的简单得多。

在上一章,我们曾经提到生成语法学理论假设了人类大脑中存在一个与生俱来掌管语言功能的特定部位,这个部位称为"语言机制"。当小孩子一生下来,语言机制就呈现一个初始状态(initial state)。这个初始状态是人类所独有的,是天赋的。每个语言的初始状态都应该是一样的,具有普遍性。在生成语法学里,研究初始状态的理论称为"普遍语法"(Universal Grammar)。这里所讲的"普遍",就是指人类语言机制初始状态的一致性;而普遍语法是一个解释语言一致性的理论。我们绝不能望文生义,把普遍语法错误地理解为一部能看懂世界语言的语法,它也不是一套帮助我们学习外语的语法工具。

普遍语法包含了什么东西?过去的研究对普遍语法的内涵不太清楚,一直处于摸索的阶段。五、六十年代的学者认为,普遍语法拥有一套"规则"(rules),而人类的语法就是一个由规则组成的系统。运用不同的规则,或者用不同的方法运用规则,造就出不同的语言,形成语言差异。部分规则可能是先天,也可能是后天。至于如何把语言机制的天赋说、规则的运用和语言差异这几方面贯穿起来,提出一个有解释能力的理论,实在不容易。对于解释语言差异"为什么"的问题,还是不太理想。

生成语法学有关规则的看法,到了八十年代,就有了修改。自从八十年代以来,生成语法学者假设普遍语法由两大部分组成:"原则"(principles)和"参数"(parameters)。① 所谓原则,跟规则不同,它们先天已经在大脑里,是语言机制的一部分,不用靠后天学习,可以说是遗传的产物。因此,原则具有普遍性,每一个语言都应该共同拥有和遵守这些普遍的原则。

让我们举一个简单的例子说明原则的普遍性。比如说,人类语言都有结构性,没有例外,没有一个语言没有结构。但是,语言结构性的特点不是靠后天的学习,我们也从来没有跟谁学过这方面的知识。那么,这方面的知识是从哪里来的呢?从生成语法学理论出发,我们可以假设普遍语法里规定人类语言必须有结构,把语言的结构性作为一条普遍的原则,而这一条原则是先天的,当人一生下来时这条原则已经存在于我们的大脑里,不是靠后天学来的。②

人类语言除了有共性以外,还有个性。普遍语法应该怎样处理语言差异的问题?虽然原则的内容具有普遍性,但是原则的应用在不同语言里则有所不同,它们在应用上的差异造成了语言的差异。普遍语法除了提供一套普遍的原则以外,还提供了一套参数。参数的项目应该受普遍语法所规定,而数目是固定的,每一个语言都应该有相同数量的参数。唯一可以允许变化的就是参数的值(value)。一个参数在不同的语言里可以有不同的值,参数的值决定了原则应用的情况,也决定了个别语言的面貌。换句话说,参数的值是原则在不同语言中体现的变化,靠后天的学习。这些值受到客观环境的影响,由小孩子身处的环境所决定,基本上跟大脑遗传没有什么关系。决定参数值的过程也叫做"参数定值"(parameter setting),它是语言习得(language acquisition)的一个部分。从初始状态发展到成人成熟的阶段是语言习得的过程,小孩子在习得的过程中摸索出自己母语的特征,在大脑里建立一个语法系统。

---

① 有些著作把"parameters"称为"参项"。
② 对这方面有兴趣的读者可以参考 Greenfield(1991)对语言的结构性和运动的结构性所作的比较,以及对该文的评论。

第三章 语言差异的参数分析

原则跟参数之间的关系是怎么样？让我们举一个简单的例子来说明。每家每户都给予一张音乐光盘，而光盘内的音乐完全一样（普遍的原则）。假设每家每户都赋予一台一模一样能够播放音乐光盘的唱机（相同项目的参数）。光盘内的音乐和唱机的款式都不是听众的选择（先天的规定），他们唯一能够选择的，就是光盘内歌曲的先后次序（参数值的设定）。假设光盘内有三首歌曲"A、B、C"，凭他们身处的客观环境决定（后天的参数定值），听众甲选择了"A—B—C"的次序，听众乙选择了"B—A—C"的次序，而听众丙则选择了"C—B—A"的次序（不同的值）。这三种次序形成了三种不同的音乐组合（不同的语言）。因此，形成不同的音乐组合不在于音乐光盘的不同，也不在于唱机的不同，而是唱机内能够供听众自由选择的功能，配合他们身处的客观环境。

利用上述这个比喻，我们可以更清楚地理解语言差异应该是由什么原因所造成的。天赋的东西应该是大脑里的语言机制，以及伴随这个机制的特征，例如初始状态、普遍的原则等。至于其它的语言成分，例如参数值的设定，则是后天的。

有一种误解，以为生成语法学的天赋说假设小孩子一生下来就什么都懂，不需要后天的学习，张开嘴巴就能说话。其实，生成语法学从来没有说过语言的掌握不需要后天的习得、不受外在客观环境的影响。对于语言习得来讲，先天的因素和后天的因素同样重要。语言学研究的一个重要目的，就是希望发现影响小孩子掌握语言的因素。

这几十年生成语法学研究的总方向，就是朝向这个目标，希望把语言习得先天的因素跟后天的因素分开，从错综复杂的语言现象里，找出这些现象背后的共同规律；通过具有解释能力的语法，了解语言系统简单的一面，从而反映语言机制的初始状态。以生成语法学为理论模式的解释充分语法学，其中一个研究重点就是怎样平衡语言的共性和个性。真正具有解释能力的语法学应该能够正确地分辨出什么性质属于人类语言共性的部分，什么性质属于个别语言的个性部分。简单来讲，处理语言共性和个性的矛盾，基本上就是处理原则和参数的矛盾。

透过研究普遍语法所赋予的原则和参数来发现人类语言的特点和探讨语言机制的性质,这个研究方向称为"原则与参数理论"(principles-and-parameters framework)。① 这个理论在八十年代初提出,以 Chomsky(1981)为代表。② 原则与参数理论旗帜鲜明地区分开先天的成分(普遍语法的原则和参数的项目)和后天的成分(参数定值),把过去文献上提出种种繁多的规则大大简化,建立了一个更具解释能力的语法理论,可以说是对这几十年来生成语法学研究的一个全面性、系统性和开拓性的总结,成为目前生成语法学研究的主流理论。

　　在原则与参数理论的框架内,语言学研究往往遇到以下的问题:普遍语法提供了什么原则?哪些语言知识是天赋?小孩子怎样在短时间之内习得语言?语言之间的差异如何由参数来决定?参数定值有什么凭借的依据?这些都是近年原则与参数理论重要的研究课题。由此可见,原则与参数理论的提出,为研究语言差异、语言习得和有解释能力的语言学理论开辟了新的途径。③

　　本书的研究是以生成语法学的原则与参数理论作为理论基础,并且在这个理论之上,提出对汉语方言语法差异的参数分析。借助原则与参数理论,本文探讨有关汉语方言语法差异的问题,并阐述造成这些差异的原因。

3.2　最简方案

　　原则与参数理论自从八十年代初提出来以后,学者为了解释语言现象,对原则的部分和参数的部分作了大量的研究,取得了丰硕的

---

① 沈家煊把这个理论称为"原则加参项"(克里斯特尔 2000:284),本书的叫法依从汤廷池的翻译。

② 由于 Chomsky(1981)的书名叫 *Lectures on Government and Binding*,因此当时这个理论也错误地称为"管辖与约束理论"(government and binding theory)或简称"管约论"(GB theory)。事实上,原则与参数理论也并非光谈管辖和约束两个问题,这样的称呼远远不能反映这个理论所包含的内容。

③ 对生成语法学,特别是原则与参数理论感兴趣的读者,可以参考下列学者用汉语撰写的介绍性著作:徐烈炯(1988)、汤廷池(1989)、程工(1994,1999)、桂诗春、宁春岩(1997)、宋国明(1997)、顾钢(1999)、胡建华(1999)、邓思颖(2000a)、何晓炜(2000)、顾阳(2000)、徐杰(2001)、沈阳、何元建、顾阳(2001)、石定栩(2002)、温宾利(2002)等。

成果。除了对英语的研究以外，学者对英语以外的语言也作了很多深刻的描述和研究，已经发展成为一个跨民族、跨国界的语言学理论。在整个八十年代，特别在北美洲的学术环境，以原则与参数理论为基础的生成语法学队伍非常壮大。他们利用生成语法学已有的理论对不少语言发现了很多不为人知的事实；也反过来基于这些新发现的事实，进一步提出了很多新的理论，完善了生成语法学的主张，扩展了我们对人类语言的认识。

虽然原则与参数理论为生成语法学带来了新的思路、新的启发、新的刺激，但是，研究的过程中也存在着不少问题和危机。为了解释语言现象的共通性，学者提出了不少新的原则；而为了解释语言差异的问题时，学者建议了很多新的参数。虽然理论的内容丰富了起来，但往往为了解释一些个别结构或者个别语言的问题，学者就专门地作了一些武断的假设。此外，还有一些假设是烦琐不堪，操作过于复杂，令人望而生畏。每当遇上一个新的问题，就有一个新的假设。结果，原则和参数泛滥。

如果普遍的原则太多，小孩子要设定的参数太多，生成语言的步骤也非常复杂，原则与参数理论的吸引力就会因此而削弱。从一个严谨的学科来讲，特别对于讲求建立有解释能力的生成语法学来讲，提出过多的原则和参数是不健康的现象。否则，原则与参数理论也容易流于空谈，变成一个缺乏解释能力的空壳、一个好像会变戏法的玩意儿。

为了遏止文献上原则和参数泛滥和过多武断假设的不正常现象，Chomsky 从九十年代初开始，在原有原则与参数理论的模式下，陆续提出一系列的主张（Chomsky 1991, 1993, 1995, 1998, 2000, 2001a, b, 2002, Chomsky and Lasnik 1993）。总结起来，这些主张称为语言学理论的"最简方案"（Minimalist Program）。顾名思义，最简方案是一套方案、一套纲领，绝对不是一个新的理论。更准确的说法，应该说最简方案是一系列原则与参数理论需要解答的问题、对过去理论不合理地方的质询。提出最简方案的其中一个目的就是让生成语法学学者深刻反省这几十年来生成语法学的研究缺失，检讨过去文献上不合理的假设，摒弃武断的主张，重新思索，防止理论的过分膨胀，确保生成语法学的研究走向一个正常、健康的道路。最简方案提出的问题就是要提醒语言学家注意在生成语法学的研究里,不要过分受人为的假设、武断的主张所束缚,应该继续探究语言学最核心的问题——语言机制的初始状态及其相关的问题。

简单来说,最简方案有两个主要的研究目标:第一,简化语言学的理论;第二,探究人类语言如何以简单的操作方式运作。这两个目标都共同围绕着一个中心思想:语言学的"经济"(economy)问题。最简方案的"简"跟经济问题挂上了钩,讲求节俭、简约。

最简方案认为语言研究和语言学研究遵守着"经济原则"(economy principles)。这里所讲的经济原则可以分为两个大类:"方法上的经济"和"实体上的经济"。[①] 所谓"方法上的经济",主要考虑语言学理论研究的问题,是一个方法学上的问题。方法上的经济所关心的,是我们能不能建构更简单、更自然的理论架构和分析模式。为了更能描述和解释更多的语言现象,语言学理论必须简单,避免不合理的假设。Chomsky 提出的最简方案的主要目的,就是要简化现存语言学理论中复杂的部分,摒弃武断和不合理的主张。

根据"实体上的经济",我们基本上假设语言本身呈现精简、简约的特点,语言有一种"惰性",经济原则就是这种惰性的显现。显然,跟方法上的经济不同,实体上的经济所关心的问题主要是语言本质的问题。

具体来讲,实体上的经济所关心的经济原则有两个类型:"推导经济"(economy of derivation)和"表征经济"(economy of representation)。[②] 前者主要关心在推导过程中语言所体现的简约运作,例如移位的动机、移位能够跨越的限制等等;而后者主要关心语言表征的简约性,例如提出表征里没有羡余的成分、没有复杂的结构等等。[③]

总的来讲,简化语言学理论的目的是为了得出一个简单和具限

[①] 这两大类经济原则的划分参考 Hornstein(2001)。Martin 和 Uriagereka(2000)也有类似的看法。

[②] 沈家煊把"derivation"译作"派生"(克里斯特尔 2000:104)。据笔者所见,在生成语法学的汉语文献里,一般习惯把这个词译作"推导"。本书则根据文献上的习惯。

[③] 有些文献把"表征"(representation)翻译为"表达"或"表达式"。有关表征经济的性质和它跟语言使用的关系,请参邓思颖(2002a)的讨论。

制性的普遍语法,以期满足解释上充分的目标。根据最简方案的思想,语言学理论中既繁复而没有吸引力的部分必须摒弃,而代之以简单和自然的假设。在以下的讨论,我们根据最简方案,介绍生成语法学对语言机制的一些基本假设。

我们一直说生成语法学研究的对象是大脑的语言机制。究竟语言机制是一个怎么样的系统?由于科技和道德的问题,我们没有办法活生生把一个人的脑袋打开,把掌管语言的部分切出来研究。我们只能透过语言的事实,对大脑内的语言机制提出一些初步的假设。从最简方案的思想来考虑,这些假设必须简单、自然。

在目前最简方案构拟的蓝图里,语言机制包括了"认知系统"(cognitive system)及"表现系统"(performance systems)。① 表现系统可再分为两个系统:"概念意向系统"(conceptual-intentional systems)和"感觉运动系统"(sensorimotor systems)。② 前者跟意义有关,而后者主要跟发音有关。

认知系统包括了人类语言的"运算系统"(computational system)和"词库"(lexicon)两个部分。词库是储存词项的地方,标明词项的特性。运算系统从词库里抽出需要的词项,然后把那些词项组合成句子结构,这个过程也称为"推导"(derivation)。

运算系统与表现系统有两个交接的地方,称为"接口"(interface):③ 通往概念意向系统的接口叫"逻辑形式"(Logical Form 或简称"LF"),而通往感觉运动系统的接口称为"语音形式"(Phonetic Form 或简称"PF")。在推导过程的某一点:拼读(spell-out),把语音特征送往语音形式去,其余的特征则送往逻辑形式去。④ 拼读前的

---

① 然而,Chomsky(2000)认为表现系统并不属于语言机制,这个看法跟他以往的看法不同。Hauser, Chomsky, and Fitch(2002)把语言机制区分为"狭义语言机制"和"广义语言机制",认为认知系统属于狭义语言机制,而表现系统则属于广义语言机制。

② 在Chomsky(2000, 2001a)里,"概念意向系统"又称作"思想系统"(systems of thought)。

③ "Interface"也曾译作"界面"。

④ 在Chomsky(2001a,b)的模式里,在一个推导过程中可以多次运用拼读。每一次运用拼读,就是一个阶段(phase)。这个构想是Chomsky(2001a,b)跟过去的模式不一样的地方。

部分称为"狭义句法"(narrow syntax),也曾称为"显性部门"(overt component);拼读后通往语音形式的部分称为"音韵部门"(phonological component);而拼读后通往逻辑形式的部分称为"语义部门"(semantic component)或"隐性部门"(covert component)。简单来讲,狭义句法、语义部门和音韵部门这三个部门分别跟语法内的句法(组成短语、句子的部分)、语义(解释意义的部分)和形态/音韵(发音显形的部分)有关。为了方便讨论,语言机制可以绘画为以下的简图:

(1)

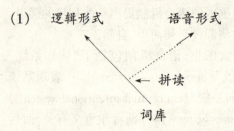

按照图(1)所描绘的语言机制,产生一个句子的步骤是这样:首先从词库里选择适当的词和特征,这些词在狭义句法里组合成句子。当拼读运用在推导过程的某一点,跟感觉运动系统相关的特征被送到音韵部门,并且在语音形式这个接口得到诠释,因此句子能够发音,我们听得见。至于跟概念意向系统相关的特征,则在拼读运用之后被送到语义部门,在逻辑形式得到诠释,因此句子能够赋予意义。

我们可以为语言机制的各个部门打个比喻:语言机制内的认知系统是一间工厂,而表现系统是订货的客户。认知系统内的运算系统是工厂核心的生产部门,词库就是这个工厂的材料部,为工厂的生产部门提供原材料(词项及其特征)。生产部门把原材料加工合成后(推导过程),在生产线的某一个点(拼读),主生产线(狭义句法)分裂为两个分支生产线(语义部门和音韵部门),生产不同的产品,分别为两类不同的客户(概念意向系统和感觉运动系统)提供不同的产品,而工厂向客户交货的地方就是接口(逻辑形式和语音形式)。

过去生成语法学认为除了逻辑形式和语音形式以外,还有两个独立的层次:"表层结构"(surface structure,简称"s-structure"和"深层结构"(deep structure,简称"d-structure")。运算系统内一共有四个层次:逻辑形式和语音形式是跟表现系统交接的接口,深层结构是跟词库交接的接口,而表层结构是连接深层结构、逻辑形式和语音形式的层次。他们的关系可以由图(2)来表达(Chomsky 1981)。

(2)　　词库 ⟶ 深层结构 ⟶ 表层结构 ⟶ 逻辑形式
　　　　　　　　　　　　　　　　　　　　　　↘ 语音形式

比较图(2)和上面图(1),我们可以发现最简方案把运算系统的模型简化了,删除了深层结构和表层结构。① 因此,词库的词项不需要通过任何的层次而能直接通往逻辑形式和语音形式。虽然图(1)和图(2)显示的推导过程都有分裂的现象,分裂后的推导分别通往逻辑形式和语音形式,但拼读和表层结构是两个完全不一样的概念:表层结构是一个层次,但拼读并不是一个层次,而是在推导过程中随意的某一点。图(1)和图(2)的主要分别就是:图(1)只有两个层次(逻辑形式和语音形式),而图(2)却有四个层次(深层结构、表层结构、逻辑形式和语音形式)。光比较图(1)和图(2),两个层次的模型肯定比四个层次的模型简单。从方法上经济原则的考虑,只有两个层次的模型比较经济、简洁,放弃深层结构和表层结构的主张就是向简化语言学理论迈出的一步。

3.3 显性参数化假定

原则与参数理论假设普遍语法由两大部分组成:原则和参数。原则的内容是天赋的,参数的数目是固定的,两者都具有普遍性;而参数的值是后天设定的,允许变异。根据这个模式,语言和语言之间的共通性由原则来决定,而它们之间的差异则应该受参数的值所影响。

如果语言的差异主要取决于参数,那么,成为一条参数应该具备什么条件? 参数的值根据什么因素来设定? 为了保障有一个有解释能力的语法理论,有关参数的理论应该十分严谨、有限制性。这些问题是原则与参数理论不能回避的问题。在提出我们的意见之前,先

---

① 有关取消表层结构和深层结构的原因,纯粹是理论内部的考虑。由于牵涉到较多的假设和例子,本书不作介绍,请读者直接参考 Chomsky(1993)的论证。

让我们简单回顾过去文献上的一些看法。①

在八十年代，学者在原则与参数理论的模式下提出了几个重要的假定，对探索参数的性质和建立一个有限制性的语法理论作出了很大的贡献。

在原则与参数理论的模式下，Borer(1984)作了尝试性的研究，她明确提出参数应该限制于屈折规则(inflectional rules)，屈折规则属于个别语言的选择，而其它的语言成分则应该具有普遍性。

基于反身代词(reflexives)的研究，Wexler and Manzini(1987)把Borer(1984)的看法扩展到所有的词项上，参数不光是限制于屈折成分。Wexler and Manzini(1987:55)认为参数的值不是跟个别语言有关系，而是跟个别的词项有关系。他们把这个看法称为"词汇参数化假定"(Lexical Parametrization Hypothesis)。

至于哪些词项允许有参数的变化，Wexler and Manzini(1987)并没有明确的界定。为了建立一个更有限制性的语法理论，Fukui(1988,1995)提出了"功能参数化假定"(Functional Parametrization Hypothesis)。词项可以划分为两个大类：词汇性词类(lexical categories)和功能性词类(functional categories)。典型的词汇性词类包括名词、动词、形容词等词类，而典型的功能性词类包括英语的冠词、助动词等。跟词汇参数化假定的看法不同，功能参数化假定认为并非所有的词项都允许参数变化，只有功能性词类允许参数变化，而词汇性词类则应该具有普遍性的，在每一个语言里都是一致的。比如说，Fukui(1986,1988)认为日语和英语都拥有同样的词汇性词类，不过日语却是一个缺乏所有功能性词类的语言，他根据这个假设，比较和解释了日语和英语的一些语法差异。②

如果功能参数化假定是正确的话，参数定值应该只限制于功能性词类。从语言习得的角度来考虑，小孩子语言习得的焦点就主要

---

① 有关八十年代文献上所提出的种种参数化理论，可以参考程工(1999:§1)的回顾与介绍。

② 但是，这一个假设实在太强。日后连Fukui本人也承认日语应该拥有若干功能性词类(Fukui and Nishigauchi 1992)。因此，Fukui(1995)修正认为个别语言只允许缺乏那些没有任何语义角色的功能性词类，具有语义作用的功能性词类则应该是有普遍性的。

落在功能性词类上;至于词汇性词类,小孩子则不需要忧虑它们有否差异的问题,大大减轻了他们在习得的过程中所遇到的负担。① 换句话说,功能性词类的存在与否和它们的相关性质决定了个别语言的面貌。

基本上,功能参数化假定提出了一个更具限制性的参数理论,但是,我们认为功能参数化假定有它过强和过弱的缺点。过强的地方是功能参数化假定完全排除词汇性词类存有差异的可能性。如果词汇性词类事实上允许参数差异,那么,功能参数化假定就不能成立。另一方面,这个假定过弱的原因是它只管功能性词类的差异问题,其他方面的语言差异问题则无法包容。比如说,语言差异的其中一个明显的表现是语音/音韵上的差异,但是语音/音韵上的差异却无法受功能参数化假定所能管辖。

为了更有效地建立一个具有解释能力而且具有限制性的语法理论,本研究认为参数的提出必须符合"显性参数化假定"(Overt Parametrization Hypothesis)(Tang 1998a)。②

(3) 显性参数化假定

> 只在语义部门内起作用的特征才有普遍性,不允许变异;在音韵部门内起作用的特征则允许变异。

在阐述显性参数化假定之前,先让我们介绍这个假定的一些理论背景。

在运算系统里,最小的运作单位应该是特征(features)。严格来讲,词库所提供给运算系统并非一个一个的词,而是一堆特征和特征的组合。到了逻辑形式和语音形式这两个接口,运算系统也只给两个表现系统提供特征(Chomsky 1995)。无论运算系统的输入、实际运算或者输出,都是特征和特征的组合。

语言机制里一共有多少种特征呢? 我们假设语言机制离不开四

---

① 有兴趣的读者,可详见 Radford(1990)按照功能参数化假定的观点研究英语语言习得的问题。

② 本书对笔者(Tang 1998a)当初提出的显性参数化假定的定义只作了术语上的修改,基本精神和内容还是完全一致的。

种特征:语义特征(semantic features)、语音特征(phonetic features)、词类特征(categorial features)和词缀特征(affix features)。

顾名思义,语义特征跟语义有关,它们表达了意义和概念,只为概念意向系统服务,可谓扮演"传情达意"的角色。语音特征记载了语音的信息,它们在语音形式里转化为实际的发音指令,让感觉运动系统知道应该怎样操作。语音特征的"语音"不应该只包括语音信息,它们也应该包括记载音韵信息的特征。词类特征标明了一个词的词类及其相关特点,这些特征主要用来区别词类(例如词汇性/功能性、名词/动词等)。词缀特征是一种形态的特征,作为词缀,它们本身不能独立使用,必须附加在另外一个词之上,有粘附的特点。

以汉语为例,"狗"这个词包含了三种特征:语义特征(如"有生命"、"可数")、语音特征(如"不送气的舌根塞音声母")和词类特征(如"词汇性"、"名词性")。由于汉语"狗"是一个自由语素、一个可以独立运用的词,它并没有任何的词缀特征。至于依附在动词后的"了",它包含了四种特征:语义特征(如"完成体")、语音特征(如"边音声母")、词类特征(如"功能性"、"动词性")和词缀特征(如"动词后缀")。

我们在前文提过,在最简方案的模式里,拼读把运算系统内的推导过程分为两半:一半通往语义部门/逻辑形式,一半通往音韵部门/语音形式。实际上,拼读是怎么样运作的呢?以汉语动词后的"了"为例,当"了"从词库进入运算系统以后,它的四组特征在狭义句法的推导过程中是一块儿前进的。当拼读应用后,跟逻辑形式有关的特征被送到语义部门去,而跟语音形式有关的特征被送到音韵部门去。

在刚才的四大类特征里,哪一些特征应该送到哪一个部门去呢?毫无疑问,语义特征和语音特征应该分别送到语义部门和音韵部门去,分别在语义形式和语音形式这两个接口得到诠释。按照最简方案的设想(Chomsky 1995:231),语义特征永远不会出现在音韵部门内,而语音特征也永远不会出现在语义部门内。这两个部门没有任何的联系。

至于词缀特征,它们是形态的特征,跟形态学有关。由于词形、词缀等形态特点必须透过一定的语音形式来显现,因此词缀特征跟语音形式有关,在语音形式里得到诠释,供感觉运动系统使用。

词类特征最终应该到哪一个接口去?无可否认,词类跟意义有若干的关系,在逻辑形式里得到诠释(Chomsky 1995)。比如说,汉语的"钉",作为名词的意义和作为动词的意义肯定不同。就这一点,词类特征应该送到语义部门去。但是,词类的不同可以影响到读音的不同。比如说,同样一个"子",作为名词的后缀,它读作轻声的"zi",而作为名词,它读作上声的"zi",不能有轻声。显然,汉语的声调跟词类有密切的关系。因此,我们不能排除词类特征在语义部门和音韵部门内同样有重要的地位。为了解释这个现象,我们假设拼读把词类特征一分为二,分别送到语义部门和音韵部门去,词类特征能够同时进入语义部门和语音部门。以下的图总结了我们提到的特征和它们最终的目的地。

(4) 语言机制的特征和它们的最终的目的地

特征	最终目的地
语义特征	逻辑形式
语音特征	语音形式
词类特征	逻辑形式/语音形式
词缀特征	语音形式

回到我们的显性参数化假定。按照我们上述的讨论,语义特征只在语义部门内活动,它们的活动范围不能超越语义部门,而其它的三种特征都能在音韵部门内起作用。虽然我们假设词类特征在语义部门和音韵部门内扮演同样重要的角色,但是,它们并非只出现在语义部门内。

如果我们的讨论是正确的话,按照显性参数化假定,只有语义特征才具有普遍性的特点,在所有人类语言里都应该有一致性。由于语音特征、词类特征和词缀特征能够出现在音韵部门内,因此它们允许出现变异,可以参数化。按照显性参数化假定的设想,普遍语法所提供的参数必须跟语音特征、词类特征和词缀特征有关,任何跟这三种特征无关的参数都是不合法的、不能成立的。语音特征、词类特征和词缀特征都在音韵部门内能扮演若干角色,而音韵部门所提供的信息最终转化为语音,为感觉运动系统而服务。这些特征都属于显性的特征,有别于隐性的语义特征。由于跟显性的特征有关系,这个参数化假定也称为显性参数化假定。

显性参数化假定的提出有什么根据和合理性?根据显性参数化假定,只有显性的特征才能有资格参数化。换句话说,变异必须限制在显性的成分。这个设想完全符合最简方案一个最基本的精神:变异的因素必须由可察觉的成分来决定(Chomsky 1993 et seq)。凡是受到语音、形态等"形之于外"的因素所支配,都有可能出现差异。差异属于形式,由形式来决定。这是一个很自然、很合理的假设。从第一语言习得的角度来考虑,小孩子必须根据有声有形的语言事实来设定参数。在一个特征的系统里,小孩子最容易察觉的就是那些能够进入音韵部门的语音特征、词类特征和词缀特征。藉这些显性的特征,小孩子进一步掌握隐性的语义特征。如果显性的特征有什么"异样",参数就有不同的设定,由参数所决定的语言面貌就有所不同,形成个别的语言,造成语言差异。至于那些听不到、看不见的成分,如果小孩子不是藉外表形式来掌握,那么,最简单直接的假设是隐性的成分是天赋的。由于是天赋,所有语言的隐性成分都应该是一致的,具有普遍性。

根据我们前面的讨论,先天因素与后天因素在语言习得过程中的矛盾,通过原则与参数理论,巧妙地配合在一起,使生成语法学更具有解释性、更有包容性。原则虽然是天赋的,但决定参数的值——显性的特征——却是形之于客观世界,靠后天的掌握。只有显性的特征才能决定参数的值,隐性的语义特征不能参数化。

虽然显性参数化假定只是一个假定,它不一定是对的,但起码它为原则与参数理论提供一个更具限制性的研究方向。因此,本书将会从显性参数化假定的观点研究汉语方言语法的问题。如果本研究的论点是正确的话,也可以作为进一步支持显性参数化假定合理性的证据。

3.4 原则与参数理论对汉语方言研究的重要性

自从五十年代生成语法学在美国提出来以后,大多数研究者的焦点都集中在英语,以英语来建立理论,以英语来印证假设。于是往往给人一个错误的印象是:生成语法学是专门为英语而设的理论,所谓语言的共性实际上是英语的个性。

不过,这种研究方向在八十年代有了很大的改变,特别是原则与参数理论的提出,生成语法学的研究重点有了转移:由过去只研究英语转移到研究英语以外的语言,特别是印欧语以外的语言,大量比较这些语言之间的异同,务求更清楚了解原则和参数的性质,早日发现人类语言的特点。

按照原则与参数理论来研究语言差异的工作可谓十分丰富,这个理论使生成语法学者更重视语言的分歧、变异的问题,因而对语言差异的研究更为重视和深入,比较的语言越来越广,取得非常丰硕的研究成果。以汉语为例,Huang(1982)的研究可谓一个划时代的代表。他成功地利用当时的原则与参数理论分析汉英语法一系列的差异,无论对汉语本身还是对生成语法学都有重要的贡献,对日后以这个理论研究汉语语法奠定了重要的基础,也为汉英对比研究树立了一个良好的典范。

在 Huang(1982)的研究影响下,生成语法学者对汉语的现象越来越重视,汉语很多的现象对普遍语法的研究实在是很大的挑战;反过来,研究汉语语法的学者,对原则与参数理论也越来越感兴趣。利用原则与参数理论,学者发现了很多过去传统语法学家所不能发现的事实。新的理论把语法学家的视野也带到一个新的领域,寻找新的问题,不仅对了解汉语的面貌有很大的帮助,而且对完善生成语法学的理论也很有贡献。有兴趣的读者,可以阅读 Huang and Li(1996)和徐烈炯编(1999)对过去汉语生成语法学研究的介绍,就可以大概了解过去的研究取得了什么样的成果。

然而,以原则与参数理论来研究汉语方言语法的工作,据笔者所见,实在远远比不上汉英对比的研究那么丰富;而汉语语法的研究,也绝大多数集中在普通话的研究,甚少专门深入探讨汉语方言事实的生成语法学专著。从 Huang and Li(1996)和徐烈炯编(1999)的介绍,我们就可以看到有关汉语的生成语法学理论都是建立于普通话。严格来讲,所谓汉语语法理论只不过是普通话语法理论。比如说,本章 30 页注释③所引的有关生成语法学的汉语书目,大多数都局限于普通话,以普通话为例子说明理论的问题。为什么我们不多用生成语法学的理论研究汉语方言的语法?这是一个研究对象的问题。

至于汉语方言学的研究内容,用李如龙(2001:7)的话来概括,就是方言"静态的描写"和"动态的考察"。所谓静态的描写,可以是"单点的报告,关于语音、词汇和语法的系统及特点的说明",也可以是"成片的包括若干方言点的语音、词汇、语法特点的比较分析,从而说明某一方言区片的特征"。至于动态的考察,可以是"现行的老辈和新辈之间差异的描写",也可以"拿历史上的典籍、文献的方言材料与现今方言的实际情况作比较分析,说明古今方言的流变"。

按照上述的讲法,汉语方言学有两个研究方向:一方面在于静态描写方言的特点,说明方言之间的亲属关系,从而帮助方言分类和分区;而另一方面在于动态的考察,发现方言的历史层次,说明方言形成的过程。由此可见,共时归类和历时演变成为目前汉语方言学的主要研究重点。虽然汉语方言学十分重视方言比较的研究,但利用方言比较得出来的材料来进一步探讨人类语言的共同性,似乎不是汉语方言学的研究范围。对于从大量描述性调查得出来的方言特点,传统的汉语方言学很少从解释性的层面说明造成方言差异的原因(特别是共时的原因),从而建立一个解释充分的语言学理论。面对汉语方言材料,我们应该用什么理论来解释它们的差异呢?怎样利用汉语方言的材料说出大道理来呢?这是一个是研究方法的问题。

本书的研究对象和研究方法都十分清楚:在研究对象方面,我们采用汉语方言的材料,特别是比较普通话和粤语的语法异同;在研究方法方面,我们根据生成语法学的原则与参数理论,比较汉语方言。

按照生成语法学的观点,所谓方言差异实际上就是语言差异。站在原则与参数理论的观点,研究方言差异和研究语言差异的态度和方法基本上是一致的,看不出有什么特殊的地方。本研究尝试从生成语法学的原则与参数理论来探讨汉语方言语法差异的问题,希望结合这两方面的领域(生成语法学和汉语方言学),发现新的问题,从而更好地了解语言机制和普遍语法的性质。

从生成语法学看汉语方言的差异,对旧的问题,我们应该有新的体会。吕叔湘(1982:80)曾经有一个很有意思的观察,现引录如下。请注意,他所讲的"语法"实际上指"句法",不是我们所指语言系统的用法。

(5) 方言的差别最引人注意的是语音,划分方言也是主要依据语音。这不等于不管语汇上和语法上的差别。事实上凡是语音的差别比较大的,语汇的差别也比较大。至于语法,在所有汉语方言之间差别都不大,如果把虚词算在语汇一边的话。

根据(5)的讲法,汉语方言基本上只有语音和词汇的差异,句法上有很大程度的一致性,没有什么差异。在吕叔湘(1982)之前,主张这种看法的学者还有袁家骅等(1960)和 Chao(1968)等学者。

此外,从语言/方言接触的角度来考虑,有意见认为句法方面比较"保守"(游汝杰 1992:137):

(6) 因为句法结构比语音和词汇更稳定更保守,所以句法的借用不像语音和词汇那么容易。

假设这些主张是正确的,汉语方言句法真的比较一致、比较保守。我们会问:为什么会这样?句法的一致性、保守性说明了什么问题?这是汉语方言的特点还是人类语言本质上的问题?正如我们在本章开首的地方介绍过,面对语言差异的问题时,解释充分的语言学不能只满足于发现"怎么样"的问题,我们还要探讨"为什么"的问题,找出造成语言差异的原因。

方言的语音和词汇差异似乎跟我们提出的显性参数化假定有某些神似之处,也符合显性参数化假定的主张。语音和词汇的差异我们能够察觉,具有显性的特性。从原则与参数理论来考虑,语音和词汇应该允许参数化。至于汉语方言句法上的一致性,似乎隐含着一个信息:句法结构有它稳定性的一面,本质上跟语音和词汇不一样。关于句法和词序的问题,我们会留待第五章作详细的讨论。

3.5 附录:一些基本的句法学假设

在这一个小节里,我们简单介绍本书采用的句法学基本假设和分析理论。这些理论主要是根据生成语法学在最简方案影响下的原则与参数理论模式。如果对句法学感兴趣,希望进一步找用汉语写的参考资料,可以参考本章 30 页注释③所引的书目。

在人类语言里,词和词在句子中的组合有一定的规则,并不是杂乱无章地堆砌在一起。从很多实验中证明,人类大脑不是把整句句子储存起来,我们也没有可能记忆所有可能的句子。事实上,每一句句子都有一定的"句式"。除了词和它们表达的意义之外,大脑还储存了这些句式。简单来说,"造句子"就是把词安放在这些句式中合适的位置。根据不同的句式,我们可以说出从来没有听过的新句子,这就是生成语法学所讲的具有创造性的生成能力。例如在(7)的句子可以简单归纳为两种句式,如(8)所示。

(7) a. 松鼠吃花生。
　　b. 张三认为松鼠吃花生。
　　c. 李四怀疑张三认为松鼠吃花生。
　　d. 王五知道李四怀疑张三认为松鼠吃花生。
(8) a. 句子＝名词＋动词＋名词
　　b. 句子＝名词＋动词＋句子

按照(8a)的句式,我们可以推导出句子(7a);如果把(8a)和(8b)两个句式加起来,我们可以得出(9a)的句式,衍生出像(7b)的句子;如果把(8b)重复运用两次,并且加上(8a),我们可以得出(9b)的句式,衍生出像(7c)的句子;如此类推,如果把(8b)重复运用三次,并且加上(8a),我们可以得出(9c)的句式,衍生出像(7d)的句子。由此可见,表面上复杂的句子,在生成语法学的观点来看,都只不过是从一些数量有限的简单句式(例如(8a)和(8b)两条),经过一定的操作,推导出来。

(9) a. 句子＝名词＋动词＋[名词＋动词＋名词]
　　b. 句子＝名词＋动词＋[名词＋动词＋[名词＋动词＋名词]]
　　c. 句子＝名词＋动词＋[名词＋动词＋[名词＋动词＋[名词＋动词＋名词]]]

这里谈到的"句式"不仅指词在句子中的组合式样,而且包括句式的式样。这种种的式样可以归纳为各条规则(rules)。根据流行于五、六十年代的生成语法学标准理论(Standard Theory),各种句式可以归纳为短语结构规则(phrase structure rules)。例如(7a)的句子可以分析为由名词短语 NP"松鼠"和动词短语 VP"吃花生"组成,而动词短语"吃花生"可以分析为由动词"吃"和名词短语"花生"所组成。

用早期生成语法学所规定的方式,(7a)应该由以下的两条短语结构规则(10a)和(10b)所衍生出来,其中"S"、"NP"、"VP"和"V"分别指句子、名词短语、动词短语和动词。(10a)这条规则是说,一个句子"S"由名词短语"NP"和动词短语"VP"组成,箭头"→"可以理解为"重写为",(10a)也可以理解为:句子"S"可以重写为名词短语"NP"和动词短语"VP",即句子 S 这个句法层次以下包含了名词短语和动词短语这两个成分。至于(10b),动词短语可以再进一步分解:动词短语"VP"由动词"V"和名词短语"NP"组成。因此,在早期的生成语法学里,这些规则也称为"重写规则"(rewrite rules)。

(10) a. S → NP VP
    b. VP → V NP

(10a)和(10b)这两条规则也可以用树形图(tree diagram)来表示,如(11)。上述所谓"组成"、"重写"的关系可以用层次的方式表达:句子是最高的成分,在它之下有名词短语和动词短语,而动词短语之下有动词和名词短语。从语法功能来讲,第一个名词短语是句子的主语,动词短语是谓语,(10a)表达了最基本的主谓关系。谓语之内有一个动词述语,第二个名词短语是那个述语的宾语,(10b)表达了一个述宾关系的动词短语,那个述语是一个及物动词。

(11)

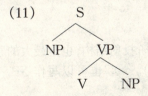

(11)的树形图也可以同样地用以下的带标加括法(labeled bracketing)表达:

(12) [$_S$ NP[$_{VP}$ V NP]]

在(12)里,第一个 NP 是句子的主语,第二个 NP 是宾语。每一个括号"[ ]"代表一个层次,左括号"["后的小写字母(例如小写的"S"和"VP")表示该括号/层次的性质和名称。VP 内的 V 和 NP 是组成这个括号/层次的成分。除了使用树形图外,为了节省篇幅和省略不必要的细节,我们在本书的讨论里还会用到像(12)那样的带标加括法,请读者注意。

自七十年代以来,Chomsky(1970)、Jackendoff(1972)等人对短语结构理论作了重大的修改,提出了短语结构的 X 杠理论(X' theory)。① 这里所讲的"X"是一个抽象的变项,可以用不同的词类代入,例如名词(N),动词(V),介词(P),形容词(A)等。用"X"这个变项形式来标记,显示了这个 X 杠理论的概括性,适用于任何一种的词类。

根据 X 杠理论,每一个短语都必定有一个中心语(head),我们不允许一个没有中心语的短语。如果以"X"表示一个词项,中心语 X 是短语内最低的层次,称为"最小投射"(minimal projection);短语是最高的层次,属于中心语的"最大投射"(maximal projection),用双杠来表示它的层次 X";介乎于最小投射和最大投射之间的层次用单杠表示 X'。一个短语可以有以下的结构,(13)也可以用树形图(14)来表示。

(13) a. X" → Y" X'
     b. X' → X Z"

(14)
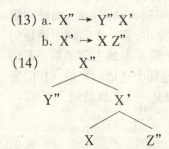

X' 是 X 的一阶投射结构,X" 是 X 的二阶投射结构,也是最大的投射结构,相当于我们所说的短语(phrase)。② X" 也可以写作 XP,

---

① 文献上"X 杠"(X-bar)也曾翻译为"X 标杆"、"X 阶标"、"语杠"。
② "Phrase"也曾译作"词组"。

"P"是短语 phrase 的简写。在上述的结构中,Y"和 Z"所占据的这两个句法位置分别称为"指定语"(specifier)和"补足语"(complement)。①

如果以"吃花生"作为例子,这一个动词短语可以由(15a)的树形图来表示。动词短语的中心语和补足语分别是动词"吃"和名词短语"花生"。在(15a)树形图里,动词短语的指定语,名词短语的指定语和补足语没有任何成分。为了简单表述,如果没有指定语,X'一层可以省略,如(15b)。

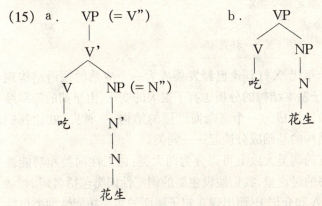

此外,根据 Kayne(1994)提出的"线性对应定理"(Linear Correspondence Axiom,简称 LCA),层次越高的成分,在线性的关系里,应该越前;层次越低的成分,则应该越后。② 按照 Kayne(1994)的讲法,中心语在层次上比补足语要高,因此,补足语应该在中心语的右边。换句话说,所有语言基本上在底层里都是中心语在前的语言;至于指定语和附接语(adjunct)的位置,③ 它们在层次上比中心语要高,因此,它们都应该出现在中心语的左边。"指定语+中心语+补足语"应该是人类语言的最基本的底层结构。以(16)的结构为例,附接语附加在 X"之上,在层次上比指定语、中心语 X 和补足语都要高。如

---

① 为避免跟传统语法学者所讲的"补语"混淆,本书把 X 杠理论的"complement"译作"补足语"。

② 详见胡建华(1999)、邓思颖(2000a)、李亚非(2001)、力提甫·托乎提(2001:§10)、石定栩(2002)等对有关理论的介绍。

③ 所谓附接语,即附加在结构上的成分。传统语法上所讲的状语和定语属于附接语。

果把(16)换成线性的表达方式,按照线性对应定理的观点,(16)的词序应该是"附接语+指定语+X+补足语"。

(16)

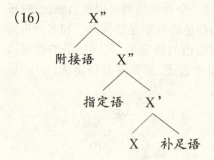

到了九十年代,X杠理论已经发展成为一个成熟的短语结构理论,当时对句子基本结构的分析也有了很大的变化,由早期的简单结构(例如(11))发展成为一个复杂而严谨的结构。① 首先,就让我们从组成句子结构的基础成分谈起——词类。

人类语言的词类大致上可以分为两大类:词汇性词类和功能性词类。在本书的讨论里,我们假设主要的词汇性词类包括名词N、动词V、形容词A和介词P;而出现在句子层面的主要功能性词类包括轻量动词(light verb)v、时态(tense)T和标补语(complementizer)C。按照X杠理论,这些词类都可以组成属于自己的短语。

按照最简方案的考虑,在句法上所有的词类都必须有一定的语义根据。我们不能允许一个没有意义、完全"空"的词类。词汇性词类的语义根据比较明显,名词、动词、形容词、介词等词类的意义,无论在哪一个理论模式的语法专著里,都一定有详细的讨论,我们不必

---

① 不过到了九十年代中,X杠理论有重大的改变。为了进一步精简短语结构理论,Chomsky(1995)摒除了X杠理论,并且提出了"简明短语结构理论"(bare phrase structure theory)。"Bare"在"bare phrase structure"一词比较难翻译。沈家煊在克里斯特尔(2000:271)把"bare phrase structure"翻译为"空乏短语结构";力提甫·托乎提(2001)把这里的"bare"翻译为"光杆";石定栩(2002)则把这个词翻译为"极纯";Naoki Fukui跟笔者指出他把"bare"翻译为日语"素"。我们认为"bare"一词在这里的用法表示了这个短语结构理论是一个简单明晰的理论,没有附加任何缺乏证据和不知名的假设,符合最简方案的基本精神。由于本书的讨论基本上不涉及简明短语结构理论,为了避免繁琐的介绍,我们不在这里详谈。有兴趣的读者,可自行参考邓思颖(2000a)和石定栩(2002)的介绍。

在这里重复。生成语法学对这些词汇性词类的看法,基本上跟传统的看法没有太大的分歧(Abney 1987)。

至于功能性词类的地位,特别是在生成语法学的原则与参数理论的模式里,扮演相当重要的角色,跟传统语法所讲的功能性词类很不一样,我们有必要在这里稍作介绍。

在句子层面的三个核心功能性词类里,我们首先看看轻量动词 v。轻量动词的语义功能跟题元关系(thematic relations)有关(Chomsky 1995)。① 有一种理论认为(Huang 1997),② 轻量动词可以由一些没有语音形态的(抽象)述语所组成,主要功能是表示事件意义(eventualities),例如动作述语(activity predicates)——"进行"(DO)、表始述语(inchoative predicates)——"变成"(BECOME)或"呈现"(OCCUR)、静态述语(stative predicates)——"是"(BE)或"持续"(HOLD)、使役述语(causative predicates)——"使役"(CAUSE)等。轻量动词是这些(抽象)述语的具体句法表现。在句法上,由轻量动词组成的轻量动词短语 vP 位于动词短语之上。轻量动词和动词的结合表达了谓语所表达的事件意义。比如说,下面的四个结构分别代表了四种不同的事件意义:

(17) a. [$_v$P DO[$_{VP}$...V...]]　　　　　　　　　　(动作)
　　 b. [$_v$P BECOME[$_{VP}$...V...]]　　　　　　　(表始)
　　 c. [$_v$P BE[$_{VP}$...V...]]　　　　　　　　　　(静态)
　　 d. [$_v$P CAUSE[$_{VP}$...V...]]　　　　　　　　(使役)

以汉语为例,在下面的三个例子里,(18)有一个表示"是"(BE)的静态述语("热"是一种静止的状态);(19)有一个表示"变成"(BECOME)的表始述语("热"有一种状态转变的意思);(20)则有一个表示使役(CAUSE)的使役述语("热"是使役动作的结果)。由于意义不同,这三个句子的轻量动词应该有不同的意义。虽然这三个句子

---

① 把轻量动词写作一个小 v 是 Chomsky(1995)的方式,基本上等同于 Larson(1988)所讲的"动词短语壳"(VP shell)。有关动词短语壳的重要性,我们会在本书第六章里讨论。

② 也见 Kratzer(1994)相似的主张。

的主要述语在表面上是一样,有同样的形态——"热",但是,我们认为这个述语的事件意义是由轻量动词来决定的。每个句子里述语的整体意义应该结合动词的核心意义和轻量动词的事件意义。因此,"热"这个述语在下面三个句子的整体意义分别是"是+热"、"变成+热"和"使+热"。

(18) 这碗汤很热。
(19) 这碗汤热了。
(20) 我热了这碗汤。

在汉语里,我们假设这个轻量动词可以是一个没有语音形态的空动词,表示上述的事件意义。附加在这个空动词上的成分,是用来表示体(aspect)的"体标记"(aspect markers),包括普通话的"了、过、着"。在语义上,体标记出现在轻量动词上有一定的原因:体标记就是为了检视轻量动词所表示的事件,突显部分或者整个事件的过程(Smith 1997)。在形态上,汉语的体标记属于词缀特征,粘附在衍生于轻量动词位置的空动词。① 以普通话动词短语"看了这本书"为例,我们假设这个短语有以下的结构。

(21)

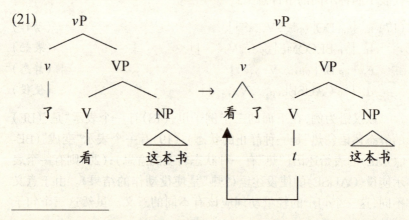

---

① 在生成语法学的文献上如何为体标记找一个句法的位置是有争议性的。有意见认为汉语的体标记衍生在动词短语之上,然后下降至动词的位置,粘附在动词之上,形成"动词+体标记"(Cheng 1989);也有意见认为在词库里体标记早已经跟动词结合在一起,"动词+体标记"的成分跟移位无关(Gu 1995, Xu 1997)。如果移位只向上而不向下,"体标记下降说"在理论上是有问题的;而"词库形成说"则增加了词库的负担和复杂性。

在(21)这个树形图中,动词短语 VP 的中心语是"看",而宾语"这本书"属于动词的补足语。在语义上,(21)的这个轻量动词应该是一个没有语音形态、表示"进行"(DO)的动作述语。轻量动词短语 vP 衍生在动词短语之上,形成了"轻量动词短语+动词短语"的词序/层次结构:轻量动词短语在先、动词短语在后。按照这个词序/层次去读,(21)的事件意义就是"进行-看-这本书"的意思,正好符合了说普通话的人的语感。体标记"了"衍生在轻量动词的位置,粘附在那个空动词上。严格来讲,"了"应该附加在这个抽象的述语"进行"(DO)之上。不过,由于这个抽象述语缺乏语音形态,为了方便表达,我们在本书里所有的树形图都把这些在 v 位置的抽象述语省略不画出来,把"了"直接置于轻量动词 v 之下。

此外,我们知道"*了看这本书"不是正确的词序。因此,我们假设那个空动词应该拥有一个引导动词移位的词缀特征,这个词缀特征把动词"看"从原来的位置吸引到轻量动词的位置,在表面上形成了"看了"的正确词序。[①] 经过动词移位后,在原来的位置留下了一个没有语音形态的空语类——"语迹"(trace)。句法学上用"t"这个符号来表示移位成分在移位前的原来位置。

在轻量动词短语之上,我们假设有一个功能性词类短语——时态短语 TP。顾名思义,时态短语的时态 T 应该跟时间有关。[②] 在意义上,时态跟整个句子所表示的时间有关,因此在层次上时态短语应该在轻量动词短语之上,覆盖整个轻量动词短语。由于汉语在形态上缺乏像英语那样表示时态的"-ed"、"-s"等后缀,时态 T 作为一个独立的功能性词类在汉语存在不存在有争议;如果存在的话,生成语

[①] 详见 Huang(1997)有关普通话动词移位的讨论。
[②] 这里所讲的时态 T 约等于过去生成语法学所讲的屈折成分(inflection,简称 Infl 或者 I)。在九十年代初的分析,屈折成分并非一个独立的单一类,它应该拆分为主语一致标记 AgrS,宾语一致标记 AgrO 和时态 T(Pollock 1989,Chomsky 1991)。不过,Chomsky(1995)后来认为由于一致标记 Agr 缺乏实际的语义功能,因此它不能作为独立的词类。此外,从更早的历史去看,我们这里所讲的时态短语 TP,约等同于五、六十年代生成语法学模式里的句子 S(见本章的树形图(11))。此外,沈家煊把"tense"译作"时"(克里斯特尔 2000:357),但是,本书为了双音节的考虑,把"tense"译作"时态"。汤廷池曾把"tense"译作"时制"。

法学家对于汉语时态的性质也有不同的意见。

我们认为汉语是有时态 T 的。在意义上,它跟时间有关。在形式上,表示时间的句末助词具有像英语那样时态语素的特征,衍生在时态 T 的位置(Tang 1998a,也见 Sybesma 1996, Xu 1997, Zhang 1997)。① 按照 Reichenbach 对时态的分析,我们认为句末助词"来着、了"表达了说话时间(speech time)、事件时间(event time)和指称时间(reference time)三者的相对关系。例如,句末助词"来着"表示刚过去的事件,刚过去的时间就是过去时(past tense),事件时间在说话时间之前(即(22)里在"说话时间"的左边),而指称时间则指已经过去的事件时间((22)的"事件时间"和"指称时间"在同一点)。以(23)的"来着"为例,它表示过去时,事件时间"下雨"出现在说话时间之前,而指称时间则指"下雨"的那个时刻。

(22) ...事件时间,指称时间...说话时间...

(23) 下雨来着。

至于句末助词"了"相当于英语的完成时(perfect)。所谓完成时,就是说事件时间出现在说话时间之前,而指称时间则在事件时间之后的某一点。如果指称时间跟说话时间在同一点,例如(24),这样的完成时称为"现在完成时";如果指称时间是指说话前的某一点,例如(25),这样的完成时称为"过去完成时"。跟说话时间在同一个时间。以(26)的"了"为例,"张三吃饭"发生在说话之前,如果说话者想指称的时间在说话的那个时候。换句话说,当说话者说(26)的那个时候,"张三吃饭"的事件已经发生了,"了"在这一句里表示现在完成时。如果说话者想指称的时间在说话之前,但在"张三吃饭"的事件发生之后,"了"在这一句里表示过去完成时。

(24) ...事件时间...指称时间,说话时间...　　(现在完成时)

(25) ...事件时间...指称时间...说话时间...　(过去完成时)

(26) 张三吃饭了。

---

① 有关汉语句末助词的句法推导问题,我们留待下文与标补语一块儿讨论。

除了表示时态以外,时态短语 TP 还有另外的一个功能——时态短语的指定语负责承载主语。在时态短语内,时态的补足语是轻量动词短语,而时态的指定语是预留给主语的。我们依从目前广为接受的"内部主语假定"(Internal Subject Hypothesis),假设主语原来衍生于轻量动词短语 vP 的指定语之内;然后在表面上经过移位移到时态短语 TP 的指定语位置(Fukui and Speas 1986, Kuroda 1988, Koopman and Sportiche 1991, Huang 1993 等)。衍生在轻量动词短语内的主语从轻量动词获得题元角色(thematic roles),而主语移到时态短语指定语的目的是为了格位(Case)或者其他的要求(详见 Chomsky 2000, 2001a, b 的讨论)。① 举一个简单的例子,"张三看了一本书"应该有以下的部分结构:

(27)

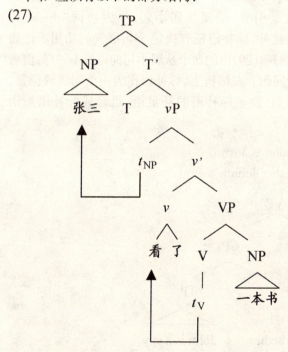

---

① 沈家煊把"Case"译作"格",但本书为了双音节的考虑,依从汤廷池的做法把"Case"译作"格位"。

在(27)的树形图里,除了我们刚才讨论过的动词移位外,主语"张三"原来衍生在轻量动词短语的指定语的位置。经过移位后,"张三"移到时态短语指定语的位置。由于主语"张三"比述语"看了"的层次要高,而"看了"比宾语"一本书"的层次要高,按照线性对应定理,(27)的线性词序应该是"张三+看了+一本书",完全合乎普通话的词序。至于时态 T 的词序问题,我们在以下的小段里讨论。

在时态短语 TP 之上,还有一层由功能性词类组成的短语——标补语短语 CP。① 在英语里,标补语可以显示为带领从属小句(subordinate clause)的"that、whether"等词,并且决定了从属小句的语气。标补语短语在层次上应该处于最高的位置,覆盖整个时态短语。比如说,(28)和(29)的"John is a spy"是一个从属小句,"that"和"whether"的功用就是引导、带领从属小句,作为动词"think"和"wonder"的补足语;此外,标补语还有决定小句语气的功用。比如说,标补语表示了(28)和(29)内的两个从属小句的语气不一样:前者是陈述句,后者是疑问句。在结构上,标补语作为一个句法的位置,被带领的时态短语 TP 位于标补语的补足语,组合成标补语短语 CP,如树形图(30)所示。

(28) I think [that John is a spy].
(29) I wonder [whether John is a spy].
(30)

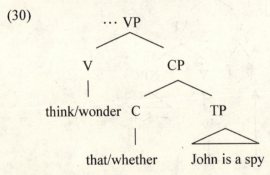

---

① 标补语也曾译作"补语连词"、"补足语"、"补足连词"。顾名思义,标补语的作用是标示补足语的意思。英语的"complementizer"一词中的"complement"就是指补足语。

第三章 语言差异的参数分析

除了从属小句外,标补语在根句(root clause)也一样出现。以英语的疑问词问句为例,形成(31)的疑问句必须经过两个步骤:情态动词"will"的移位和疑问词"what"的移位。由于情态动词跟时态、情态有关,文献上一般假设情态动词衍生在时态 T 的位置。为了得出(31)的词序,情态动词从原来位于时态 T 的位置移到标补语 C 的位置,而位于宾语的疑问词"what"从原来的位置移到标补语短语 CP 的指定语,如树形图(32)所示。英语的疑问词和情态动词需要移到标补语短语的原因,主要是受到附加在标补语上的词缀特征的诱发,引导移位的发生。这种移位往往跟某些语义因素有关,例如语气上的要求。① 因此,我们有理由相信标补语短语的存在跟语气有关,有一定语义因素的支持。

(31) What will you buy?
(32)

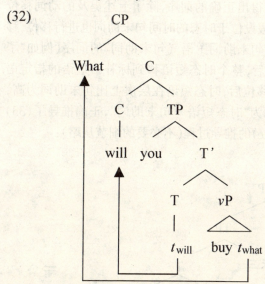

---

① Cheng(1991)认为英语的疑问词移位跟标示句子的语气有关。此外,从功能上来考虑,移位到标补语短语(例如正反问句(ii)的情态动词移位)可以作为区分开陈述句(例如(i))和疑问句(例如(ii))的重要手段(Chomsky 1995)。
  (i) John will leave.
  (ii) Will John leave?

至于汉语的情况,我们认为汉语的时态短语之上也有标补语短语。在句法上,表示语气的句末助词衍生在标补语的位置(汤廷池 1989,Cheng 1991 等);在语义上,衍生在标补语短语内的句末助词跟语气有关,跟英语标补语短语的情况相似。汉语的句末助词可以分为两大类,一类跟时间有关,例如普通话的"了、来着";另一类跟语气有关,例如"啊、吧、吗"(胡明扬 1981,朱德熙 1982,太田辰夫 1987)。我们认为这两类句末助词应该分别衍生在时态 T 和标补语 C 的位置(Tang 1998a,邓思颖 2002b)。比如说,以(33)普通话"张三吃过饭了吗"一句为例,"过"是体标记,"了"是时间句末助词,"吗"是语气句末助词。这三个功能性词类应该分别占据轻量动词 v、时态 T 和标补语 C。

按照线性对应定理,作为中心语的轻量动词、时态和标补语应该在补足语的左边。为了得出正确的词序,除了上述提及的动词移位和主语移位以外,我们假设位于时态的时间句末助词也进行移位,移到标补语,形成了"时间句末助词 + 语气句末助词"的词序(例如"了吗"而非"*吗了");然后,整个时态短语移到标补语短语的指定语(Tang 1998a)。① 经过移位后,时态短语在层次上比句末助词为高,因此在线性的词序显示为"时态短语 + 句末助词",正确推导了(33)的词序。请参考(34a-c)的推导过程(不必要的细节从略):

(33) 张三吃过饭了吗?

(34) a.

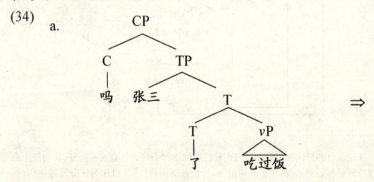

---

① Simpson and Wu(2002)从闽语里到支持时态短语移位分析的证据。有兴趣的读者,请详看该文的讨论。

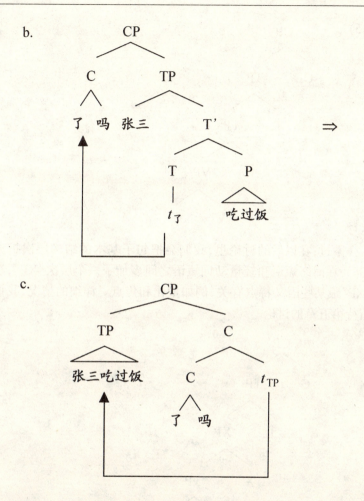

虽然(34a-c)的推导过程比较复杂,但是,我们既可以维持线性对应定理所主张的"指定语+中心语+补足语"词序,又可以为汉语句子内的各个主要成分(特别是两类句末助词)找出合理的句法位置,以及正确推导它们的词序。

按照我们上述的介绍,目前生成语法学假设的句子结构应该包括标补语短语 CP、时态短语 TP、轻量动词短语 vP 和动词短语 VP 这几个层次,如下图所示(词序暂时不理会):

(35)

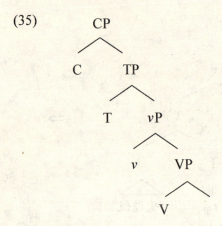

不过,在以后的讨论里,我们会把句子基本的结构层次扩充为(36):在时态短语和轻量动词短语之间多加了一个层次"XP",这个"XP"跟某些语义特点有关,例如量化和焦点。详细的情况,我们会留待第五章的讨论。

(36)

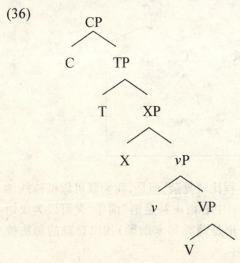

此外,我们认为在双宾语结构里,轻量动词短语和动词短语之间还多了一个功能性短语"FP"。一个完整的双宾语结构应该如(37)所示。"F"跟拥有义和失去义有关,我们会在第六章里详细讨论。

(37)

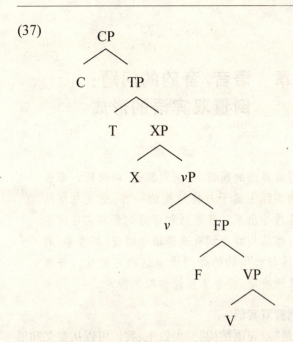

在以后各章的讨论,我们主要依赖这里所介绍的句法学理论和汉语的句子结构分析。不过,为了避免复杂的理论分析,以及让不太熟悉生成语法学的读者能够掌握本书的讨论,我们尽量用简单、易懂的术语和有限度的理论分析,说明我们讨论的问题。本书希望能够用平白的文字把我们理论分析的基本精神清楚地介绍给读者,尽量让读者能够了解生成语法学对汉语方言语法研究的重要性,而读者也可以从而掌握一些基本的生成语法学的观念,认识当前生成语法学和理论语言学所关心的课题,以及尝试把理论应用到汉语方言的实际分析上。

第四章　语音/音韵的问题：
　　　　倒置双宾语的形成

本章讨论形成粤语的所谓"倒置双宾语"的原因。粤语倒置双宾语结构实际上属于与格结构的一种，是从与格结构经过介词省略推导出来。普通话和粤语倒置双宾语的差异是由于粤语与格结构的介词有选择语音特征[可省略]的可能性，而普通话与格结构的介词没有这种可能性。普粤差异由语音特征所决定，符合了显性参数化假定。

4.1 引言：粤语的倒置双宾语

在汉语里，什么是"双宾语结构"？大致上，我们可以从意义和形式两方面来界定汉语的双宾语结构。

从意义上来讲，双宾语里的两个宾语，一个是指接受事物的人，而另外一个是指交接的物件。指人的那个宾语称为"间接宾语"(indirect object)，而指物的宾语则称为"直接宾语"(direct object)。请看以下学者对汉语双宾语的定义，其中(4)是典型的汉语双宾语句子，表示给予义。(5)虽然表示取得义，但是后面有两个宾语，一个指人，一个指事物，也算是双宾语句子。

(1) "国语及物动词中，有一种表示'人与人之间交接一种事物'的动词，常带两个名词做宾语。传统的文法，把这两个宾语名词中，表示接受事物的人……叫做'间接宾语'；表示所交接的事物……叫做'直接宾语'。带有直接与间接两种宾语的动词，就叫做'双宾动词'。"

(汤廷池 1979:197)

(2) "有的动词可以带两个宾语，一个指人，一个指事物，这便是双宾语。"

(马真 1981:55)

(3) "……我们宁愿使用从语义角度着眼的'双及物式'(ditransitive construction)这个名称,而避免沿用'双宾语'(double object)的提法。……我们把典型双及物式的特征概括为:在形式上为'A+V+R+P'的句式里,施事者有意地把受事转移给接受者,这个过程是在发生的现场成功地完成的。"

(张伯江 2000:198-199)

(4) 张三给[李四][一本书]。
(5) 偷了[张三][十块钱]。

从形式上,双宾语结构就是动词后面有两个宾语。任何句子只要形式上符合这个要求,就属于双宾语句子。除了给予义的双宾语句子外,朱德熙(1982)认为,双宾语句子也包括取得义和等同义。此外,他把拥有"准宾语"的例子都当作双宾语。所谓准宾语,它们包括动量宾语、时量宾语和数量宾语三种。(10)的"一脚"是一个动量宾语,动词"踢"后面还有两个宾语,朱德熙(1982)也把它当作一种双宾语句子。

(6) "双宾语指一个述语后边接连出现两个宾语。这两个宾语可以都是真宾语,也可以是一个真宾语,一个准宾语。"

(朱德熙 1982:117)

(7) 送[他][一份礼物]。　　　　　　　　　　(表示给予)
(8) 偷了[我][一张邮票]。　　　　　　　　　(表示取得)
(9) 骂[他][傻瓜]。　　　　　　　　　　　　(表示等同)
(10) 踢了[孩子][一脚]。　　　　　　　　　(准宾语:动量宾语)

除了取得义、等同义和含有准宾语的句子外,李临定(1990)把含有动词短语和小句的句子都当作双宾语句子。比如说,(12)和(13)的动词后面都有两个"宾语",按照李临定(1990)的分类,这些句子都属于双宾语句子。

(11) "带双宾语类。本类动词或者要求带有两个宾语,或者有可能带有两个宾语。我们把靠近动词的那个宾语称为'近宾语',近宾语后边的那个宾语称为'远宾语'。"

(李临定 1990:164)

(12) 教[我][织毛衣]。　　　　　　　　　　　　(动词短语)
(13) 答应[我][他一定准时来]。　　　　　　　　(小句)

　　基本上,粤语跟普通话一样,都有上述各种的双宾语结构。不过,一个跟普通话明显不同的地方,也是汉语方言学者经常谈论的地方,就是粤语给予义的双宾语允许所谓"倒置"的词序,即间接宾语出现在直接宾语的后面,例如(14)。然而,对应的词序在普通话里却绝对不能接受,例如不合语法的(15)。把(14)称为"倒置"、"后置"、"颠倒"往往是根据普通话的考虑,如果以普通话双宾语的词序"动词+间接宾语+直接宾语"为基本的词序,作为比较的基准点,显然,粤语的双宾语是一种"倒置"的词序。这种所谓"倒置"的词序,除了粤语以外,在其他南方方言也找得到,例如客语的惠州话、梅州话、闽语的雷话、吴语的上海话、湘语的长沙话等。① 虽然其他方言的情况不一定跟粤语的一模一样,但是,我们的分析结果对其他方言的"倒置"词序应该有一定的启示。在以下的讨论里,我们把焦点集中在粤语的"倒置"双宾语。

(14) 我畀[一本书][你]。　　　　　　　　　　　(粤语)
(15) *我给[一本书][你]。　　　　　　　　　　　(普通话)

　　注意到粤语这个特点的学者和文献很多。部分学者在描述普粤双宾语的这方面的差异时,往往说粤语里"这两个宾语的位置和普通话的双宾语的位置相反"(高华年 1980:220)、这两种语言里的"宾语的位置彼此完全相反"(曾子凡 1989:370)、"广州话双宾语的语序不同,一般习惯把指物宾语放在前面,指人宾语放在后面"(欧阳觉亚 1993:281)。黄伯荣(1993)、Peyraube(1997)等认为倒置双宾语的出现反映了粤语是一个广泛允许"后置"的汉语方言;李敬忠(1994)由此认为粤语跟壮语有密切的关系。

　　过去的讨论所给人的印象好像是所有的粤语双宾语句子都是"倒置"的,普通话"间接宾语+直接宾语"的词序在粤语里一定转换

---

① 可参见 Tang(1998b)的资料收集。

成"直接宾语+间接宾语"的词序。然而,并非所有的粤语双宾语都允许倒置,最明显的例子是表示取得义的动词基本上并不允许倒置,请比较(16)和(17)这两个例子。黄伯荣(1959)和张洪年(1972)很早就注意到表示取得义的动词不允许倒置双宾语。为了排除取得义的例子,李新魁等(1995:573)提出过一些限制,他们认为粤语双宾语句子能否倒置跟动词的语义特征有关,含有有意识的"予义"才能倒置。所谓"予义",是施事者使直接宾语向着间接宾语转移。张双庆(1997:256)也观察到只有在给予义的粤语双宾语句子里,两个宾语的位置才可以"颠倒"。

(16) 佢抢咗我一百蚊。他抢了我一百块。
(17) *佢抢咗一百蚊我。

在未解释普通话和粤语的双宾语的差异前,先让我们简单回顾过去有关粤语倒置双宾语的主要研究成果。我们选取有关粤语双宾语问题的论著,并简略介绍他们的分析。事实上,讨论这个问题的文献很多,尤其是教授粤语的课本都会提到粤语的这个特色。不过,我们只能选择性地介绍系统性比较强的学术专著的分析。至于一般的粤语教本中有关粤语双宾语的讨论,则暂时从略。

黄伯荣(1959)是一篇较早而有系统分析粤语双宾语的文章。他一共分析了九个动词:"畀、送、问、拧、欠、赚、抢、借、赊",并且根据它们的句法特点把它们分为三类:第一类动词是"畀、送、问、拧",在这些动词的后面,间接宾语可以放在直接宾语的后面而不需要带上介词;第二类动词是"欠、赚、抢",在这些动词的后面,间接宾语必须放在直接宾语的前面;第三类动词是"借、赊",在这些动词的后面,间接宾语可以放在直接宾语的前面,也可以在后面,不过意义却有所不同。

Kwok(1971)曾讨论粤语双宾语的问题,她把粤语双宾语分为三类结构:间接宾语可以出现在直接宾语的后面而不需要带上"畀";间接宾语出现在直接宾语的后面而带上"畀";和间接宾语出现在直接宾语的前面。双宾语的主要动词除了"畀"以外,还可以填入其他的动词,表示一件物件由一个人转移到另外一个人的及物动词(例如

"发、贡献、送、教"等)。

张洪年(1972)系统地分析了十六个双宾动词:"俾、拧、送、攞、写、传、夹、欠、赚、呃、收、问、麻烦、当、教、借",并且归纳粤语双宾语为几类:间接宾语出现在直接宾语的后面而不需带上"畀";间接宾语出现在直接宾语的后面而需要带上"畀";在双宾动词"畀"的后面,间接宾语出现在直接宾语的后面而带上"过";间接宾语出现在直接宾语的前面,其中可以或不可以加上"嘅"(的)。

Peyraube(1981)一共选取了五十四个粤语双宾动词,区分双宾语为四类:"动词+直接宾语+畀+间接宾语"、"动词+直接宾语+间接宾语"、"动词+畀+间接宾语+直接宾语"和"动词+间接宾语+直接宾语"。此外,他把双宾动词划分为"词汇"(lexical datives),例如"畀、送",和"扩展"(extended datives),例如"炒、织"。不过,他只集中分析词汇双宾动词,而把扩展双宾动词剔除,不作为研究的对象。似乎未能真正对粤语双宾动词作一个全面的分析。

Chui(1988)根据间接宾语前面能否出现"畀"把粤语的双宾动词划分为三类:"畀"是必须的(例如"租、推");"畀"是可有可无的(例如"寄、借");"畀"不能出现(例如"畀")。

正如前文所述,讨论过粤语双宾语的文献很多,这里所介绍的只是部分比较系统性的专著。他们都把粤语双宾语分成若干类句型,或者按照不同的句型把双宾动词分类。虽然分类的标准和语感并非完全一致,但是他们的研究对认识粤语双宾语的特点作出了很大的贡献。

基于他们的研究,下面的一节里,我们重新把粤语双宾语分类,仔细比较各类型的双宾语句子。根据不同的语感,把粤语双宾动词划分成三个大类、五个小类。本书研究的范围只集中在给予义和取得义等"典型"的双宾语句子,至于其他类型的双宾语句子,例如上文提过的含等同义动词、准宾语、动词短语和小句的句子,则不在我们的研究范围内。

4.2 粤语双宾语句的动词分类

我们研究的结构是包含直接宾语和间接宾语的句子。在粤语

里,这两种宾语都能出现的句子包括以下的三种句型:

(18) a. 动词　直接宾语　介词　间接宾语　　（与格结构）
　　 b. 动词　间接宾语　直接宾语　　　　　（双宾语结构）
　　 c. 动词　直接宾语　间接宾语　　　　　（倒置双宾语结构）

我们把(18a)的句型称为"与格结构"(dative construction),在直接宾语和间接宾语之间隔了一个介词。在功能上,这个与格介词用来引介接受事物的间接宾语;在句法上,这个介词跟间接宾语组合成一个介词短语。这种句型普通话和英语也有,例如(19)和(20)。

(19) 我送一本书给他。
(20) I gave a book to him.

至于其他的两种句型,(18b)是像普通话典型的双宾语结构,间接宾语出现在直接宾语的前面;(18c)就是所谓有粤语特色的"倒置双宾语结构"。请注意,我们称(18c)这一种结构为"倒置"纯粹是一种非正式的叫法。根据下文的讨论,读者会知道我们并不认为这一种结构的产生是一种"倒置",跟(18b)的双宾语结构没有直接的关系。不过为了行文方便,在讨论的时候我们仍然保留这个非正式的名称,并且不加上引号。

出现在粤语与格结构的介词主要是"畀"。根据 Lau(1972)、Bennett(1978)、Tang(1992)、Wong(1994)、Xu and Peyraube(1997)等人的意见,我们把粤语与格结构的"畀"当作一个介词来处理。

文献上曾经记载过其他的介词都可以出现在粤语的与格结构里。Wisner(1906)、Chan(1951)和袁英才(1958)曾经指出"嚟"可以用作一个介词出现在与格结构里,例如(21)和(22)。

(21) 俾一枝茶羹嚟我喇。给一枝茶匙给我喇。

(Wisner 1906:4)

(22) 拧的饼嚟我。拿一些饼给我。

(袁英才 1958:29)

此外,粤语还有一个"过"可以出现在与格结构里。早在十九世纪,Ball(1888)已经记录了粤语"过"作为与格介词的用法,例如他举的例子(23)。高华年(1980)认为在粤语的与格结构里,当"直接宾语较长,可以在两个宾语的中间加介词'过'",例如(24)。不过,在直接宾语比较短的句子里,"过"一样可以出现(张洪年 1972,饶秉才等 1981,曾子凡 1989,麦耘、谭步云 1997),例如(25)。

(23) 俾过我。给我。

(Ball 1888:109)

(24) 我琴日畀三本参考书同埋两本杂志过阿黄。
　　我昨天给了阿黄三本参考书和两本杂志。

(高华年 1980:220)

(25) 畀件衫过我。把那件衣服给我。

(麦耘、谭步云 1997:239)

　　不过,在目前的香港粤语里,与格结构"过"的使用已经不太普遍,大概有消失的趋势。虽然部分人表示会这样说或者听过别人这样说,从一些长者或电台电视广播节目中仍偶然听到这个"过",但是,香港年轻的一辈已经很少说"过",或者觉得这种句型很"古老"。至于与格结构的"嚟",如果它的用法等同于与格介词"畀",那么,这种用法在今天的香港粤语早就消失,不为一般人所接受。①

　　因此,在以下的讨论里,我们只研究含有介词"畀"的与格结构。在以下的小节里,我们根据这三种句型,把粤语所谓双宾动词划分为五个小类。②

4.2.1 "畀"类动词

　　这一类的动词包括"畀、醒(送)、送、奖"等,这一类的动词是典型的给予类动词,间接宾语是直接宾语的接收者。根据下面例子的语感,动词"送"能够进入与格结构,例如(26)。(27)的"??"表示该句子不自然,比较勉强。至于(28)的"(?)",表示该句子部分人能够接受,

---

① 关于粤语与格结构里的"嚟",另外一种可能分析是把它当作一个目的介词而非与格介词。详见后文的讨论。

② 本书对粤语双宾动词的分类曾经参考过黄伯荣(1959)、清水茂(1972)、Peyraube(1981)和 Chui(1988)等的研究并且做过问卷调查。此外,本书的双宾动词分类基本上依循笔者以前的分类(Tang 1998b),并且作了若干的补充和修正。

但也有部分人勉强能接受,有不同的反应。①

(26) 我送咗一本书畀佢。我送了一本书给他。　　　　　(与格结构)
(27) ?? 我送咗佢一本书。　　　　　　　　　　　　　(双宾语结构)
(28) (?)我送咗一本书佢。　　　　　　　　　　　　　(倒置双宾语结构)

如果把动词换成"畀",语感则有一点不同。(31)显示了动词"畀"能够允许所谓倒置的词序,所有说粤语的人都能够接受。如果把(29)跟(31)作比较,显然,(29)的接受度比较低。跟动词"送"一样,(30)的双宾语结构不自然。

(29) (?)我畀咗一本书畀佢。我给了一本书给他。　　　　(与格结构)
(30) ?? 我畀咗佢一本书。　　　　　　　　　　　　　(双宾语结构)
(31) 我畀咗一本书佢。　　　　　　　　　　　　　　(倒置双宾语结构)

虽然双宾语结构在粤语里的接受度比较低,但它们并不是完全不能接受。首先,在若干粤语的熟语里,往往只有双宾语的词序,例如"畀你信心"(给你信心),"还我河山"等。此外,当直接宾语是句子强调的部分,直接宾语要么是音韵上比较"重"(如(32)),要么是焦点之所在(如(33)),双宾语就比较容易接受(袁家骅等 1960,Kwok 1971,Peyraube 1981,Chui 1988,Matthews and Yip 1994)。不过,就动词"畀"而言,双宾语结构的接受度远远不及倒置双宾语结构的那么自然。有关粤语双宾语结构的问题,我们留待本书的第六章才作详细的讨论。

(32) 我畀咗佢[一本好有用嘅书]。我给了他一本很有用的书。
(33) 我畀咗佢[一本书],唔系一支笔。我给了他一本书,不是一支笔。

4.2.2 "寄"类动词

这一类的动词包括"寄、搬、带、交、夹、卖、派、踢"等。在意义上,这一类动词的特色是动作表示了直接宾语从某个地方转移到间接宾语上。

---

① 请注意,我们这里所谈的句子接受度往往是相对的,并不是绝对的。

(34) 小明寄咗一封信畀我。小明寄了一封信给我。　　（与格结构）
(35) *小明寄咗我一封信。　　　　　　　　　　　（双宾语结构）
(36) */? 小明寄咗一封信我。　　　　　　　　　（倒置双宾语结构）

　　这些动词能够进入与格结构,例如(34);它们不能进入双宾语结构,例如(35)。(36)的"*/?"表示对于倒置双宾语结构,部分人不能接受,而部分人则勉强接受。

4.2.3 "炒"类动词

　　这一类动词包括"炒、影(复印)、批(切)、洗、烫、画、织、整(弄)、作、煮"等。在意义上,这些动词有创造的意义,属于创造类动词。除了物件的接受者以外,间接宾语也可以理解为事件服务的对象。①

(37) 小明炒咗一碟菜俾我。小明给我炒了一盘蔬菜。　（与格结构）
(38) *小明炒咗我一碟菜。　　　　　　　　　　　　（双宾语结构）
(39) */? 小明炒咗一碟菜我。　　　　　　　　　　（倒置双宾语结构）

　　跟"寄"类动词的情况差不多,"炒"类动词能够进入与格结构(如(37));不能进入双宾语结构(如(38));至于倒置双宾语结构的接受度,则因人而异(如(39))。

4.2.4 "摘"类动词

　　这一类动词包括"摘、抢、买、偷"等。这些动词的语义特征是带有获取义,本来属于取得类动词。不过,这一类动词最大的特点就是要求间接宾语是动作服务的对象。例如(40)的间接宾语"我"应该理解为动作"摘一枝花"的服务对象。

(40) 小明摘咗一枝花俾我。小明给我摘了一枝花。　　（与格结构）
(41) (*)小明摘咗我一枝花。　　　　　　　　　　　（双宾语结构）
(42) */? 小明摘咗一枝花我。　　　　　　　　　　（倒置双宾语结构）

　　有关这三个句子,我们需要作特别的说明。当"摘"类动词进入了与格结构以后,间接宾语(例如(40)的"我")应该理解为动作的服

---

① (37)的介词写作"俾",跟前面的介词"畀"不一样。见后文的讨论。

务对象;至于(42),如果能够接受的话,间接宾语"我"也只有一种理解:服务的对象。如果"摘"类动词进入双宾语结构而间接宾语理解为服务的对象,例如(41)的"我",则不能接受,因此画上了一个星号。① 在句法的表现上,"摘"类动词基本上跟上述的"炒"类动词一样,不过,这两类动词的词汇意义有本质上的差别。因此,我们还是把这两类动词分开处理。

4.2.5 "问"类动词

最后这一类动词包括"问、请教、考、求;摘、抢、买、偷"等。在意义上,这些动词要求间接宾语是直接宾语的来源点,直接宾语应该从间接宾语而来,最终转到主语去;动词表示获取义,属于取得类的动词,即主语从间接宾语那里获得直接宾语,而间接宾语则失去直接宾语。

不过,按照直接宾语的性质,"问"类动词可以再分为两个小类:"问、请教、考、求"表示资讯的获得和思想上的交流,直接宾语具有较为"抽象"的性质;而"摘、抢、买、偷"是物体上的空间转移,直接宾语属于较为具体的物体,通过动词表达的动作,直接宾语同间接宾语转移到主语。

表示资讯获得和思想交流的动词只能进入双宾语结构(=(44)),与格结构和倒置双宾语结构都是不合语法的(=(43),(45))。(44)的间接宾语"佢"是"问题"(严格来讲应该理解为"问题的答案")的来源点,"问题"(问题的答案)从"佢"而获得。

(43) *我问问题畀佢。　　　　　　　　　　　(与格结构)
(44) 我问佢问题。我问他问题。　　　　　　　(双宾语结构)
(45) *我问问题佢。　　　　　　　　　　　　(倒置双宾语结构)

至于那些表示物体转移的动词,基本上只能进入双宾语结构(=

---

① 唯一让(41)(=(i))能接受的方法是把"我"理解为"一枝花"的来源,或者作为"一枝花"的拥有者。尽管在表面上(i)好像说得通,但意思跟(40)所表达的完全不一样:"我"变成了直接宾语的来源而并非接受服务的对象,"我"是失去花的人,而不是获得花的人。我们认为(i)的"摘"不属于"摘"类动词,而是属于下面谈到的"问"类动词。
(i) 小明摘咗我一枝花。

(47))。① 如果进入了与格结构(=(46))和倒置双宾语结构(=(48)),而且这些句子的间接宾语"我"理解为"一个面包"的来源点,则不合语法。②

(46) *小明偷咗一个面包俾我。　　　　　　　(与格结构)
(47) 小明偷咗我一个面包。　　　　　　　　(双宾语结构)
(48) *小明偷咗一个面包我。　　　　　　　(倒置双宾训结构)

尽管在表面上4.2.4.小节"摘"类动词的"摘、抢、买、偷"和这里"问"类动词的"摘、抢、买、偷"都是完全一模一样,但是按照间接宾语的不同诠释,我们把这几个动词分析为兼类的动词:属于"问"类动词的"摘、抢、买、偷",它们要求间接宾语必须是直接宾语的来源点;而属于"摘"类动词的"摘、抢、买、偷"则要求间接宾语是服务的对象。这几个动词身兼两个身份,表达不同的意义,并且由间接宾语的意义和句型的特点来决定。

笔者曾经把"教"也归入这一类处理(Tang 1998b)。表面上,这个动词也只能进入双宾语结构,而不能进入与格结构和倒置双宾语结构。

(49) *我教语言学畀佢。　　　　　　　　　(与格结构)
(50) 我教佢语言学。我教他语言学。　　　　(双宾语结构)
(51) *我教语言学佢。　　　　　　　　　(倒置双宾语结构)

不过,跟"问"类的其他动词不同,"教"并没有表示失去义;相反,间接宾语好像是直接宾语转移的终点。

还有,有趣的是,如果"教"的直接宾语跟某些本领、技能、技巧有关,例如"散手"(技能)、"招"(技巧),则三种结构基本都能够接受。不过,相对而言,倒置双宾语结构的接受度则稍为逊色(如(54))。

(52) 我教咗几道散手畀佢。我教他几道技巧。　　(与格结构)

---

① 袁家骅等(1960)认为像句子(47)的"我"是直接宾语的领属者,修饰直接宾语,在句法上是直接宾语的一部分,跟我们有不同的看法。

② 如果把(46)的"我"理解为动作服务的对象,则可以接受。但是,这里的动词"偷"不再属于"问"类动词,而是属于"摘"类动词(试比较上述的(40))。

(53) 我教咗佢几道散手。　　　　　　　　（双宾语结构）
(54) (?)我教咗几道散手佢。　　　　　　（倒置双宾语结构）

　　似乎粤语的"教"可以分为两个：一个只出现在双宾语结构里，是典型的"教"类动词；而另外一个可以出现在与格结构和倒置双宾语里，比较像一个"畀"类双宾动词。为什么这一类表示本领技能的直接宾语能够使动词"教"进入与格结构？为什么粤语有两个"教"？真正的原因，我们也不知道。或许像(52)的与格结构句子是一种"熟语"，是历史遗留下来的尾巴，或者经过某些地域方言的变迁。

　　在普通话里，"教"似乎都出现过像粤语这样的转变，例如 Chao (1968)、汤廷池(1979)认为普通话的"教"后面不可以出现介词"给"，然而，Li and Thompson(1981)却认为可以。汤廷池(1979)指出，来自大陆北方的年长一辈接受"教"后面可以有"给"的句子，而在台湾生长的年轻一辈则不接受。

　　此外，我们可以尝试从历时的角度考虑这个问题。根据 Peyraube(1988)的研究，《尚书》已经出现"教+直接宾语+于+间接宾语"这样的结构，例如：

(55) 听朕教汝于棐民彝。(《书·洛诰》)
　　　　　　　　　　　　　　　（引自 Peyraube 1988:75）

　　事实上，在汉语史上"教"仍然以"教+间接宾语+直接宾语"或"以+直接宾语+教+间接宾语"的句型为主。不过，到了十四世纪出现了"教+与+间接宾语+直接宾语"这样的结构：

(56) 你教与我这好法儿。(《朴通事谚解》)
　　　　　　　　　　　　　　　（引自 Peyraube 1988:245）

　　以后，"教"仍然是出现在"教+间接宾语+直接宾语"的句型中：

(57) 教我一个童女方。(《古今小说·蒋兴哥重会珍珠衫》)
　　　　　　　　　　　　　　　（引自 Peyraube 1988:266）

　　出现在与格结构的"教"说不定是保留了古汉语的一些特征，反映在不同地域的方言中，而像粤语句子(52)也许是古老语言的痕迹。
　　在本书的讨论里，我们把"教"视作一种特殊的句式，不把它当作是双宾语结构的一种,也把它剔除在"问"类动词之列。

4.2.6 其他动词

Chao(1968)、汤廷池(1979)等指出普通话的"双向"动词包括"租、借、分",在与格结构里,例如(58),它的动作方向是由"我"出发,去到"他",可以称为"外向"动词;当这些动词出现在双宾语结构里,例如(59),它们的动作方向是由"他"出发,去到"我"的身上,可以称为"内向"动词。

(58) 我借了十块钱给他。

(59) 我借了他十块钱。

至于粤语"双向动词"的问题,与普通话的情况稍有不同。就动词"借、分"来说,在双宾语结构里这些动词好像可以有内向或外向两种解释;如果把直接宾语拉长,加上强调的焦点,例如(62),则外向的解释还可以接受。否则,"借、分"等动词在双宾语结构里表达外向解释的时候可能有点不自然;至于"租"的动作方向,在目前的粤语双宾语结构里已较难允许有外向的解释。

(60) 我借佢一百蚊。我借他一百块。　　　　　(内向/?? 外向)

(61) 佢分我一件饼。他分我一件饼。　　　　　(内向/?? 外向)

(62) 我借佢[三万五千蚊],唔系两百蚊。　　　(内向/外向)

(63) 小明租我一间屋。　　　　　　　　　　　(内向/* 外向)

综观而言,我们可以发现,这些动词作为外向解释的时候,它们跟"畀"类动词有很多相似的地方,而作为内向解释的时候,则跟"问"类动词有相似的地方。因此,我们认为外向动词应该归入"畀"类动词,而内向动词则归入"问"类动词。

有些动词,例如"磅"、"度"(粤音 dok6)等,虽然它们都有"借"的意思,跟动词"借"颇为接近,但是,无论间接宾语放在哪个位置,都只有外向的解释,却没有内向的解释:

(64) 磅/度住几百蚊畀我先。暂时先借几百块给我。(* 内向/外向)

(65) 磅/度住我几百蚊先。　　　　　　　　　　(* 内向/?? 外向)

(66) 磅/度住几百蚊我先。　　　　　　　　　　(* 内向/外向)

虽然(65)的讲法可能有点不自然,但它绝不允许同时有双向的解释,跟"借"的情况不一样。

张洪年(1972:85)认为句子(67)的两个宾语也是直接宾语和间接宾语的关系,句中的"佢"是一个"间接宾语",而"好人"是一个直接宾语。

(67) 我当佢好人。我当他好人。

事实上,(67)跟上文所提及的双宾语结构并不一样。从意义上来说,这类动词并非有关事物转移的动作,或者行为的发生使某人受益。(67)只涉及事物的表称。Green(1974)、汤廷池(1979)等人也曾分别论及英语和普通话这些类似的句式,认为像(68)、(69)和(70)的句子都不属双宾语结构。

(68) They called him a jerk.
(69) They consider him an idiot.
(70) 人家当他英雄。

Green(1974)认为(68)是一个命名/宣称的表达(nomination/declaration expression),而(69)是一个判断的表达(judgment expression),这些句子都不涉及任何事物的转移,或者行为的发生使某人受益。我曾经把这些句子分析为"小小句"(small clause),跟双宾语结构不同(Tang 1998a)。因此,我们在本书里不把这些句子列入双宾语结构里。

4.2.7 小结

根据以上的讨论,按照能否进入与格结构、双宾语结构和倒置双宾语结构,五的双宾动词可以进一步简化为三个大类:(i)允许与格结构和倒置双宾语结构(如"畀"类动词);(ii)只允许与格结构(如"寄、炒、摘"类动词);和(iii)只允许双宾语结构(如"问"类动词)。我们的讨论可以用下面的表来总结。

(71) 粤语双宾动词的分类

	"畀"	"寄、炒、摘"	"问"
与格结构	OK	OK	*
双宾语结构	??	*	OK
倒置双宾语结构	OK	*/?	*

根据这个表,我们可以客观地得出几条有关粤语双宾动词的特点。首先,这个表可以反映粤语双宾语并不是一边倒地允许倒置。即使带有给予、传递意义的双宾动词,直接宾语和间接宾语的位置也不是可以自由地、随意地颠倒过来。所谓有粤语特色的倒置双宾语的用法是有条件的、非常局限的。第二,在粤语里,与格结构是表示给予、传递意义的最基本结构。对大部分人来说,倒置双宾语并不是最基本的。第三,能够进入倒置双宾语结构的动词,也一定能够进入与格结构;然而,能进入双宾语结构的动词,并不一定能进入倒置双宾语结构。这里好像说明了倒置双宾语结构跟与格结构有比较密切的关系。

4.3 双宾动词的题元角色

上述的五类粤语双宾动词,基本上跟意义有一定的关联。"畀"类动词表示给予义,是典型的转换领属关系动词;"寄"类动词是表示传送、转运意义的动词;"炒"类动词是表示创造意义的动词;"摘"类动词是表示取得、移走意义的动词;而"问"类基本上跟"摘"类一样,不过有一部分的动词是表示资讯获得意义的动词。[①] 根据倒置双宾语的接受度来看,我们的描述性观察是只有那些表示转换领属关系的动词才能允许倒置双宾语。换句话说,粤语倒置双宾语的接受度跟双宾动词的意义扯上了关系。

这些粤语双宾动词的语义关系可以由题元理论(theta theory)所讲的题元角色(thematic roles)来表示。按照题元理论,句子内的各个主目(argument)根据它们与动词的语义关系,[②] 可以解释为不同的题元角色,例如"施事"(Agent)、"受事"(Patient)、"终点"(Goal)、

---

① 本书对粤语动词的分类基本上跟英语动词的分类相似(Levin 1993)。
② "Argument"一词在文献上也曾译作"论元"。

"受益者"(Benefactive)、"处所"(Location)、"源点"(Source)等。① 为了表示动词和主目之间紧密的关系,我们可以说动词赋予一个题元角色给主目,或主目从动词那里获得一个题元角色。

在与格结构和双宾语结构里,主语和直接宾语一般分别理解为施事和受事。至于间接宾语的题元角色,往往要视乎双宾动词的意义。

由于"畀"类动词是典型的给予义、转换领属关系动词,我们认为"畀"类动词的间接宾语是直接宾语的最终拥有者,应该赋予终点角色。

虽然"寄"类动词的间接宾语也可以理解为动作的终点,但是,这些动词本质上是表示空间的转变,并不是纯粹表示领属关系的转变。② 严格来讲,在与格结构里,"寄"类动词也表达了处所的改变,它们的间接宾语可以理解为处所。粤语"寄"类动词的间接宾语好像既有终点的意义,也有处所的意义。不过,为了方便讨论,我们假设"寄"类动词指派给间接宾语的题元角色是终点角色。

至于"炒"类动词和"摘"类动词,正如我们在前文指出,间接宾语好像是这些动作的服务对象。因此,我们认为,当这两类动词进入了与格结构后,间接宾语最好理解为受益者。

至于"问"类动词,间接宾语表示了失去的意思,是直接宾语的源点,最终转移到施事者。因此,间接宾语的题元角色应该是源点。

我们相信粤语倒置双宾语的出现是有条件的、有限制的,并非一种随意自由的词序。希望透过对这些动词的分类,我们起码能够做到符合研究粤语倒置双宾语的一个基本要求——描述上的充分。在下面的一节里,我们比较文献上几个对粤语倒置双宾语的分析,并且提出我们对粤语倒置双宾语的分析,务求达到解释上的充分。

4.4 粤语倒置双宾语和介词省略说

4.4.1 过去的分析

Cheng(1988b)根据生成语法学的理论框架,提出了一个解释普

---

① "Patient"在生成语法学的文献里也曾称为"Theme"。沈家煊把"Goal"译作"目标"(克里斯特尔 2000:160)。我们依从文献上较为流行的译法,把它译作"终点"。

② 请参考 Jackendoff(1990b:§9)对英语的相关讨论。

粤双宾语差异的句法分析。她把汉语双宾语句子分为两种,它们各自有一个不同的深层结构。她认为粤语"畀"和普通话"给"类双宾语的深层结构跟普通话"送"类双宾语的深层结构不同。"畀"和"给"先跟间接宾语(IO)组合成一个成分(V'),然后再跟直接宾语(DO)组合成一个动词短语(VP)。在这个动词短语之上,她假设还有一个动词短语。按照 Larson(1988)对英语双宾语的分析,上一层的动词短语称为"动词短语壳"(VP shell)。这个动词短语壳的中心语是空的,为了填补这个空的动词位置,在粤语中,下一层的动词(即"畀")必须移动到这个空的动词,并在原来的位置留下一个语迹(即图中的"t"),形成了表层结构"畀+直接宾语+间接宾语"的词序,也就是所谓倒置双宾语结构的词序。

(72)

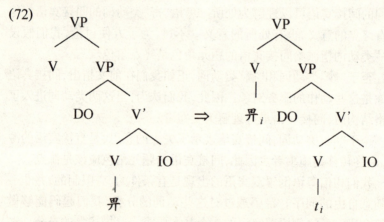

至于普通话的情况,她假设由"给"和间接宾语组成的 V',经过重新分析(reanalysis)后,由原来的 V'改变为一个动词 V。为了填补动词短语壳的那个空动词,经过重新分析后的动词移动到空动词的位置,形成了"给+间接宾语+直接宾语"的词序。为什么普通话的"给"不像粤语的"畀"那样可以直接移动到空动词的位置呢? Cheng(1988b)假设粤语的"畀"动词性比较强, V'不能进行重新分析;而普通话的"给"动词性比较弱,不具备完整动词的特征,因此必须进行 V'重新分析。

(73)

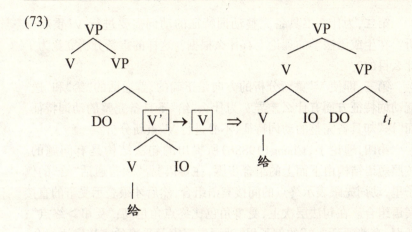

至于普通话的双宾动词"送",她认为在深层结构里,"送"首先跟直接宾语组合成 V',然后再跟间接宾语组合成动词短语。在表层结构,"送"从原来的位置移动到动词短语壳的空动词,形成了"送+间接宾语+直接宾语"的词序。

(74)

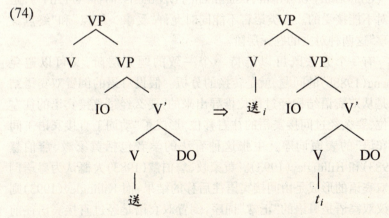

虽然表面上 Cheng(1988b)提出的句法分析好像为普粤就双宾语的问题提供了一个可能的解释,但是,她的分析仍然存在很多值得商榷的地方。

首先,粤语的"畀"和普通话的"给"在动词性质上的差异只是一个初步的假设,缺乏其他独立例证的支持,仍然需要进一步的探讨。

第二，为什么不具备完整动词特征的动词需要进行 V' 重新分析？在生成语法学的理论上有什么根据？这样的重新分析究竟为了什么目的？

第三，即使 V' 重新分析的方向是正确的，普通话的"给"和"送"就动词特征方面有什么差异？为什么"给"不具备完整的动词特征，而"送"却具备完整的动词特征，不必进行 V' 重新分析？

第四，理论上，Cheng(1988b)所提出的句法结构是有问题的。按照短语结构由下而上的组合步骤，在粤语"畀"和普通话"给"的例子里，动词先跟表示终点的间接宾语组合，然后才跟表示受事的直接宾语组合。在句法层次上，受事角色比终点角色高："受事＞终点"；然而，在普通话"送"的例子里，动词先跟表示受事的直接宾语组合，然后才跟表示终点的间接宾语组合。在句法层次上，终点角色却比受事角色要高："终点＞受事"。这两种截然不同的题元层阶(thematic hierarchy)，按照由 Baker(1988)提出的"题元角色一致指派假定"(Uniformity of Theta Assignment Hypothesis, 简称"UTAH")，是绝对不能接受的。人类语言不能同时允许"受事＞终点"和"终点＞受事"这两种对立的题元层阶。

有一个方法既可以维持一个一致的题元层阶，又可以避免 Cheng(1988b)的问题，就是转换的分析。假设粤语的倒置双宾语结构是从双宾语结构经过移位推导出来的：要么经过直接宾语的往左移位，要么经过间接宾语的往右移位，形成了"动词＋直接宾语＋间接宾语"的表面词序。主张这种看法的学者包括黄家教、詹伯慧 (1983)和Killingley(1993)。黄家教、詹伯慧(1983)大概认为粤语倒置双宾语的形成是由间接宾语往后移的结果，而Killingley(1993)则建议双宾语是粤语的"正常"词序，倒置双宾语是经过直接宾语往前移位而形成的。① 虽然他们并没有提出一个具体的句法分析，(75)和(76)这两种情况大致上可以概括这种转换的思想。在(75)里，间接宾语往后移位，形成所谓"倒置"的词序；至于(76)，直接宾语往前移位，跨过间接宾语，在表面上跟由(76)推导出来的词序一样。

---

① 感谢 Steve Matthews 向本人指出 Killingley(1993)的看法。

第四章 语音/音韵的问题:倒置双宾语的形成

(75) 动词　间接宾语　直接宾语　⇒　动词　t_i　直接宾语　间接宾语$_i$

(76) 动词　间接宾语　直接宾语　⇒　动词　直接宾语$_i$　间接宾语　t_i

粤语倒置双宾语结构的转换分析并非完全没有问题。首先,对于那些能够(勉强)接受"寄"类、"炒"类和"摘"类倒置双宾语的人,他们怎样从一个不合语法的双宾语结构推导出倒置的词序?其次,正如詹伯慧等(1981:§4)、Xu and Peyraube(1997)等人指出的,我们怎样防止在"问"类动词里,从合语法的双宾语结构推导出不合语法的倒置词序?当然,为了维持这种转换分析,我们可以假设当双宾语动词是属于"畀"类、"寄"类、"炒"类和"摘"类的时候,宾语移位是强制性的;当双宾动词是属于"问"类的时候,宾语移位是不允许的。然而,像这样的假设仍然停留于描述的层次,并没有真正解释事实背后的原因,尚未达到解释上充分的要求。

4.4.2　介词省略说

为了解释粤语倒置双宾语结构的形成,我们提出粤语倒置双宾语结构是从与格结构经过介词的音韵省略而推导出来的(乔砚农 1966,清水茂 1972,Bennett 1978,Tang 1992,1998b,Bruche-Schulz and Peyraube 1993,Xu and Peyraube 1997 等)。根据这个介词省略说,倒置双宾语结构和与格结构应该拥有相同的深层结构(如(78)和(79))。[①] 在句法上,我们认为表示受事的直接宾语应该比表示终点的间接宾语/介词短语在句法结构上要高,与格结构和倒置双宾语都应该遵守(77)的题元层阶,符合"题元角色一致指派假设"的要求(Larson 1988)。[②]

(77) 施事 > 受事 > 终点

基于上述的假设,我们认为倒置双宾语结构和与格结构的唯一

[①] 有关与格结构的具体句法结构,请参考下一章我们就与格结构的讨论。

[②] Larson(1988)的题元角色层阶也许有认知上的根据,见刘丹青(2001)的讨论。至于粤语双宾语的题元层阶问题,我们会留待讨论双宾语结构一章才详细探讨。

分别应该是介词的语音地位:倒置双宾语的介词已经给省略掉。(78)的"∅"表示一个语音上空的介词,这个空的介词和间接宾语组合成一个介词短语。如果介词省略说是成立的话,所谓倒置双宾语结构只不过是与格结构的一种:一种把介词省略掉的与格结构。倒置双宾语不能是一种独立的结构,而粤语也根本没有什么"倒置"的词序。不过为了方便讨论,我们在讨论时仍然采用"倒置双宾语结构"这个不正确的名称。

(78) 动词　直接宾语　[∅　间接宾语]　　　(倒置双宾语结构)
(79) 动词　直接宾语　[畀　间接宾语]　　　(与格结构)

　　有没有什么证据支持介词省略说是正确的呢?首先,从口语音韵停顿和音节延长的例子证明了一个空介词在倒置双宾语结构中的存在,那个空介词可以在音韵上察觉得到。乔砚农(1966:§34)记录在倒置双宾语结构里直接宾语和间接宾语之间可以有一个音韵上的停顿。如果我们把粤语的倒置双宾语和双宾语结构来做一个比较,明显地在倒置双宾语结构(80)里两个宾语(直接宾语"一本字典"和间接宾语"小明")之间有一个比较清楚的、长的音韵上的停顿(用"//"来表示)。此外,有一些人会把(80)的"字典"最后一个音节"典"音延长,来填充那个停顿的位置。相反,如果在双宾语结构(81)里的两个宾语之间加上一个停顿或者延长"明"的音节,就会显得非常不自然。

(80) 我畀咗一本字典//小明。
(81) ?? 我问过小明//问题。

　　这个音韵上的停顿和音节上的延长说明了倒置双宾语结构和双宾语结构应该有不同的句法结构。让我们假设倒置双宾语结构和双宾语结构有以下的句法表达式:倒置双宾语包含了一个名词短语(NP)和一个介词短语(PP),而双宾语则包含了两个名词短语(NP)。

(82) ...字典$]_N]_{NP}[[[∅]_P[$小明$]_N]_{NP}]_{PP}$
(83) ...小明$]_N]_{NP}[[$问题$]_N]_{NP}$

　　按照 Selkirk(1984)的"加入无声半拍假定"(Silent Demibeat

Addition hypothesis),在每一个节律栅(metrical grid)之后加入一个无声的半拍。音韵上的节律栅按照句法范畴来界定,比如说,词可以是一个节律栅。① 因此,按照加入无声半拍假定,每一个词之后都可以获得一个无声的半拍。

让我们先看看(82)的结构。假如经过音韵省略后的介词所失去的只不过是语音特征,在句法上,空介词还占有一个句法位置,仍然是一个词。由于(82)的"字典"和那个空介词都是词,它们都属于节律栅。按照加入无声半拍假定,每一个节律栅之后都加入一个无声半拍,就像(84)的情况。② (84)的"x"代表了一个无声半拍,而"xx"代表了两个无声半拍。由于空介词没有任何的语音形式,因此,在表面上,"字典"和"小明"之间应该有两个无声半拍。至于在(83)的双宾语结构里,"小明"是一个词,也就是一个节律栅,它的后边应该有一个无声的半拍,如(85)所示。明显地,(84)两个宾语之间的无声半拍比(85)两个宾语之间的无声半拍多出了一个。如果这些无声半拍在音韵上显示为停顿或者延长前面音节的音,那么,在倒置双宾语结构的两个宾语之间出现一个较长的停顿或者音节的延长也不出奇,可以得到合理的解释,也可以证明介词省略说的合理性。

(84) ...字典 x Ø x 小明...
(85) ...小明 x 问题...

除了音韵上的考虑以外,从粤语"晒"的量化情况,我们还可以进一步肯定倒置双宾语结构里的间接宾语前面应该有一个空介词,间

---

① 按照 Selkirk(1984)的界定,节律栅包括(i)词;(ii)非附接(non-adjunct)成分的中心语词;(iii)短语和(iv)句子的女儿节点短语(daughter phrase)。不过,如果一个词同时又是一个短语,那么它后面只能获得一个半拍,并非两个。

② 按照 Selkirk(1984:§6.2),她认为无声半拍只在词汇性词类之后插入,功能性词类之后并没有任何无声半拍。根据她对英语的分析,介词属于功能性词类,介词之后不会加入任何无声半拍。我们认为,她有关介词的分析对我们这里的讨论没有影响。首先,介词的地位在不同的语言似乎有不同的地位。Abney(1987:§2.3)指出介词的地位介乎功能性与词汇性之间;Fukui(1986:§2,fn5)更进一步认为介词的地位是一项参数,在不同的语言里有不同的性质。我曾经论证过粤语的介词应该属于词汇性词类(Tang 2000)。因此,粤语的介词是一个节律栅,在它的后面可以有一个无声半拍。

接宾语和空介词形成一个介词短语。"晒"是一个依附在述语后面的量化词,表示全称的意义,与普通话的"全、都"的意义差不多(李行德 1994,Tang 1996,欧阳伟豪 1998 等)。受"晒"量化的名词性成分必须是可分割性/复数。比如说,(86)的"晒"能够量化"呢班学生"(这班学生)是因为它是一个可以分割/复数的名词短语;由于(87)的"呢个学生"(这个学生)是一个不可分割/单数的名词短语,"晒"量化这个主语联系就不合语法。

(86) 呢班学生走晒。这班学生全走了。

(87) *呢个学生走晒。*这个学生全走了。

"晒"的量化有一定句法上的限制,它只能量化直接主目(direct argument,例如主语、宾语),而不能量化间接主目(indirect argument,例如介词性宾语、介词性补语)(Tang 1996)。例子(88)显示了"晒"能够量化与格结构里的直接宾语"呢几封信"(这几封信);至于(89)的情况,尽管间接宾语"佢地"(他们)是句子内唯一的一个可分割/复数的名词短语,但它在一个介词短语之内,属于间接主目,不能受"晒"的量化,因此(89)不合语法。

(88) 我畀晒呢几封信[畀佢]。我把这几封信全给他。

(89) *我畀晒呢封信[畀佢地]。

有趣的是,就"晒"量化的结果来看,(88)和(89)的差异在倒置双宾语结构里也同样找得到。(90)的直接宾语能够受"晒"量化,但(91)的间接宾语不能。如果(91)的间接宾语跟(89)的间接宾语一样,都和介词组合成介词短语,那么它们的不合语法就能得到解释,也说明了倒置双宾语结构和与格结构的密切关系,进一步证明了介词省略说是正确的。至于(92),它是一个歧义句,"晒"既可以量化直接宾语"呢几条问题",又可以量化间接宾语"佢地"。正好说明了只要间接宾语不是在一个介词短语内,就可以受"晒"的量化。

(90) 我畀晒呢几封信[佢]。

(91) *我畀晒呢封信[佢地]。

(92) 我问晒[佢地][呢几条问题]。

根据介词省略说,倒置双宾语结构跟与格结构的关系非常密切,可以说倒置双宾语结构其实就是与格结构,只不过介词给省略掉。这个观点,正好解释了为什么能说倒置双宾语结构的人,也就一定能接受对应的与格结构。至于双宾语结构,可谓跟倒置双宾语结构没有关系。因此,倒置双宾语结构的句子并不一定有对应的双宾语句式,而表(71)所反映的事实也就得到合理的解释。

4.4.3 为什么?

如果我们对粤语倒置双宾语结构的分析是正确的话,下一个问题是:在倒置双宾语结构里,为什么介词要省略?

我们认为介词省略主要是为了音韵上的考虑,最主要的动机是为了避免跟双宾动词在音韵上有重复。根据前文的讨论,我们可以发现最能允许倒置双宾语结构的双宾动词是"畀",这是最多人能够接受的情况。当介词"畀"和双宾动词"畀"同样出现在一个句子内,语感是不太自然的。这种不自然是来自音韵上的考虑,介词的省略就是为了避免跟双宾动词"畀"在音韵上的重复。在前文,我们曾经比较过两个例子,现在重复如下:

(93) (?)我畀咗一本书畀佢。我给了一本书给他。　　　　(= (29))
(94) 我畀咗一本书佢。　　　　　　　　　　　　(= (31))

如果有两个同音的"畀"在一个句子内出现,例如(93),虽然不能说它是完全不能接受,但起码相对来讲,(93)的语感远远比不上经过介词省略后的(94)那么自然。因此,我们认为介词省略的原因是为了避免句子内音韵上的重复。①

(95) 介词省略的充分条件

粤语与格结构介词省略的充分条件是:为了避免音韵上的重复。

这种音韵上避免重复的考虑,可以理解为一个加诸语音形式的

---

① 李艳惠曾对笔者提过介词省略跟音韵有关的可能性。后来我有机会看到清水茂(1972)的讨论,他也有相似的看法,认为介词"畀"的省略是为了避免"重复感"。

外在条件,是感觉运动系统对音韵部门输出的限制,属于一种接口条件(interface condition)。我们可以假设这个条件基本上要求同音的成分不能走在一起,同音的邻接成分是不允许的。① 基于这个假设,如果双宾动词"畀"和介词"畀"同时出现,很容易就违反了这个接口条件。从下面的例子,我们可以发现这个接口条件是有程度之分的:当同音的"畀"在距离上越接近,语感就越差;距离越远,语感就越好。②

(96) 我畀咗本用中文写嘅语法书畀佢。我给了一本用中文写的语法书给他。

(97) (?)我畀本书畀佢。

(98) ? 本书$_i$,我畀咗 t_i 畀佢。

(99) *本书$_i$,我会畀 t_i 畀佢。

在(96)里,两个同音的"畀"被体标记"咗"和一个很长的直接宾语所阻隔,相隔很远,没有什么音韵上的问题;但是,当阻隔它们之间的成分在音节上减少了,两个同音的"畀"越靠越紧,接受程度就开始降低了。例如,在(97)里,两个"畀"之隔了一个双音节的直接宾语,接受程度降低了;在(98),如果把直接宾语主体化,移到句子的开首位置,只剩下一个移位后的语迹(="t")和单音节的体标记,接受度更差;在(99),连这个体标记都拿走,移位后的直接宾语所剩下的是一个没有语音形态的语迹,那么,两个同音"畀"在表面上的邻接,在音韵上是不能接受的。(99)纯粹是一个音韵上的问题,(100)显示了如果把双宾动词换成一个跟介词不同音的动词,例如"送",句子马上就能接受。

(100) 本书$_i$,我会送 t_i 畀佢。那本书,我会送给他。

在我们前面讨论过的(98)和(99)里,如果把介词"畀"省略(=∅),那么,就不存在什么音韵重复的问题,没有违反任何接口条件,

---

① 这个要求就是音系学所讲的"强制曲拱原则"(Obligatory Contour Principle,简称"OCP"),在音韵上两个同音的邻接成分是互相排斥的。

② 感谢 Moira Yip 的意见,并引起笔者对这些例子的注意。

句子可以接受。试比较(101)、(102)和刚才的(98)、(99),我们就可以看出介词省略对改善语感的影响,也进一步支持介词省略是为了满足若干语音形式接口条件的说法。

(101) 本书$_i$,我畀咗 t_i Ø 佢。
(102) 本书$_i$,我会畀 t_i Ø 佢。

我们解释了为什么当介词"畀"遇上了双宾动词"畀"时需要省略的原因。在下一节里,我们会讨论介词省略和其他动词的关系。

4.5 与格结构介词省略和动词题元角色的互动关系

我们认为介词省略应该最先在出现有双宾动词"畀"的与格结构,省略的原因纯粹是为了音韵上的考虑。当"畀……Ø"的句型确立后,或许经过一个"词汇扩散"的过程,介词省略扩展到其他的双宾动词。在其他双宾动词的与格结构里,介词省略不省略有别的考虑,例如音韵上的精简、功能上和语用上的方便简单等因素,已经跟避免音韵重复无关。

任何的省略现象,都必须考虑到 Chomsky(1981)所讲的"省略至可还原程度"(deletion-up-to-recoverability)的原则。从功能和语言使用的角度来看,省略了的介词必须让听话的人容易还原,否则就会造成沟通上的困难。这是一个很合理的假设。

"还原"介词省略的机制是什么?我们建议在粤语与格结构里介词能够不能够省略跟题元角色有关,遵守下面的条件:

(103) 介词省略的必要条件

粤语与格结构介词省略的必要条件是:动词是一个真正的三元述语。

"畀"类动词跟"寄、炒、摘"类动词有一个很明显的差异,就是有关它们"次范畴化"(subcategorization)的问题。所谓次范畴化,就是关于述语选择主目的问题。从主目结构(argument structure)的分析来说,"畀"类动词属于三元述语(three-place predicate),在它们的题元网络(theta-grid)里规定了它们指派三个题元角色。换句话说,这类动词必须选择三个主目,缺一不可。至于"寄、炒、摘"类动词,它们本身属于二元述语(two-place predicate),在它们的题元网络里只指派两个题元角色,动词只选择两个主目。下面的例子清楚反映了这两种动词的差别:

(104) *我畀咗一本书。*我给了一本书。
(105) 我寄咗一封信。我寄了一封信。
(106) 我炒咗一碟菜。我炒了一碟菜。
(107) 我摘咗一枝花。我摘了一枝花。

  (104)的"畀"是一个三元述语,它的题元网络要求它必须指派三个题元:施事、受事和终点,而这三个题元在主目结构里分别显示为三个主目:主语、直接宾语和间接宾语,缺一不可。在没有任何额外的语境资料下,光说(104)是不能接受的,(104)的不合语法就是由于间接宾语不见了。然而,虽然(105)、(106)和(107)三个句子里都没有间接宾语,但是,它们完全是可以接受的。由此可见,"寄、炒、摘"类动词本身是二元述语,它们只指派两个题元:施事和受事,这两个题元显示为主语和直接宾语。

  不过,在特别的情况下,为了表示额外的意义,二元述语可以变为三元述语。我们援引 Grimshaw(1989)、Larson(1988,1990)和 Jackendoff(1990a)所提出的"主目扩充"(Argument Augmentation)这个概念来解释上述这种现象:

(108) 主目扩充
  a. (任意的)终点扩充:在 α 的题元网络里,加上终点题元角色。
   条件:α 表示了施事会传送受事这一动作。
  b. (任意的)受益者扩充:在 α 的题元网络里,加上受益者题元角色。
   条件:α 表示了创造或准备的意义。
   结果:受事是作为受益者的利益。

(Larson 1990)

  这个主目扩充的程序,对于动词来说是任意的,不是强制性的。只要任何一个及物动词 α 符合这些条件,就可以扩充成为三元述语。

比如说,"寄、炒、摘"类动词本身是普通的及物动词,当它们符合主目扩充的条件后,就可以扩充成为三元述语,在它们的题元网络里加上终点角色或受益者角色。下面的题元网络表示了这些动词由原来的二元述语扩充为三元述语,"z"是增加了的题元/主目。

(109) a. 寄$_1$　　(x　　　(y))
　　　　　　　　施事　　受事
　　　b. 寄$_2$　　(x　　　(y　　　(z)))
　　　　　　　　施事　　受事　　终点

(110) a. 炒$_1$　　(x　　　(y))
　　　　　　　　施事　　受事
　　　b. 炒$_2$　　(x　　　(y　　　(z)))
　　　　　　　　施事　　受事　　受益者

由于"畀"类动词是真正的三元述语,它们的题元网络里早就有指派终点角色的能力。从功能和语言使用考虑,对于"畀"类动词来讲,尽管在表面上(111)的"宾语$_2$"的前面没有任何介词,听话者无论如何一定把"宾语$_2$"理解为一个表示终点的间接宾语,不会产生歧义。这个正好解释了为什么"畀"类动词允许与格结构的介词省略/倒置双宾语结构的出现。

(111) 动词　宾语$_1$　宾语$_2$

至于"寄、炒、摘"类动词,它们本身不是三元述语,在它们原来的题元网络里根本没有一个间接宾语的位置。经过题元扩充后,这些动词例外地增加了一个题元/主目。由于它们本身没有指派第三个题元的能力,指派题元这个任务必须借助介词来进行。从功能和语言使用的考虑,如果(111)的"动词"本来是一个二元述语,而"宾语$_2$"的前面又没有任何介词,听话者是很难理解为什么原来属于二元述语的动词在表面上会额外多了一个"宾语$_2$"。因此,"宾语$_2$"前不能少了一个介词。在"寄、炒、摘"类动词的与格结构里,介词的作用就是用形态的方式明确显示这个额外扩充的题元,也就是说明了介词省略在这些动词的与格结构里是不能接受的。

至于那些能够接受"寄、炒、摘"类动词倒置双宾语结构的人,我们假设那些人有两套的"寄、炒、摘"类动词:二元述语和三元述语。除了原来的二元述语以外,这些人把"寄、炒、摘"类动词已经当成真正的三元述语。不需要任何的题元扩充的机制,这些三元述语都能够指派终点/处所角色或者受益者角色,必须选择第三个主目(即间接宾语),情况跟"畀"类动词基本一样。对于那些人来讲,"畀、寄、炒、摘"都是真正的三元述语,结果与格结构具备了介词省略的条件,介词有被省略的可能性,在表面上形成了所谓倒置双宾语结构。总的来说,我们认为把"寄、炒、摘"等动词理解为真正的三元述语是受到个人方言差异的制约,目前只有少部分说粤语的人会有这样的理解。对于大部分人来讲,"寄、炒、摘"类动词还是二元述语,跟"畀"类动词有别。

如果我们的论述是正确的话,粤语与格结构的介词在题元上甚至是功能/语用上肩负起一个重要的任务:标示间接宾语题元角色的任务。在粤语与格结构里,大致上,动词可以指派两大类的题元给间接宾语:终点角色和受益者角色。换句话说,粤语与格结构的介词也应该有两套:表示终点角色的介词和表示受益者角色的介词。虽然在表面上粤语与格结构的介词好像只有一个"bei2",我们认为,这个介词"bei2"应该有两个不同的历时来源。

有学者早已指出作为双宾动词的"bei2"在书写上应该写作"畀"(乔砚农1966,文若稚1992)。粤语表示终点角色的介词,我们认为应该写作"畀",跟作为动词的"畀"同一写法。根据《说文解字》,"畀"的定义是"相付与之,约在阁上也",跟给予、付予的意义有关。《尔雅·释诂下》也有这样的解释:"畀,予也。"到了《玉篇·丌部》也有相近的解释:"畀,相付也,与也。"其实,早在《诗经》时代已见到"畀"作为给予、付予意义的用例:

(112) 彼姝者子,何以畀之。(《诗·鄘风·干旄》)
(113) 畀我尸宾,寿考万年。(《诗·小雅·信南山》)

我们相信"畀"在现代粤语里一方面保留了作为动词的用法,而另一方面则作为一个介词,成为一个表示终点角色(或终点/处所角色)的介词。

第四章 语音/音韵的问题:倒置双宾语的形成

至于表示受益者的介词,为了跟表示终点角色的介词"畀"区分起见,我们建议在写法上不妨写作"俾"。事实上,这个写法也有一定语源上的依据。按照《说文解字》,"俾"解作"益也"。古汉语也有这个"俾"字的用例:

(114) 承女俾女。(《书·盘庚中》)

(115) 谋夫起予,哲士俾我,歼黜厉以无类。(唐·王雄《送高判官从军赴河西序》)

事实上,现代汉语仍然保留"俾"这个意义的用法,只不过改变了它的书写形式罢了。例如,"裨益"一词,其中的"裨"就是这个"俾"。段玉裁《说文解字注》曾指出:"俾与埤、髀、裨音义皆同,今裨行而埤、髀、俾皆废矣。"我们相信,作为受益者介词的"俾"可能从这个动词"俾"字演变而来,所以在粤语的这个介词仍然保留了受益、受惠的意义。

由于"畀"和"俾"在粤语读音上都读作"bei2",再加上香港粤语缺乏一套公认的、统一的书写系统,书写上出现混淆实在无可避免。我曾翻查过廿多本教授粤语的课本或讨论粤语语法的专著,发现无论是作为动词的"畀"还是作为介词的"畀/俾",它们的写法各异。有的写作"畀"(如袁家骅等 1960,高华年 1980,陈慧英、饶秉 1990 等),也有写作"俾"(如 Ball 1888,张洪年 1972,郑定欧 1991 等),甚至也有写作"比"(如黄皇宗 1991,不过在那本书里"畀"和"比"同样出现)。不过总的来说还是以写作"俾"占多。既然我们把粤语与格结构的介词从题元上的角度分为两个:表示终点角色和表示受益者角色,在书写上分别用"畀"和"俾"也有一定的道理和方便。

4.6 与格结构介词省略的参数差异

根据本章的讨论,粤语所谓倒置双宾语结构事实上是从与格结构经过介词省略推导出来,倒置双宾语就是与格结构的一种。介词省略的必要条件是双宾动词必须是一个三元述语,而介词省略的其中一个充分条件是避免音韵上的重复,其他省略介词的原因可能是出于其他音韵上的考虑,或者有功能上和语言使用的因素。

众所周知,普通话不允许所谓倒置双宾语,例如不合语法的

(116)。换句话说,普通话与格结构的介词不允许省略。

(116) *我给了一本书他。

究竟普通话的"给"跟粤语的"畀"有没有什么差别?首先,普通话的双宾动词"给"是一个典型的三元述语。(117)的不合语法是由于句子缺乏了一个表示终点角色的间接宾语。

(117) *我给了一本书。

其次,当同音的双宾动词"给"和介词"给"碰在一起时,这样的词序在普通话也是不能接受的。例如,把(118)的直接宾语"那本书"移走以后,得出(119)的词序。结果,动词"给"和介词"给"连在一起,不能接受。这些情况跟粤语的情况都差不多,但是,为什么粤语有关介词省略的条件对普通话不适用呢?

(118) 我会给那本书给他。
(119) *那本书$_i$,我会给 t_i 给他。

我们认为最直接的解释方法是:普通话介词"给"不允许省略是一个音韵上的限制。我们假设人类语言有一个语音特征——[可省略],这个语音特征可以附加在词项里。如果一个词项带有这个特征,表示了它会在音韵部门内被省略。具体的操作是这样:一个进入音韵部门的词项应该包括两类的特征:语音特征和词类特征。语音特征包括可以发音的特征,也会包括[可省略]特征。当这个带有[可省略]特征的词项进入了音韵部门后,[可省略]特征指令音韵部门执行音韵省略规则。音韵省略规则把该词项的所有语音特征删除,包括所有可以发音的语音特征。结果,到了语音形式,该词项应该只剩下词类特征:一个没有语音的空语类。

在粤语的与格结构,介词"畀"可以进行音韵省略。因此,我们假设介词"畀"可以选择性地带有[可省略]特征。"选择性"是因为介词"畀'基本上并非强制性地带有这个特征,否则"畀"就永远没有语音。如果与格结构的"畀"在词库里选择了[可省略]特征,那么,在音韵部门内"畀"必须被省略,形成了所谓倒置双宾语结构。

为了解释普通话的介词省略/倒置双宾语的不合语法,我们假设

第四章　语音/音韵的问题:倒置双宾语的形成

普通话与格结构的介词"给"不能选择[可省略]特征。如果介词"给"没有这个语音特征,它也就永远不能进行音韵省略。①

普通话和粤语就与格结构介词省略/倒置双宾语的差异,我们可以把上述的讨论归纳为以下的一项参数:

(120) 词项有/没有选择语音特征[可省略]的可能性。

根据(120),粤语与格结构的介词"畀"可以有选择[可省略]特征的可能性,而普通话与格结构的介词"给"则完全没有这个可能性。由此可见,这种参数的设定完全符合本书所提出的显性参数化假定。严格来讲,所谓倒置双宾语结构在普通话和粤语中的差异不算是句法的问题,也跟句法结构无关。基本上,倒置双宾语结构在粤语中的形成是一个音韵的问题。由于普粤的差异由那些只出现在音韵部门内的语音特征所决定,我们可以反过来这样说:普粤就倒置双宾语的差异正好支持了显性参数化假定。

此外,如果我们的讨论是正确的话,普通话和粤语的句法结构基本上是一样的——两种语言都有与格结构,而粤语不存在什么与普通话不同的"倒置"结构。按照显性参数化假定的看法,短语结构理论的规则不应该存在差异;所有语言的结构都应该按照同样的短语结构理论规则推导出来,而这些建构短语的规则本身没有任何的语音形态。从语言习得的角度来看,由于这些规则是听不到、看不见,不能光靠后天的经验来习得的。先天的短语结构理论规则,再配合人类语言普遍的题元层阶,理论上,所有语言都应该有一致的句法结构。然而,我们知道人类语言确实是有分歧的。表面上的"句法"分歧,应该由有语音形态的成分决定——这就是显性参数化假定的基本精神。

比如说,粤语的所谓"倒置双宾语"实际上就是一种与格结构;粤语跟普通话的一个最大差异就是粤语允许介词省略。允许介词省略这一个特点是一个音韵的问题,因此,普粤差异最终是一个音韵的问

---

① 至于为什么普通话与格介词"给"没有[可省略]特征,笔者曾经进行过一个汉语方言的比较,发觉好像与格介词[可省略]特征跟双宾动词的历时性质有关。有兴趣的读者,可以详见 Tang(1998b)的讨论。

题。我们的分析支持了语言差异应该由显性因素来决定的主张,也正好回应了第三章所引述的有关袁家骅等(1960)、Chao(1968)、吕叔湘(1982)等人对汉语方言差异的看法——汉语方言主要是语音和词汇的差异,它们之间的句法差异不大。

正如前文所讲,粤语介词"畀"选择不选择这个[可省略]特征视乎很多因素,例如避免音韵重复、功能上或者语言使用上的考虑。在同音邻接的情况下,介词"畀"必须被省略。除此以外,[可省略]特征的选择不是强制性的。正如Chomsky(1981:65)所讲,语言省略问题可能受到某些谈话原则(conversational principle)的支配。

这里所讲的谈话原则,显然是语言使用的问题。表面上,对于生成语法研究来讲,语言使用的问题一直不是研究的重点。可是,我们不能否认,研究语言使用的知识是很重要的。Chomsky(1988)曾经指出,研究语言使用是探索人类语言知识的一个核心问题之一。

语言使用的问题可以分为两个方面:语言的感知(perception)和语言的产生(production)。感知的问题跟我们如何诠释语言有关,而产生的问题则牵涉到我们说什么和为什么说的问题。Chomsky(1988)把语言产生的问题称为"笛卡儿问题"(Descartes's problem)。笛卡儿和他的追随者发现语言的日常使用是经常创新的、有新意的,语言的使用不是受外在刺激所控制。因此,在正常的情况下,听话者不是一字不漏地重复他所听到的每一句说话,而是创造新的语言形式来表达思想,这样的创新性是没有限制的。Chomsky(1988)称这种创新性做"语言使用的创造性"(the creative aspect of language use)。语言使用的创造性是区分人类和其他生物的根本性差异。跟其他生物不同,人类的行为不是强迫去做,而是受到激发去做、有一种倾向去做。受到同样的刺激,每个人的反应并不一定是一致的。我们只能说,跟其他生物不同,人类的做法只有一种倾向性而已。[①]

如果语言使用(特别是语言产生)具有创造性的特点,而我们假设介词"畀"选择不选择[可省略]特征的特点是一个语言使用的问题,那么,我们可以得出一个很自然的结论:粤语与格结构介词"畀"

---

① 有关语言使用和句法结构的关系,详见邓思颖(2002a)的讨论。

的省略应该具有这种创造性的特点。除了在同音邻接的绝对情况下,同音的介词"畀"必须省略外,其他情况,衡量介词省略接受不接受的标准也只有一种倾向性,好像并没有绝对的做法。

  我们在这里的讨论,有人可能担心我们好像有点儿背离了生成语法学所强调的"自主句法"(autonomous syntax)的精神。事实上,最简方案的其中一个重要研究方向就是把那些貌似句法、但事实上不属于句法的现象抽出来,放到别的系统去研究。不要把非句法的东西混在句法里去谈。基本上过去的看法认为粤语倒置双宾语的形成属于句法的问题。本章的讨论就是试图把倒置双宾语结构形成的原因分析为音韵省略的问题,跟语音特征[可省略]有关,而这个特征的选择受到音韵、功能和语言使用等因素的制约。换句话说,句法的内容简化了。至于为什么粤语介词"畀"选择[可省略]特征,都不是句法所管的。

第五章 词序的问题:与格结构的差异

移位是不经济的、不自由的,必须遵守经济原则。短语移位跟语义有关;而中心语移位跟形态/音韵有关。移位是造成词序差异的原因,而诱发移位的特征是词缀特征。通过比较普通话、粤语和英语的词序,我们发现这些语言的差异在于动词移位:英语动词的移位比粤语的前,而粤语动词的移位比普通话的前。导致词序差异的原因归纳到词缀特征的参数限制,符合了显性参数化假定的精神。

5.1 语言移位的事实和理论分析

人类语言普遍存在"移位"的现象。所谓移位,简单来讲,就是在一个句子内,一个成分从一个地方转移到另外一个地方。例如(1)的"X+Y+Z"变换成"Y+X+Z","Y"就是经过移位从原来的地方(有底线的地方)转移到开首的位置。我们可以说:"Y"移到"X"的前面。

(1)　　　X　Y　Z　⇒　Y　X　__ Z

现在,让我们看看实际语言的例子。我们一般相信,下面的(a)句是"基本"的句子,而(b)句则从(a)句经过移位产生出来,例如英语的疑问句(2)、现代汉语的主题句(3)和上古汉语的疑问句(4)。

(2) a. you will buy what　　⇒
　　b. what will you __ buy __

(3) a. 我很喜欢语言学　　⇒
　　b. 语言学,我很喜欢 __

(4) a. 吾欺谁　　　　　　⇒
　　 b. 吾谁欺

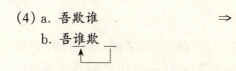

根据早期的转换生成语法(Transformation Generative Grammar)模式,那些所谓"基本"的句子属于深层结构,而表面上我们听得到的句子是表层结构。移位就是一种转换(transformation)的操作,一种从深层结构到表层结构的推导方式,例如我们刚才所看到的疑问词移位、主题化移位等现象。

此外,移位除了可以出现在从深层结构到表层结构的部门外,它也适用于从表层结构到逻辑形式的语义部门和从表层结构到语音形式的音韵部门。从表层结构到逻辑形式的语义部门只跟语义有关而没有任何语音的成分,我们听不到也看不见,是一个隐性的部门。虽然是一个隐性的部门,但根据 May(1977,1985)对量化词提升(Quantifier Raising,简称"QR")的研究和 Huang(1982)对汉语疑问词移位(*wh*-movement)的研究,句法移位也同样适用于语义部门。他们的重要发现,构成了支持隐性移位的证据。

比如说,英语的(5)是一句歧义句,主语的量化词"everyone"或者宾语的量化词"someone"在语义上都可以有一个广的辖域(scope)。May(1977,1985)认为(5)的两个量化词进行了移位,得出了两种不同的结构,(6a)是"everyone"有广辖域的结构,而(6b)是"someone"有广辖域的结构。

(5) Everyone saw someone.
(6) a. [everyone [someone [＿ saw ＿]]]
　　 b. [someone [everyone [＿ saw ＿]]]

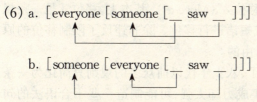

至于汉语疑问词的例子,众所周知,汉语的疑问词跟英语的不一样,在表面上汉语的疑问词并不需要移位,试比较(7)和(8)的分别。

(7) 你为什么笑?

(8) Why did you laugh?

虽然表面上汉英疑问词不一样,但是,为了统一解释像(9)和(10)的不合语法,① 再加上其他的考虑,Huang(1982)认为汉语的疑问词跟英语的疑问词一样,同样都进行移位;唯一的不同就是汉语的疑问词移位是在语义部门里进行,而英语的疑问词移位在深层结构到表层结构这一个层次进行(即狭义句法/显性部门)。汉语疑问词移位是一种隐性移位,而英语疑问词移位是一种显性移位,所以,我们听不到看不见汉语的疑问词移位。(9)的不合语法就跟(10)的情况一样,违反了若干句法移位的限制。

(9) *[他为什么写的书]很有趣?

(10) *Why is [the book that he wrote __] interesting?

至于在音韵部门里进行的移位,过去比较常举的例子是"重块头名词短语移位"(Heavy NP Shift),例如(11)括号的成分就是因为音韵上比较"重",所以在音韵部门内从动词"believe"的后面往后移。

(11) They'd believe __ to be foolish [any candidate who would take the trouble to run in every primary].
(Chomsky 1981:70)

刚才我们看到各种各样的移位情况,有疑问词移位、量化词移位、重块头名词短语移位等等。为了简化理论,在八十年代,众多的移位规则总结为一条:"移位α"(Move-α)。基本上,移位α是一条规则,它允许任何一个词或短语进行移位。除非违反了限制移位的原则,移位α的应用是很自由的。

虽然语法理论简化了,八十年代以前众多的规则只简化为一条移位α,但是,移位α的生成力却太强,可能制造一些不合语法的句

---

① 疑问词"why"原来衍生于关系小句"that he wrote"内,修饰"the book"。(9)和(10)的疑问词从名词短语内的关系小句移到句子的最前面违反了若干句法上的限制,因此不合语法。

子。比如说,我们如何防止在(12)里动词"喜欢"和宾语"你"不断往前移,得出一个意义完全不同的汉语句子?

(12) a. 我喜欢你 ⇒
    b. 喜欢我 __ 你 ⇒
    c. *你喜欢我 __ __

为了防止因移位 α 所造成的"灾难",九十年代所假设的最简方案引入一个重要的精神,这就是语言学"经济"的概念(Chomsky 1991 et seq)。根据经济原则,移位是昂贵的、不经济的、不自由的,其中一种限制移位的经济原则就是"最后手段"(last resort),即移位是一种最后手段,就是说移位是不受欢迎的,可免则免。假设英语的否定词前必须有一个动词性的成分。为了满足这个条件,要么我们把动词移到否定词的前面去,例如(13),要么我们插入一个助动词"do"(也称"do-支撑"(*do*-support)),例如(14)。从这两个例子的比较,我们可以得出一个结论:尽管移位可以满足某些要求,如果有其它不用移位的方法可以代替移位,我们宁愿不用移位。因此,移位是一种最后手段。

(13) *John hit not __ Bill.

(14) John did not hit Bill.

按照 Chomsky(1995)所提出的最简方案的观点,如果移位是一种不受欢迎的手段,那么,移位就是一种"不完美",跟理想中普遍语法简洁性的假设不符。假设语言系统本身的设计是"完美",移位就是造成语言不完美的一个原因。如果移位不是运算系统的要求,并非为了满足运算系统内部的需要,那么,移位的动机就是纯粹为了满足运算系统以外的外在系统的要求。所谓"外在系统",就是指表现系统,包括概念意向系统(如语义方面)和感觉运动系统(如发音方面)等与运算系统无关的部分。

Chomsky(1995)提出的短语结构理论认为,语言系统内部有两大基本操作:"合并"(Merge)和"移位"(Move)。合并是建构短语结构的手段。当两个词项从词库引介到运算系统时,它们会进行合并,然后其中一词项投射(project)。无法继续投射的词项称为"最大投射"X^{max}(= X' = XP);不是由投射得出来的词项称为"最小投射"X^{min}(= X^0);介乎这两者之间的成分则属于X',形成了一个短语。跟移位不同,最简方案假设合并是自由的、不昂贵的。①

至于移位,按照最简方案的观点,它是一种不经济的操作。从语言的实际情况来考虑,合并和移位并非有同样的地位,相比之下,移位的使用显得不自由和有限制性。Chomsky(2000,2001a)曾经指出"合并优先于移位"(Merge over Move 或 MOM)的现象。他所引用的证据如下:假设在英语(15)和(16)的"to"前面必须填补一个名词性的成分作为不定式(nonfinite)谓语"to be"的主语。一个方法是(15)的做法:先采用合并,插入"there"(即步骤(15b)),当加入了"seems"以后,才把"there"移到句子的主语位置,作为"seems"的主语(即步骤(15d));第二个方法是(16)的做法,先用移位的方法把"someone"移到"to"的前面作为不定式谓语的主语(即步骤(16b)),然后待加入"seems"后,才用合并插入"there"(即步骤(16d))。(16)的不合语法说明了什么问题呢?"合并优先于移位"正好解释了这个现象,也说明了先用移位是不经济的。

<u>先用合并</u>

(15) a. to be someone in the room ⇒
    b. <u>there</u> to be someone in the room ⇒
    c. seems there to be someone in the room ⇒
    d. there seems __ to be someone in the room

<u>先用移位</u>

(16) a. to be someone in the room ⇒

---

① 为了节省篇幅,合并的操作细节在这里从略,有关详情可以参考邓思颖(2000a)和石定栩(2002)的介绍。

b. someone to be __ in the room ⇒
c. seems someone to be __ in the room ⇒
d. *there seems someone to be __ in the room

我们应该怎样诠释移位的经济性呢？我们认为，移位的运用必须有理由、有动机，没有理由和动机来使用就会违反经济原则。Chomsky(2001a,2001b)曾经指出短语移位的进行需要有若干语义上的要求。所谓语义上的要求，包括焦点(focus)、辖域(scope)、新旧信息(new/old information)等。这些语义的特性，是促成短语移位的因素，也是唯一因素。换句话说，短语进行移位的目的是为了通过词序的改变，表达若干语义特性。

假设(17)的"Y"代表短语"YP"的中心语，那么，位于补足语的"XP"移到短语"YP"的前头必须跟若干语义上的要求有关。经移位后，如果(17)的"XP"身处的位置是短语"YP"内最"边缘"的位置(即最左边、最高的位置)，根据Chomsky(2001a)，这个位置称为"音韵边界"(phonological border)。音韵边界的特点就是位于这个位置的成分可以赋予一些语义的诠释，例如焦点、辖域、新旧信息等。

(17) [$_{YP}$ XP [Y __]]

此外，除了短语的边缘位置可以是音韵边界外，Chomsky(2001a)还指出如果一个成分在短语内是唯一的成分，它也是位于音韵边界，接受一些语义的诠释。例如，在(18)里，如果短语"YP"内的所有成分都经过移位离开了"YP"，只剩下"XP"，虽然(18)的"XP"不是在"YP"的边缘位置，但它还是处于音韵边界。Chomsky(2001a)提出移位和音韵边界的考虑，就是把句法的运作和某些语义/功能的因素结合起来，防止任意、胡乱的移位，具有重要的理论意义。

(18) ... [$_{YP}$ __ [__ XP]]

在实际的运作上，我们假设短语移位由词缀特征所诱发，语义的要求透过词缀特征来实现(Tang 1998a)。在句法上，这种词缀特征要求受诱发的短语出现在音韵边界的位置。① 比如说，我们假设(17)的"Y"拥有一个这样的词缀特征。为了满足这个词缀特征的要求，"XP"移到音韵边界，接受语义诠释。

我们认为这种词缀特征有一定的语义根据，能够为语义服务。虽然词缀特征本质上具有语音/音韵的特性，不会进入语义部门，但它们的功能也有若干语义的效果。比如说，如果词缀特征早在拼读之前就加进去推导过程，在狭义句法里诱发显性短语移位，那么，在狭义句法词序上的任何改变也势必改变语义部门和逻辑形式的词序，达到了若干语义的要求和效果。因此，诱发短语移位的词缀特征对概念意向系统(语义)和感觉运动系统(语音/音韵)都有作用。②

综上所述，短语移位的目的地是音韵边界，受词缀特征所诱发，有一定的语义依据，因此，人类语言基本上没有不受语义制约的短语移位，移位不是任意、自由的。跟过去移位α的观点不同，在最简方案里，移位不是自由的，它需要有原因，不能随便乱动。因此，人类语言应该没有完全自由的移位；短语移位必须有语义的根据，而短语移位的语义特性透过词缀特征来实现，必须有一定的形态/音韵基础。

上述所讨论的移位问题主要是跟短语移位有关。除了短语移位以外，中心语移位又怎么样？中心语移位似乎跟语义无关。比如说，英语和法语就动词的词序有不同的表现：英语的动词出现在副词之后(例如(19)的"often kisses")，而法语的动词却可以出现在副词之前(例如(20)的"embrass souvent")。根据 Pollock(1989)、Chomsky(1991)等的研究，英语和法语就动词词序的差异跟动词移位有关：法语的动词移到一个比英语动词要前的位置，因此能够跨越副词"souvent"。

(19) John often kisses Mary.
(20) Jean embrass souvent ___ Marie.

虽然英语和法语就动词词序有不同的表现，无论词序是怎样的

---

① 这种词缀特征跟 Chomsky(1995)所讲的"EPP 特征"和他(2001b)所讲的"OCC 特征"有性质上的相似。

② 可以参见我们在第三章所介绍的语言机制模式。

不同,但(19)和(20)基本上都表达同样的意思,在语义上没有任何的分别。因此,我们可以假定,跟短语移位不同,中心语移位不是基于语义的考虑,基本上跟语义没有直接的关系。

我们认为中心语移位具有音韵的特性,主要由词缀特征所诱发。跟诱发短语移位的特征稍有不同,诱发中心语移位的词缀特征是音韵性的,基本上为音韵部门和语音形式服务,是感觉运动系统的要求。假设(21)的"X"有一个词缀特征,这个词缀特征在形态上属于后缀,必须粘附在一些词项的后面。"X"的词缀特征作为诱发"Y"移位的原因,而"Y"的移位就是为了满足这个词缀特征在形态上的要求,"Y"成为了这个词缀特征的词基(base)。

(21) X ... Y   ⇒   Y-X ...

简单来讲,中心语移位也是不自由的,它必须有原因。这个原因,跟形态上的粘着语素有关。如果这个看法是正确的话,中心语移位基本上是一个形态、音韵的问题,跟语义无关。

根据上述的讨论,我们认为词缀特征进入推导过程有两大动机:为了语义和为了形态/音韵。虽然在不同情况下指派词缀特征的动机可能各有不同,但是归根究底,词缀特征最终只进入音韵部门,显现在语音形式上,具有语音/音韵的特性。就移位的问题,我们可以得出以下的结论:

(i) 移位是不自由、不经济的,移位的进行必须有原因。
(ii) 短语移位的原因跟语义有关,而诱发短语移位的特征是词缀特征。
(iii) 中心语移位跟形态、音韵有关,而诱发中心语移位的特征是词缀特征。

回顾并简单介绍过有关生成语法对移位的理论后,在以下几节里,我们会讨论移位与词序的关系,并且利用普通话、粤语和英语的语料,说明移位/词缀特征如何解释词序差异的问题。

5.2 移位与词序差异的关系

人类语言差异的其中一个非常明显之处是词序的问题。有关词序差异的理论,目前生成语法大致上有两种的看法。

第一种看法认为词序由参数来决定——中心语参数(head parameter)(例如 Chomsky 1981,2001b 等)。根据这个看法,短语内的中心语可以在前,也可以在后,形成不同语言的词序。中心语在前或者在后是一项参数,由后天设定。例如(22a)中心语"X"是在补足语"YP"之前,而(22b)的中心语在补足语之后,形成了两种不同的语言类型。以一个由动宾组成的动词短语为例,中心语在前的参数确定了"动+宾"的词序(如汉语),而中心语在后的参数则确定了"宾+动"的词序(如日语)。

(22) a.　　　XP　　　　　　　　　　　(中心语在前)
　　　　　　／＼
　　　　　 X　YP

　　 b.　　　XP　　　　　　　　　　　(中心语在后)
　　　　　　／＼
　　　　　YP　X

第二种看法以 Kayne(1994)为代表,主张词序纯粹由结构层次来决定——"线性对应定理"(Linear Correspondence Axiom, LCA)。① 简单来讲,在句法结构层次越高的成分,在线性的词序上则越前。比如说,在(23)的树形图里,"X"位于结构上最高的位置,而"Z"位于最低的位置。根据线性对应定理,"X"应该排在最前,最后是"Z":"X+Y+Z"。Kayne(1994)的理论巧妙地用某些物理原则把结构层次和线性词序结合起来。

(23)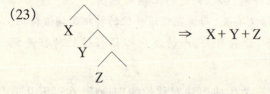

---

① 根据 Kayne(1994),所有语言基本上在底层里都是中心语在前的语言。见我们在第三章的简单介绍,和详见胡建华(1999)、邓思颖(2000a)、李亚非(2001)、力提甫·托乎提(2001:§10)、石定栩(2002)等对有关理论的介绍。此外,Chomsky(2001b)在比较过中心语参数和线性对应定理后,假设中心语参数是正确的。但是,他并没有详细列出支持的证据。

第五章 词序的问题：与格结构的差异

假设所有人类语言的基本词序都是一致的，而中心语在前是基本的词序(Kayne 1994)。那么，移位就是改变词序的一种方法。根据这个观点，词序本身不是一项参数，移位不移位才是一项参数。如果"主语+动词+宾语"是人类语言的基本词序(例如汉语和英语的词序)，推导出日语"主语+宾语+动词"的词序，其中一个可能性，就是经过两个步骤：先进行动词移位，移到主语的前面；接着把主语和宾语一块儿移到动词的前面，形成"主+宾+动"的词序，如(25)所示；至于爱尔兰语"动词+主语+宾语"的词序就是经过动词移位推导出来，移到主语的前面去，比日语少了一个步骤，如(26)所示。

(24) a. 主+动+宾　　　　　　　　　　　　　(例如汉语、英语)
     b. 主+宾+动　　　　　　　　　　　　　(例如日语)
     c. 动+主+宾　　　　　　　　　　　　　(例如爱尔兰语)

(25) 动　[主　＿　宾]　⇒　[主　＿　宾] 动　＿

(26) 动　[主　＿　宾]

哪一种看法比较合理？从理论上来考虑，如果有一种理论能够解释所有的词序问题，那就最理想不过。中心语参数能不能解释所有有关词序的问题？由于中心语参数基本上只处理中心语和补足语之间的关系，其他的词序现象，例如上文我们提及英法就动词与副词的词序问题，中心语参数比较难解释，似乎超出了它的管辖范围。正如 Pollock(1989) 和 Chomsky(1991) 等人的研究，英法就副词分布的词序差异还是通过动词移位来解决。如果我们既保留中心语参数，而又假设移位理论解释某些词序的问题，在理论的设计上，是颇为累赘的做法，不符合方法上的经济原则。

此外，利用移位来解释词序差异的一个好处是：移位符合我们提出的显性参数化假定。显性参数化假定的一个核心思想，就是假设特征是运算系统的基础成分和唯一合法的成分，除了特征以外，运算系统什么都不看。中心语参数所讲的是中心语和补足语之间静态的线性关系，并没有涉及任何的特征。因此，中心语参数显然跟显性参数化假定没有任何关系。从理论上来考虑,我们是不能够接受的。

至于 Kayne(1994)所提出的线性对应定理,主要依据移位来联系句法结构层次和词序线性的关系,把所有的词序线性现象都归咎于移位。正如我们在上文指出,无论是短语移位还是中心语移位,在具体的操作上,移位必须由词缀特征所诱发。换句话说,词序线性现象最终是由词缀特征来决定,人类语言词序差异也就是词缀特征运用的差异。这种操作,完全符合显性参数化假定。导致人类语言词序差异的原因可以用下面的方式来表示,(27)说明了词缀特征是引致词序出现变化的最终原因。

(27) 词缀特征 → 移位 → 词序变化

从实际的情况来看,以线性对应定理为基础的词序理论有一定的解释能力。利用移位的方法,既能解释中心语和补足语之间的关系,又能把解释的范围扩展到其他词序的问题(例如英法的副词词序差异)。因此,我们的假设是:移位是造成词序差异的原因。[①] 在下一节,我们会比较普通话和粤语就与格结构的差异,说明移位理论如何解释词序差异的问题。

5.3 普通话和粤语的词序差异:与格结构的词序差异

在上一章里,我们讨论过普通话和粤语与格结构的问题。基本上,这两种语言都有与格结构。在这种结构里,动词后面有两个成分:一个是表示受事的直接宾语,一个是表示终点的间接宾语。跟双宾语结构不同,在与格结构里间接宾语由介词来带领。在词序上,表示受事的直接宾语出现在表示终点的间接宾语之前,这样的词序呈现了"受事>终点"的题元层阶。(28)是一个典型的普通话与格结构的例子,"一点钱"是表示受事的直接宾语,而"他"是表示终点的间接宾语,由介词"给"来带领。

(28) 我寄了一点钱给他。

[①] 对于线性对应定理来讲,结构上的"高"和线性上的"前"基本上是一致的。为了方便论述,我们会用"前/后"来表示结构上的"高/低"。

第五章　词序的问题：与格结构的差异

与格结构在普通话里有几种形式：表示终点的介词短语"给他"可以在句子末，如(28)，或者在动词的前面，如(29)。

(29) 我给他寄了一点钱。

然而，介词短语前置的与格结构并非在所有的汉语方言里都能找得到。比如说，在粤语里，与格结构基本上只有一种，(30)的词序跟普通话的相同。粤语缺乏介词短语前置的与格结构，(31)的说法在粤语里是不合语法的。这是普通话和粤语就与格结构的第一个差异。

(30) 我寄咗啲钱畀佢。我寄了一点钱给他。
(31) *我畀佢寄咗啲钱。

在粤语里，如果直接宾语比较"重"，它可以出现在句末的位置，形成了"动词＋介词短语＋直接宾语"的词序，例如(32)。可是，这样的句式在普通话里却不能接受。① 这是普通话和粤语就与格结构的第二个差异。

(32) 我送咗畀佢一本有用嘅书。
(33) *我送了给他一本有用的书。

总结上述的讨论，就与格结构来讲，普通话和粤语都有"主语＋动词＋直接宾语＋介词短语"的词序。它们主要的差别，是普通话能说(34a)的词序(即第一个差异)，而粤语能说(34b)的词序(即第二个差异)。我们能不能把这两个差异贯串起来，用一个统一的分析来解释？

(34) a. 主语　介词短语　动词　直接宾语。　　　　　(普)
　　　b. 主语　动词　介词短语　直接宾语。　　　　　(粤)

虽然(34a)和(34b)是普通话和粤语与格结构的主要差异之处，但是，这两个词序都有一个共同的特点，那就是普通话和粤语都允许

---

① 普通话不能说"*寄了给……"而只能说"寄给了……"。后者应该属于双宾语的一种，我们会在下一章详细讨论这个问题。

介词短语出现在直接宾语之前。我们认为,这个在直接宾语之前的介词短语应该是经过移位所形成的,从原来位于句末的位置,移到直接宾语之前,如(35)所示。

(35) ... 介词短语 ... 直接宾语 _____ 。　　　　　　(普、粤)

顺带一提,我们这里所讨论的前置介词短语在语义上只表示终点的意思,没有提到另外一种在动词前的"给"字介词短语句子。在普通话里,还有一种"给"字介词短语可以出现在动词的前边,例如(36),在语义上,"给他"表示一种服务的意思,而"他"就是动作的受益者。①

(36) 你给他还了一本书。

表示受益者的"给"字介词短语像其他汉语的状语一样,原来已经在动词前的位置。如果表示受益者的介词短语不是从句末移到动词前面去,我们可以理解为什么(37)可以接受:受益者介词短语和终点介词短语出现在同一个句子里,而句末的位置是让给终点介词短语。

(37) 你给张三还了一本书给李四。

此外,从方言比较的角度来考虑,普通话和粤语在受益者介词短语的词序问题上没有差异。粤语也有一个相应的动词前的受益者介词短语,例如(38)的"同佢"。

(38) 你同佢还咗一本书。你给他还了一本书。

从语义上来考虑,受益者介词短语和前置终点介词短语不一样,而在句法上它们有不同的特点。由于受益者介词短语跟移位无关,因此不在我们讨论的范围内,我们的移位分析也不适用于受益者介词短语。

我们上述主张的介词短语移位说并非一个权宜之计。介词短语

---

① 从语义的角度来区分终点介词短语和受益者介词短语,详见朱德熙(1979)的讨论。

移位的讲法,不仅可以解释与格结构词序的变动,也可以解释(39)和(40)的不合语法。

(39) *你[给谁$_i$]寄了他$_i$的钱? (普)
(40) *我寄咗[畀边个$_i$]佢$_i$啲钱。 (粤)

如果我们同意介词短语移位的分析,我们可以把(39)和(40)的不合语法归咎于"弱跨越"(weak crossover)的问题。所谓弱跨越现象,简单来讲,就是说代词所指称的先行语(antecedent),不能从代词右边的位置,移到代词的左边,形成了一个"跨越"代词的现象。以英语的情况为例(Chomsky 1976),(41)的代词"his"的先行语"who"本来处于宾语的位置,不过经过移位后"who"移到句子的前头,跨越了代词"his",形成了弱跨越的现象,因此(41)不合语法。"i"是一个表示相同指称的标引(index)。如果代词指称的先行语没有跨越代词,例如(42)的疑问词本来就是位于主语的位置,代词和疑问词的指称关系没有呈现弱跨越现象,因此(42)合语法。

(41) *Who$_i$ does his$_i$ mother like?
(42) Who$_i$ likes his$_i$ mother?

假设(39)和(40)的介词短语本来位于直接宾语"他的钱/佢啲钱"的右边。因为介词短语移位必定会跨越直接宾语,所以代词"他/佢"以"谁/边个"作为先行语就会呈现弱跨越现象,造成了句子的不合语法。如果疑问词先行语没有跨越代词,例如(43)的"谁"和(44)的"边个",位于直接宾语内的代词就可以指称这些疑问词。因此,(39)和(40)的不合语法可以作为介词短语移位说的间接证据。

(43) 谁$_i$寄了他$_i$的钱给你? (普)
(44) 边个$_i$寄咗佢$_i$啲钱畀你。 (粤)

有趣的是,如果位于直接宾语内的代词指称受益者,例如(46),则完全没有问题。(46)没有弱跨越现象,进一步支持我们的看法,表示终点的"给"字介词短语和表示受益者的"给"字介词短语应该具有不同的句法性质:前者进行过移位而后者没有移位。

(45) 你给他还了一本书。
(46) 你给谁ᵢ还了他ⱼ的书？

如果我们同意在与格结构里"介词短语+直接宾语"的词序是由介词短语移位推导出来，那么，普通话和粤语的与格结构的差异应该如何解释？我们建议普粤的差异在于动词移位的距离：粤语允许动词移到前置介词短语的前面，而普通话动词移位不能超越前置的介词短语。简单来讲，普粤不同之处，就是粤语动词移位移得比普通话动词还要前。①

(47) a. 主语　　　　介词短语　动词　　直接宾语　　　　（普）
　　　b. 主语　动词　介词短语　　　　直接宾语　　　　（粤）

由于粤语动词移动到比较前的位置，虽然介词短语进行过移位，但介词短语不能超越动词的位置，只能出现在动词的后面，形成了"动词+介词短语+直接宾语"的粤语词序。至于普通话的情况，由于普通话动词的位置比不上粤语动词那么前，介词短语移位后，介词短语能超越动词的位置，形成了"介词短语+动词+直接宾语"的普通话词序。

当比较普通话和粤语与格结构词序差异时，我们依靠了两种移位：介词短语移位和动词移位。这里牵涉到两个问题：(i) 为什么介词短语要移位？(ii) 为什么动词要移位？在下一节，我们先讨论第一个问题。

5.4 与格结构的介词短语移位

我们曾经指出，移位必须有原因，不可能有一种无缘无故的移位。那么，在与格结构里的介词短语移位，究竟有什么原因呢？② 在

---

① 严格来讲，普通话动词一样有移位，只不过普通话动词的移位比不上粤语的那么前。有关普通话动词移位的考虑，详见 Huang(1994)、程工(1998)等的论述。
② 从历时的角度考虑，石毓智、李讷(2001)指出介词短语移位与动补结构的形成有关。至于具体的操作，牵涉到我们应如何理解汉语补语的结构及其特点，已超出了本章的讨论范围，我们只好留待日后再作讨论。

第五章 词序的问题:与格结构的差异

普通话的前置介词短语与格结构里,我们认为介词短语移位是为了强调间接宾语,有焦点、强调的作用。比如说,在(48)句里,位于句末的间接宾语可以有有指(specific)或者无指(nonspecific)的意思;但是,(49)的前置间接宾语只能允许有指的诠释。那就是说,说(49)的人应该对间接宾语"一个人"有一个预设,大概知道那个人是谁;但是,说(48)的时候却不一定有这样的预设。因此,我们可以说介词短语前移有强调的作用,只能获得有指的意思。

(48) 他寄了一封信给<u>一个人</u>。　　　　　　　　(有指/无指)
(49) 他给<u>一个人</u>寄了一封信。　　　　　　　　(有指/*无指)

另外,介词短语移位也有规定终点("目的物")的作用。根据张伯江(1999,2000)的观察,介词短语在普通话与格结构里的移位跟动词所表达的给予方式隐喻有关。他认为像(50)的"卖"类动词,它们在语义上都有明确的方向和目的;(51)的"扔"等动词在语义上并不要求一定有一个接受者,但它们在与格结构里的方向性和目的性都很明确;至于(52)的"寄"类动词,它们语义上涉及远距离间接给予,目的性有所弱化。

(50) *老王给我卖了一套旧书。　　　　　　　　(现场给予类)
(51) ?他给我扔了一个纸团儿。　　　　　　　　(瞬时抛物类)
(52) 爸爸给我寄了一封信。　　　　　　　　　　(远程给予类)

基于张伯江(1999,2000)的观察,我们认为利用介词短语移位的方法来强调间接宾语跟动词本身所表达的"目的性"有关。从句法学的角度出发,我们认为语言机制/句法提供了移位的方法,而这种移位必须跟语义有关(例如强调、焦点等),受到语义因素的制约。①

我们在前文曾经提过如果一个成分移到短语的边缘位置,在句法上,那个位置是该短语的音韵边界,可以获得某些语义上的诠释。在具体的操作上,我们假设动词拥有一个诱发介词短语移位的词缀特征。由于这个词缀特征,介词短语移到动词短语的音韵边界,接受

---

① 至于动词本身的"目的性"跟说话者强调间接宾语如何产生直接的关系是一个复杂的问题,也许跟功能和认知方面有关,并非句法学的问题,不在本文讨论的范围。

若干的语义诠释。在普通话的与格结构里,假设介词短语移到一个音韵边界,如(53)所示,那么,前置的介词短语可以获得某些语义的诠释。移位理论正好说明了为什么动词前的间接宾语往往有强调、焦点的作用(参见(17)的结构)。

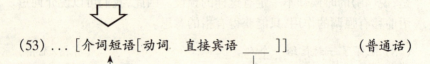

(53) ... [介词短语[动词　直接宾语　＿＿＿]]　　　(普通话)

至于粤语的情况,我们认为介词短语移位的目的跟普通话的介词短语移位稍有不同。首先,从语料来考虑,粤语介词短语移位不是强调间接宾语,而是为了强调直接宾语的缘故。无论介词短语在句末(如(54))还是经过移位(如(55)),间接宾语仍然可以有无指的意思。

(54) 佢送咗呢本好有用嘅书畀<u>一个人</u>。我送了这本很有用的书给一个人。

(55) 佢送咗畀<u>一个人</u>呢本好有用嘅书。

此外,粤语动词的"目的性"跟终点介词短语("目的物")的移位没有关系,现场给予类的"卖"(如(56))和瞬时抛物类的"抛"(如(57))都允许介词短语移位。这一点跟刚才我们在普通话看到的情况不一样(如(50)至(52))。由此可见,粤语介词短语移位并不是为了本身的强调/焦点。

(56) 佢卖咗畀我一架好新嘅车。他卖了一辆很新的车给我。

(现场给予类)

(57) 佢抛咗畀我一个烂嘅足球。他抛了一个烂的足球给我。

(瞬时抛物类)

(58) 佢寄咗畀我一封好大嘅信。他寄了一封很大的信给我。

(远程给予类)

粤语介词短语移位的一个重要条件是直接宾语必须是强调的部

分,直接宾语要么是语音上比较"重"(如(59)),要么是焦点之所在(如(60))。如果直接宾语既不够重,又不是句子的焦点,介词短语移位就变得较难接受,如(61)。

(59) 我送咗畀佢[一本好有用嘅书]。我送给他一本很有用的书。
(60) 我送咗畀佢[一本书],唔系一支笔。我送给他一本书,不是一支笔。
(61) ?? 我送咗畀佢[一本书]。

我们应该怎样理解粤语与格结构的介词短语移位呢?前文我们曾经假设粤语的动词移到较前的位置。当介词短语和动词都移位离开动词短语后,动词短语内剩下来的就只有直接宾语。由于直接宾语是动词短语内唯一有语音的成分,按照前文提及对音韵边界的定义,剩下来的直接宾语也算是一个处于音韵边界的成分,可以接受若干语义的诠释。(62)就是经过介词短语和动词短语移位后的粤语与格结构的简单结构图(参见(18)的结构)。

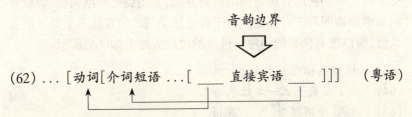

粤语介词短语移位和动词移位就是让受强调的直接宾语位于音韵边界的位置,得到适当的语义诠释。在具体的操作上,我们假设动词拥有一个诱发介词短语移位的词缀特征,让介词短语移到动词短语的边缘位置。虽然到了动词短语边缘位置的介词短语本身并没有接受任何语义诠释,但是,介词短语移位的目的最终是为了让直接宾语得到语义诠释。因此,粤语与格结构的介词短语移位还是有一定的语义因素,并非一种无缘无故的移位,必须符合移位的经济原则。

在本章的讨论里,我们提出了两个问题:(i) 为什么与格结构的介词短语要移位?(ii) 为什么粤语的动词要移位?回答第一个问题,我们认为介词短语移位的目的是为了语义上的考虑。我们发现,介词短语移位在普通话和粤语的目的稍有不同:在普通话里,介词短语移位是为了强调间接宾语;而在粤语里,介词短语移位是为了强调直接宾语,介词短语移位配合动词移位是让受强调的直接宾语能处于一个音韵边界的位置。这里牵涉到第二个问题:为什么动词要移位? 在下一节,我们会讨论粤语动词移位的问题。

5.5 动词移位的问题

为了解释普通话和粤语与格结构词序的差异,我们假设粤语动词移动到一个比普通话动词较前的位置。这个假设会不会是一个"孤例"? 可不可以利用动词移位来进一步解释其他粤语的语法特点?

首先,在粤语的处所结构里,表示处所的介词短语可以出现在宾语之前,例如(63)。介词短语移位的条件是表示受事的宾语必须是"重",跟粤语与格结构的情况相似。但是,这种结构在普通话却不见。我们可以利用分析与格结构的方法,套用到处所结构里,假设介词短语和动词都进行移位。由于普通话动词的位置比不上粤语的那么前,所以没有(64)的词序。推导的过程大致上如(65)所示。

(63) 放咗喺张枱度一本红色嘅书。 （粤）
(64) *放了在桌子上一本红色的书。 （普）
(65) [动词[介词短语[＿＿＿ 宾语 ＿＿＿

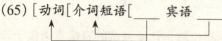

第二,跟普通话比较,出现在粤语动词后的助词比较丰富,它们主要表达量化、焦点等语义功能,例如表示全称意义的"晒"(李行德 1994,Tang 1996,欧阳伟豪 1998)和表示限定焦点的"得"(邓思颖 2000b,Tang 2002a)。从意义上,这些助词主要用来修饰动词或者整个谓语。从普通话的翻译来看,普通话相对应的成分一般在动词的前边,例如(66)的"全"和(67)的"只"。

(66) 佢地走晒。他们全走了。
(67) 我写得一篇文。我只写一篇论文。

假设量化、焦点助词原来衍生在动词的前面。如果粤语动词能够移到较前的位置,那么,动词就能跨过那些表示量化、焦点的助词,移到一个比量化/焦点助词更高的位置,形成"动词+晒/得+宾语"的词序。

(68) 动词　　量化/焦点词　　　　宾语

第三,除了刚才我们讨论的动后助词外,比起普通话来,粤语还有很多丰富的"后置状语",例如表示先后的"先"和表示程度的"咁滞"。① 假设粤语的动词允许移得比较前,本来位于动词前的状语就有机会处于句子末的位置。

(69) 饮碗汤先。先喝碗汤。
(70) 佢做好篇文咁滞。他差不多做好那篇论文。

第四,普通话和粤语有不同的处置句。(71)是普通话典型的处置句,又称为"'把'字句"。在普通话的处置句里,为了强调受动作影响的宾语,往往在宾语和动词之间插入一个"给"字,例如(72)的"给"。②

(71) 把门锁好。　　　　　　　　　　　　　　(普通话)
(72) 把门给锁好。

粤语处置句有三种句型。(73)跟普通话的"把"字句差不多,"将"把受事宾语提前,形成"将+宾语+动词"的词序。为了加强受事宾语的受影响意义,在动词后可以插入一个"佢"字,形成"将+宾语+动词+佢"的词序,例如(74)。如果没有"将"字,"佢"也一样可以出现,在宾语之后,强调了宾语的受影响意义,例如(75)。像(74)和(75)等粤语"佢"句式也应该分析为处置句(Cheung 1992,李新魁等1995,Man 1998,麦耘2001)。

(73) 将道门锁好。把门锁好。　　　　　　　　(粤语)

---

① 在客语里,"咁滞"的对应词汇是"唔差"(不差)。"差"可能是从副词"差不多"而来。感谢刘镇发向本人指出这一点。
② 有关这个强调受影响意义的"给",我们会留待第七章作详细讨论。

(74) 将道门锁好佢。把门给锁好。
(75) 锁好道门佢。

我们认为普通话(72)的"给"和粤语(74)和(75)的"佢"都有相同的功能,强调宾语的受影响意义,属于强调受影响意义(affectedness)的标记。① 在句法上,它们都应该处于同一个位置。我们假设这个强调受影响意义的标记衍生在动词的前边,(76)是普通话处置句(72)的简单结构:"给"在动词之前,宾语之后;粤语的"佢"一样出现在动词之前,如果粤语动词移得比较前,本来位于动词前"佢"就处于动词后/句子末的位置,如(77)所示;如果粤语处置句里没有"将"字,为了填补那个空的位置,我们假设粤语的动词会继续移位,形成"动词+宾语+佢"的词序,如(78)所示。② 动词移位理论正好为粤语"特殊"的处置句词序提供一个简单而直接的解释。

(76) 把　宾语　　　　给　动词　　　　　　　　　(普通话)
(77) 将　宾语　动词　佢　＿＿＿　　　　　　　　(粤语)

(78) 动词　宾语　＿＿＿　佢

第五,比较句在普通话和粤语的表达方式不一样。普通话标准的说法是用"比"字带领被比较的名词短语,出现在形容词述语之前,而被比较的名词短语在粤语比较句里却出现在述语的后面。

(79) 我比你高。　　　　　　　　　　　　　　　　(普)
(80) 我高过你。　　　　　　　　　　　　　　　　(粤)

移位理论提供了一个直接的解释方法:如果述语不移位,"比"就填进名词短语之前,形成普通话的比较句式。如果没有"比",述语就进行移位,跨越被比较的名词短语之前,形成粤语比较句的词序。

---

① "受影响意义"的概念来自 Tenny(1987,1994);此外,Cheng(1988a)利用受影响这个概念来分析普通话的处置句。

② 处置句内的"把/将"是一个功能性词类,拥有自己的短语,详见 Li(2001)综合性的讨论和建议。我们认为在粤语中如果这个功能性词类是空的,动词能够移到那个位置。

第五章　词序的问题：与格结构的差异

(81) a. 比　　名词短语　述语　　　　　　　　　　　　（普）
　　 b. 述语　名词短语　____　　　　　　　　　　　　（粤）

表示"接近"意义的句式，普通话和粤语也有不同(Bennett 1978：242)。移位理论正好提供了一个简单的解释：如果形容词述语不移位，"离"字就填进名词短语之前，形成普通话的词序。如果没有"离"，述语就进行移位，形成粤语的词序。

(82) 澳门离香港很近。　　　　　　　　　　　　　　　（普）
(83) 澳门好近香港。　　　　　　　　　　　　　　　　（粤）
(84) a. 离　　名词短语　述语　　　　　　　　　　　　（普）
　　 b. 述语　名词短语　____　　　　　　　　　　　　（粤）

由此可见，假设粤语动词（也包括形容词述语）移得比较前的说法并非只适用于与格结构。我们可以通过移位理论，把一系列普粤词序差异的现象贯穿起来，得出一个统一的解释方法，让我们对汉语方言词序差异的问题有更进一步的了解。

动词移位属于中心语移位的一种。中心语移位不移位由词缀特征所决定。按照显性参数化假定，词缀特征的存在与否是一项参数，这项参数跟形态、音韵有关，跟语义无关。为什么粤语的动词移得比普通话的要前？就目前的资料，我们也很难讲得清楚。如果把动词移位当作是一个形态、音韵问题来处理，那么，试图解释移位不移位的问题，就好像试图解释一个语言有没有某个辅音（如普通话没有英语的辅音[θ]）、有没有某种声调变化（如粤语没有普通话的连读变调）、有没有重叠现象（如普通话没有闽语的形容词三迭式重叠）一样，我们很难去找出形态和音韵的真正"本因"。企图解释为什么动词要移位实在比较困难，就有点象我们很难说清楚为什么普通话没有辅音[θ]一样。中心语移位纯粹跟语音方面的表现系统有关，它的动力是形态、音韵的因素，带有任意性的色彩，并非语言机制内部的

115

要求。①

5.6 汉语和英语的词序差异和汉语的句法结构

如果我们的讨论是正确的话,普通话和粤语的其中一个差异,就是粤语动词移位移得比普通话的动词要高/前。究竟在目前句法理论的框架下,普通话动词和粤语动词确实的句法位置应该在哪里?在未讨论这个问题之前,先让我们比较普通话和英语动词移位的问题。待我们确定了普通话和英语动词的位置后,才回头讨论粤语动词的位置。

我曾经在别处讨论过普通话和英语的部分句法差异(Tang 1998a),并且利用动词移位来解释,结论是英语的动词移动到一个比普通话动词要前的位置。如果英语动词移位比较前,下面几个现象都可以得到合理的解释。

首先,普通话的焦点副词"只"不能出现在动词的后面,而英语的焦点副词"only"却可以出现在动词的后面。② 假设焦点副词"只/only"本来衍生在动词前的位置。如果英语的动词移得比较前,跨越了焦点副词的位置,那么,英语允许动词后的"only"。

(85) I saw (only) a boy (only).
(86) 我(只)看见(*只)一个男孩子(*只)。
(87) a. 主语　　　　焦点副词　动词　宾语　　　　(普通话)
　　　b. 主语　动词　焦点副词　＿＿　宾语　　　　(英语)

第二,英语的量化词"each"跟焦点副词一样,能够出现在动词的后面(宾语的后面);然而,普通话的"各"只能出现在动词之前。假设"各/each"的位置是一致的,它们原来都衍生在动词前的位置。动词移位的说法正好解释了为什么英语的"each"可以出现在动词的后面

---

① 从语言系统外部因素的角度出发,粤语这种动词移位或许是一种历时的变化(Simpson 2001),或许是粤语跟南亚语言接触的结果(李敬忠 1994,Peyraube 1997),形成特殊的语序,跟普通话不同。由于资料不足,很难在这里下一个明确的结论。

② 焦点副词"only"出现在宾语的后面是由于宾语进行了移位。

而普通话的"各"只能在动词之前:英语动词移位比较前,跨越了"each",形成了"each"出现在动词后的词序。

(88) They saw a student each.
(89) 他们(各)看见一个学生(*各)。

第三,普通话允许"主语+宾语+动词"的词序,如(90),这种宾语移位的词序主要是为了强调宾语。然而,这种词序在英语却没有,(91)在英语里是不合语法的。

(90) 我语言学喜欢。
(91) *I linguistics like.

让我们假设英语跟普通话一样,都有宾语移位,目的用来强调宾语。但是,如果英语的动词移到一个连前置宾语都不能超越的位置,那么,自然的结论是英语在表面上永远只有"主语+动词+宾语"的词序,而没法得出像"主语+宾语+动词"的词序。然而,在普通话里,当宾语前移后,如果动词不能跨越这个前置的宾语,就出现了"主语+宾语+动词"的词序。

(92) a. 主语　　　　宾语　动词　　　　　　　(普通话)

b. 主语　动词　宾语　　　　　　　　　(英语)

第四,普通话没有英语的缺空现象(gapping)。所谓缺空现象,就是指在并列结构里,如果第二个并列小句的动词跟第一个并列小句的动词一样,第二个并列小句的动词可以省略不说,例如(93)的第二个动词"saw"就可以省略。Tai(1969)早就指出普通话没有这样的句子,(94)是不合语法的。

(93) I saw John, and you ~~saw~~ Bill.
(94) *我看见张三,你看见李四。

为了解释英语的缺空现象,Johnson(1994)认为第一个并列小句的动词和第二个并列小句的动词都离开了原来的并列小句,同时移动到一个很前的位置,进行了所谓"全面扩散移位"(across-the-board movement,或简称 ATB movement),像(95)的情况。① 根据 Johnson(1994)对英语缺空现象的分析,如果普通话的动词不能移到像英语动词那么前的位置,普通话根本没有可能在并列结构里出现动词全面扩散移位,因而也没有缺空现象。②

(95) I saw [[__ John] and [you __ Bill]]

第五,文献上一般认为像(96)的英语量化词句子允许歧义,主语的"everyone"或者宾语的"a boy"都可以有广的辖域。普通话的相对应句子(例如(97))却没有歧义。前文曾提及 May(1977,1985)的分析,他认为量化词在语义部门内进行移位。然而,为什么汉语的量化词不能在语义部门进行移位,让(97)成为一句歧义句?

(96) Everyone saw a boy.
(97) 每个人都看见一个男孩子。

参考 Hornstein(1995)的分析,我们认为英语量化词句子的歧义跟动词移位有关。假设主语在深层结构里衍生于动词短语之内(Fukui and Speas 1986, Kuroda 1988, Koopman and Sportiche 1991, Huang 1993 等),③ 为了某些需要(例如格位),主语移到句子最前的位置,例如(98)的结构。主语"everyone"在宾语之前,得出主语广辖域的诠释。如果英语的动词能够移到一个比较前的位置,动词移位后,还可以腾出一个空间,让宾语移位,塞在动词和主语之间。正当宾语移位后而主语还没移位前,出现了一个宾语在前而主语在后的结构,例如(99),这个结构得出宾语广辖域的诠释。当主语移位后,

---

① 理论上,第一个并列小句的主语"I"应该从原来的位置移动到句子的开头。为了避免烦琐的讨论,主语移位的细节从略。

② 事实上,普通话也有动词短语内的"局部"缺空现象,跟动词移位有关,详见 Tang(2001b)的讨论。

③ 根据目前流行的结构模式,主语应该衍生于轻量动词短语(light verb phrase,或简写为"vP")之内。见第三章的介绍。

在表面上仍然呈现"主语+动词+宾语"的词序。虽然表面上的词序没有变化,但是宾语已经进行过移位,影响了量化词的诠释。① 相反,如果汉语的动词没有英语动词移得那么前,动词跟原来在动词内的主语之间根本没有什么空间容纳得下一个宾语,因此,普通话"主语+动词+宾语"词序里的宾语不能有广辖域的诠释。动词移位理论正好为英语歧义句提供一个方便的解释。

(98) 主语量化词的广辖域(everyone > a boy)

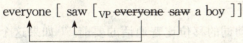

everyone [saw [VP everyone saw a boy]]

(99) 宾语量化词的广辖域(a boy > everyone)

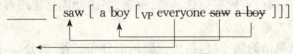

_____ [saw [a boy [VP everyone saw a boy]]]

第六,动词移位可以为主语无定的问题提供一个很好的解释。英语允许无定(indefinite)的名词短语作为主语,例如(100)的"a man"。然而,Chao(1968)等学者早已观察到普通话的主语不能是一个无定的名词短语,例如(101)的"一个人"。

(100) A man came.
(101) *一个人来了。

Tsai(1994)曾经论证无定名词必须在一个很局部的句法结构里受到动词的准许(license)。② 假定主语原来应该衍生于动词短语之内,然后经过移位到了句子开首的位置。配合 Tsai(1994)的理论,如果英语动词移得比较前,在句法上贴近主语,那么无定的主语可以受

---

① Hornstein(1995)认为英语宾语的移位是为了格位,然而,他的分析存在一定的困难。我们认为诱发宾语移位是词缀特征,目的是为了焦点的缘故。在 Chomsky(2000 et seq)新的模式里,我们可以把这种诱发量化词宾语移位的特征称为"量化特征"(QU-feature),详见 Tang(2001c)的讨论。

② 根据 Diesing(1992)的研究,Tsai(1994)认为动词引导一个约束无定名词短语的算子。具体的操作,请参考 Tsai(1994)的讨论。

到准许,例如(102a)。① 由于普通话动词不够前,离主语还有一段距离,例如(102b)。因此,无定主语无法受到准许,普通话也就没有无定的主语。②

(102) a. 主语　动词　[　　　　　]　　　　　　　(英语)

　　　b. 主语　___　[　___　动词]　　　　　　　(普通话)

综上所述,英语动词的移位比普通话的要前。③ 如果这个结论是正确的话,一个很有趣的问题出现了:英语动词移位比普通话的前,而粤语动词移位也比普通话的前,那么,英语动词移位跟粤语动词移位之间的关系又怎么样?

利用测试英语的例子(包括焦点副词的分布、"各"的分布、前置宾语、缺空现象、量化词的歧义和主语的无定),我们发现粤语的表现跟普通话基本上是一致的。

焦点副词的分布

(103) 我(净系)睇到(*净系)一个男仔(*净系)。我只看见一个男孩子。

"各"的分布

(104) 佢地(各自)睇到一个学生(*各自)。他们各看见一个学生。

前置宾语

(105) 我语言学钟意。我语言学喜欢。

---

① Tsai(1994)虽然利用动词移位来解释英语允许无定主语的情况,但是他假设英语动词移位在语义部门里进行。Tang(1998a)认为英语动词移位应该是显性的。假若英语动词移位真的在语义部门里进行,我们就无法解释英语的缺空现象和前文提及的其他例子。

② 我们后来对汉语无定主语的问题提出了新的看法。由于篇幅所限,无法在这里详细交待我们新的分析内容。有兴趣的读者,请详见邓思颖(2002c)的讨论。

③ 跟英语比较,出现在动词之前的成分(例如状语)在普通话里是比较丰富的,这个现象可能跟本书所提出的普通话动词移位有关。详见司富珍(2002)从另外的一个角度分析这些现象。

缺空现象

(106) *我睇到张三，你李四。*我看见张三，你李四。

量化词的歧义

(107) 每个人都睇到一个男仔。每个人都看见一个男孩子。

主语的无定

(108) *一个人嚟咗。*一个人来了。

在上一节里，我们论证了粤语动词移动到普通话动词之前的位置。不过，根据本节的这些测试，粤语和普通话就这些方面表现一致，因此它们的动词应该都不及英语动词移位移得那么前。我们认为英语动词的移位比粤语的更前。如果这个结论是正确的话，我们可以得出像(109)的层阶，表示动词移位在句子内的距离。越靠左边的语言(例如英语)，动词移得越前。

(109) 动词移位的层阶

    英语 > 粤语 > 普通话

利用一个具有约束力、有限制性的移位理论，我们可以把普通话、粤语和英语表面上好像毫不相关的一些现象贯串起来，而我们的结论，就是(109)的动词移位层阶。假设人类语言都有一个基本的、共同的、一致的底层词序。表面上的词序差异，按照本章的论述，应该是由于移位所造成。移位不移位跟词缀特征有关，而词缀特征的分布是一项参数。这项参数赋予不同的值，会得出不同的语言面貌。以动词移位为例，动词应该移到什么地方是一项参数。(109)的层阶，就是代表了动词移位参数三种不同的值。如果我们的讨论是正确的话，人类语言词序的实际差异可能比我们想象中的少得多、有规律得多。

虽然(109)的层阶为我们勾画了一个解释英、普、粤三语差异的总体蓝图，但是，在实际的句法结构里，这三种语言的动词究竟移动到什么的地方？

我们在第三章曾经介绍过，目前最简方案假设的句子结构基本上包括标补语短语 CP、时态短语 TP、轻量动词短语 vP 和动词短语 VP 几个层次，而动词衍生在动词短语中心语 V 的位置。按照

Huang(1991b,1994)的论述,普通话的动词应该从原来的位置移到轻量动词 v 的位置。至于英语的情况,我曾经提出英语动词应该移动到一个比普通话动词要高的位置,即时态 T 的位置(Tang 1998a, 2001b)。如果我们在本章的讨论是正确的话,粤语动词应该移动到一个比普通话动词要高,而比英语动词要低的位置。在目前假设的句子结构里,我们应该怎样安放粤语的动词?

为了能够包容粤语的现象,我们假设在时态短语 TP 和轻量动词短语 vP 之间应该多加一层功能性的结构。为了方便论述,我们暂时称这个功能性短语为"XP"。

(110)
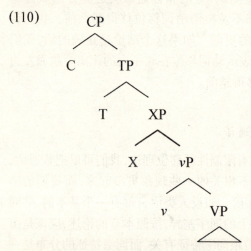

在句子结构里多了一个功能性短语,我们刚才的问题就可以解决了。根据(110)这个结构,英语动词、粤语动词和普通话动词可以分别移动到三个不同的位置:"T"、"X"和"v",就好像(111)所表示,形成了三种不同的动词移位类型。这样的分析,正好表达了(109)对这三种语言所描述有关动词移位的相对关系。

(111) a. ...[$_{TP}$ V-T [$_{XP}$ X [$_{vP}$ v [$_{VP}$...t_V... (英语)

b. ...[$_{TP}$ T [$_{XP}$ V-X [$_{vP}$ v [$_{VP}$...t_V... (粤语)

第五章 词序的问题:与格结构的差异

c. ...[$_{TP}$ T [$_{XP}$ X [$_{vP}$ V-v [$_{VP}$...t_V...　　　　（普通话）

究竟这个新加进去的"X"有什么特点？它在语义上扮演什么功能？我们认为,这个"X"跟某些语义特点有关,例如量化和焦点。① 比如说,在粤语里,量化词"晒"和焦点词"得"衍生在 X 这个位置。当粤语动词移动到 X 并且附接在 X 之上,就会产生"V + X"的词序。因此,粤语在表面上可以有"动词 + 晒"和"动词 + 得"的词序。既然"晒"和"得"都是衍生在 X 这个位置,换句话说,它们都应该处于互补分布(complementary distribution)的关系,理应不能同时共存。下面的例子(112)和(113),正好印证了我们这个推测。②

(112) *张三写晒得呢两篇文。张三只把两篇文都写了。

(113) *张三写得晒呢两篇文。

此外,X 还可以跟比较句有关系。普通话的"比"就是衍生在 X 这个位置。正如前文所说,如果没有"比"这个词,述语就会透过移位来填补这个空的 X,形成粤语比较句的典型词序。

事实上,在比较严肃、正式的语境里,粤语也允许"比"字比较句,例如(114)。虽然(114)听起来比较"文雅",但是它在粤语里已经是一个可以接受的句子。

(114) 我比你地高。我比你们高。

按照我们的说法,(114)的"比"应该衍生在 X 的位置。由于 X 已经填补了,述语"高"就不必移位,得出了像普通话的词序。

我们曾经指出粤语量化词"晒"衍生在 X 这个位置。如果比较句的"比"和量化词"晒"同样衍生在 X,占据同一个位置,我们的推测是"比"和"晒"应该是互补分配:有"晒"的出现就没有"比",或者有

---

① 假设时态短语 TP 和轻量动词短语 vP 之间有一些跟情态、量化有关的功能性短语并非一个很武断的说法。Beghelli and Stowell (1997)和 Cinque(1999)曾经根据不同的考虑,提出 TP 和 vP 之间应该还有一些功能性的短语。

② 如果把"得"理解为表示可以的意思,(113)可以接受。不过,这个"得"跟我们所讲的焦点助词"得"并不一样。

"比"的出现就没有"晒"。下面的例子,正好印证了我们这个推测。[①]

(115) 我高过晒你地。我比你们都高。
(116) *我比你地高晒。
(117) *我比晒你地高。

在(117)里,量化词"晒"衍生在 X,经过述语移位后,形成了"高晒"的词序。至于(116)和(117)不合语法的原因,如果"比"衍生在 X,"晒"就不能衍生在同一个位置,X 不能同时容纳这两个成分,而粤语永远不会有(116)和(117)这样的句子出现。(116)和(117)的不合语法间接支持了我们有关 X 的主张。

我曾经假设普通话前置宾语(例如(118)的"语言学")是从原来宾语的位置移动到动词之前,附加在轻量动词短语 vP 之上,例如(119)(Tang 1998a)。(119)的"Obj"代表前置的宾语。

(118) 我语言学喜欢。 (=(90))
(119) ...[$_{vP}$ Obj [$_{vP}$ v [$_{VP}$ V ____

然而,这样的分析在我们目前的讨论却不能成立。我们曾经说过,粤语也同样允许像(118)前置宾语的例子(=(105))。如果粤语动词移动到 X,那么粤语动词则跨过这个附接在 vP 的前置宾语,不可能推导出"主语+宾语+动词"的词序。

为了得出正确的词序,我们认为普通话和粤语的前置宾语并不是附接在 vP 之上,而是附接在 XP 之上,正如(120)所示。

(120) ...[$_{TP}$ T [$_{XP}$ Obj [$_{XP}$ X [$_{vP}$ v [$_{VP}$ V ____

(120)的好处是无论普通话的动词移到 v 的位置还是粤语的动词移到 X 的位置,前置的宾语都出现在动词的前面,形成了"主语+宾语+动词"的词序,例如(121)和(122)。

[①] 按照 Mok(1998)的分析,粤语比较句的"过"跟述语组合成一个复合词,形成一个所谓述补复合词。在我们的分析里,"过"不应该衍生在 X 的位置。

第五章 词序的问题：与格结构的差异

(121) ... [$_{TP}$ T [$_{XP}$ Obj [$_{XP}$ X [$_{vP}$ V-v [$_{VP}$ t_V ...

（普通话：宾语＋动词）

(122) ... [$_{TP}$ T [$_{XP}$ Obj [$_{XP}$ V-X [$_{vP}$ v [$_{VP}$ t_V ...

（粤语：宾语＋动词）

另一方面，假设英语的宾语都能移位，附接在 XP 的位置。由于英语的动词移到 T 的位置，动词移位一定跨过那个前置的宾语，因此英语在表面上永远不能得到像汉语"主语＋宾语＋动词"的词序，如(123)所示。

(123) ... [$_{TP}$ V-T [$_{XP}$ Obj [$_{XP}$ X [$_{vP}$ v [$_{VP}$ t_V ...

（英语：动词＋宾语）

前置宾语附接在 XP 之上也有合理的理由。我们在前文曾经讨论过与格结构介词短语移位的问题。我们认为介词短语移位的终点应该是附接在 vP 之上，如(124)的结构。由于普通话的动词只移到 v 的位置，介词短语出现在动词之前；由于粤语的动词移到 X 的位置，它必须跨越前置的介词短语，粤语允许像"动词＋介词短语＋直接宾语"的词序。

(124) ... [$_{XP}$ X [$_{vP}$ PP [$_{vP}$ v [$_{VP}$ V ＿＿＿

假若直接宾语和介词短语都移位，根据我们的理论，它们会分别附接在 XP 和 vP 之上，形成了直接宾语先于介词短语的词序，如(125)所示。

(125) ... [$_{XP}$ Obj [$_{XP}$ X [$_{vP}$ PP [$_{vP}$ v [$_{VP}$ ＿＿＿ V ＿＿＿

以普通话为例，如果动词只移到 v 的位置，那么，我们的推测是普通话只允许"主语＋直接宾语＋介词短语＋动词"的词序。下面例子的语感正好说明了我们的推测是正确的。

(126) 我这些信给他寄了。
(127) *我给他这些信寄了。

(126)符合了"主语+直接宾语+介词短语+动词",而(127)却违反了这个词序。如果直接宾语和介词短语同时需要移位,它们应该分别占据不同的句法位置:前置的直接宾语附接在 XP 之上,而前置的介词短语附接在 vP 之上。从诱发移位的特征来考虑,诱发直接宾语移位和诱发介词短语移位的词缀特征有两套,应该是不同的。X 的词缀特征诱发直接宾语移位,而 v 的词缀特征诱发介词短语移位。

5.7 移位的参数差异

本章通过移位的问题,探讨了普通话和粤语在与格结构上的差异,并且把几项在表面上毫无相关的问题,通过移位提出一个统一的解释方法。

我们认为移位是不经济的、不自由的,必须遵守经济原则。短语移位跟语义有关;而中心语移位跟形态、音韵有关。此外,我们同意移位是造成词序差异的原因。诱发移位的特征是词缀特征。虽然诱发短语移位的词缀特征需要有一定的语义考虑,但是,归根究底,词缀特征的本质应该是语音/音韵性的。至于词移位,我们认为基本上跟语义没有关系,纯粹是形态和音韵的考虑。

在比较普通话和粤语就与格结构词序的差异时,我们发现这两种语言都能进行介词短语移位。虽然普通话和粤语介词短语移位的语义考虑并非完全一致,但是这两种语言的介词短语移位的最终目的还是为了语义上的强调和焦点。它们的轻量动词 v 都赋予了诱发介词短语移位的词缀特征,让介词短语附接在轻量动词短语 vP 之上。在某个程度上,普通话和粤语的介词短语移位还是具有共通性的一面。

至于造成普通话和粤语与格结构的真正差异,应该是由动词移位所造成。普通话的 v 赋予诱发动词移位的词缀特征,而粤语的 X 赋予诱发动词移位的词缀特征。因此,粤语的动词移得比普通话的要高要前。

除了与格结构以外,通过动词移位的说法,我们还可以解释一系列普粤差异的现象。当考虑过英语和普通话词序差异的问题后,我

第五章 词序的问题:与格结构的差异

们得出一个有趣的动词移位层阶:英语动词的移位比粤语的高/前,而粤语动词的移位比普通话的高/前。

总的来看,英语、粤语和普通话的词序差异和一些相关的差异,都是由动词移位所造成的。在这三种语言里,诱发动词移位的词缀特征分别指派到 T、X 和 v 去,导致动词分别移到三个不同的地方,造成语言差异。解释语言差异的这种分析,完全符合显性参数化假定的精神:语言差异应该由显性的成分(例如词缀特征)来决定。从语言习得的角度来考虑,小孩子的任务就是要决定他说的语言里有没有某种词缀特征,如果有的话,词缀特征应该指派到哪一个词,诱发什么样的移位。

假设普通话、粤语和英语的基本底层句法结构都是一样。这三种语言的一些所谓"句法"的差异,按照我们的显性参数化假定,造成这些差异的因素应该是显性的成分。严格来讲,词序差异不是结构上的差异。正如我们曾指出,建构句法结构的短语结构理论规则不应该存在差异;所有语言的结构都应该按照同样的短语结构理论规则推导出来。因此,句法结构应该有一定的稳定性、保守性。我们甚至可以假设说所有语言的底层句法结构都应该是一致的,由一些天赋的原则所决定,不是靠后天的习得(例如前面提及的线性对应定理)。

当然,人类语言的句法结构不可能完全一样,差异总是避免不了的。我们认为,决定词序差异的因素应该是诱发移位的词缀特征。词缀特征是显性的特征,它们的存在与否靠后天的经验来习得的。比如说,动词移位就是由词缀特征的参数来决定。本章所举的普、粤、英的一系列语言差异现象都可以用一个统一的分析来解释——动词移位;由于动词移位由词缀特征所诱发,本章所讨论的语言差异现象本质上都是属于形态/音韵的问题。由此可见,我们这个结论进一步支持了语言差异应该由显性因素来决定的主张。

从方法论来讲,我们的参数分析对语言差异的问题提出了一个新的研究方向。通过语言对比,我们发现导致词序差异的原因,把这些原因归纳到一些有限制、极少数的参数。移位的参数理论既能兼顾描述充分的考虑,又同时能做到解释充分的要求。原则与参数理论把我们的视野带到一个新的领域,揭示我们以前从来没有留意过的事实和真相。特别对于汉语方言语法的研究,移位的参数理论是一个新的尝试。我们希望这些发现对日后汉语方言句法的对比,甚至对于人类语言共性和个性的研究,都有一定的参考价值。

第六章　词汇的问题：
双宾语和词项的存在与否

本章认为双宾语结构应该由与格结构推导出来。基于这个假设,我们建议在句法上双宾语结构比与格结构多出了一个(功能性)词类"F"。为了产生双宾语结构,间接宾语首先移到 FP 指定语位置,然后动词经过 F 移到轻量动词 v,形成"动词＋间接宾语＋直接宾语"的词序。这个新的建议,不但合理地联系了汉语两种双宾语结构,而且也解释了汉语方言之间双宾语结构的一些差异。

6.1 汉语双宾语结构的分析

在第四章里,我们曾经讨论过普通话和粤语双宾语的问题。比如说,(1)是一句典型的普通话双宾语句子。从语法关系来考虑,句中的"张三"是间接宾语,"一本书"是直接宾语。

(1) 我给[张三][一本书]。

在双宾语结构里,动词后面有两个宾语。究竟动词跟这两个宾语有什么关系? 在句法上,我们应该怎样理解普通话的双宾语结构? 以下是一些学者对普通话双宾语结构的看法。

(2) "双宾语构造是一个述语同时带两个宾语。这两个宾语各自跟述语发生关系,它们互相之间没有结构上的关系。按照这种看法,双宾语格式只能三分(述语、近宾语、远宾语),不能二分。"

(朱德熙 1982:121)

根据(2)的描述,普通话双宾语里的间接宾语和直接宾语没有任何的结构关系,直接跟动词发生关系。

利用生成语法学的树形图把普通话双宾语结构分析成(3)。其中"NP1"和"NP2"分别代表直接宾语和间接宾语,它们都同样由动词短语 VP 所覆盖,属于动词的补足语,处于同一个层次。根据早期的 X 杠理论(Chomsky 1970,Jackendoff 1972 等),一个短语内补足语的数量基本上没有限制,像(3)有两个补足语的结构是可以接受的。

(3)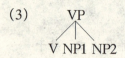

另外一种观点认为普通话双宾语结构有层次结构,间接宾语和直接宾语不是处于同一个层次。主张这样看法的学者有以下的意见:

(4)"……不过我们也可以采取另外一种观点,即把双宾语格式看成是述宾结构带宾语的格式。"

(朱德熙 1982:121)

(5)"双宾语一个最重要的特点是,'名₁'同'名₂'之间不能有结构关系。……双宾语还必须'动·名₁'成结构,否则,'动·名₁'就不能组成述语去支配'名₂'。"

(吴竞存、侯学超 1982:184-185)

(6)"……可是他们不在同一层次上,彼此之间在结构上没有直接关系。因此,严格地从层次分析出发,似不宜再叫双宾语构造。"

(马庆株 1992:103)

按照层次分析的做法,动词和间接宾语先组合成一个成分,然后在这个成分之后才出现直接宾语,正如图(7)所示。这种格式可以称为"述宾结构带宾语"的双宾语格式。"NP1"和"NP2"分别代表间接宾语和直接宾语,"⊔"表示组合的成分。

(7)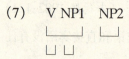

如果利用我们熟悉的 X 杠理论树形图,可以把图(7)用(8)来表示。动词和间接宾语组合成一个成分 V',然后这个 V'再跟直接宾语组合成一个动词短语。

(8)

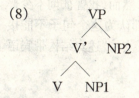

有关汉语双宾语结构研究,我们不禁会产生一些问题:究竟汉语双宾语结构有怎样的结构?哪一种分析正确呢?在下一节,我们会指出上述两种汉语双宾语结构分析的一些问题,并且提出我们的看法。

6.2　汉语双宾语结构

首先,我们能不能够把汉语双宾语结构分析为"述宾结构带宾语的格式",就正如吴竞存、侯学超(1982)、马庆株(1992)等学者的建议,拥有一个像(8)的结构?

这个分析最大的问题是,汉语双宾语里的间接宾语和直接宾语可以组成一个成分。在并列结构的测试里,双宾动词后面可以出现两组间接宾语和直接宾语并列的成分,好像(9)的"张三一本书"和"李四一枝笔"。并列结构测试是其中一种可以试验成分组成的方法。假如汉语双宾语有一个像(10)的结构,间接宾语 NP1 和直接宾语 NP2 就根本没有办法组合成为一个成分。由此可见,所谓"述宾结构带宾语的格式"的分析是有问题的。

(9) 我送[张三一本书],[李四一枝笔]。

(10)

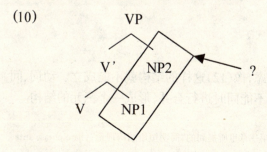

吴竞存、侯学超(1982:176)曾经认为"给过他书"可以说成(11),体标志"过"出现在两个宾语的中间,他们因此证明动词和间接宾语先组合成一个成分,然后再跟直接宾语结合。然而,我曾征询不少普通话的母语者(包括北京话的母语者),他们都认为这个句子不能接受。(11)在今天的普通话里不能接受,削弱了支持"述宾结构带宾语的格式"一说的证据。

(11) 给他过书。

至于述语带上两个补足语的分析,例如(3)(重复在(12)),究竟间接宾语 NP1 和直接宾语 NP2 应该不应该在同一个句法层次呢?

(12)　　　VP
　　　　　／\
　　　　V NP1 NP2

先从理论上来考虑,按照目前生成语法学句法理论的一些假设,所有短语结构都必须是二元(binary)(Kayne 1984)。至于 Chomsky (1995)所提出的短语结构理论,就是沿着二元结构的思路发展的。①他认为形成短语的操作"合并"是一种二元操作。当两个词项(例如(13)的"X"和"Y")从词库引介到运算系统时,这两个词项会进行合并(用括号"{ }"表示),然后其中一词项投射。假如"X"投射的话,就会形成了"{X, {X, Y}}"的结构。这样的结构,也可以用树形图(14)来表示,其中下面"X"是中心语,上面的"X"是短语,等同于"XP",而"Y"是补足语。

(13) X + Y ⇒ { X, Y } ⇒ { X, { X, Y } }

(14)　　　X
　　　　／\
　　　X　Y

根据二元结构的考虑,像(12)这样的结构就不能成立。动词、间接宾语和直接宾语三者不能同时进行合并,形成一个三元的结构。

---

① 这个理论就是我们在第三章里所提到的"简明短语结构理论"(bare phrase structure theory)。

第六章 词汇的问题:双宾语和词项的存在与否

事实上,根据 Barss and Lasnik(1986)的研究,他们发现在英语双宾语结构里,间接宾语必须比直接宾语高。先看看下面的英语例子:

<u>反身代词约束</u>

(15) I showed Mary$_i$ herself$_i$.

(16) *I showed herself$_i$ Mary$_i$.

<u>量化词约束</u>

(17) I gave every worker$_i$ his$_i$ paycheck.

(18) *I gave its$_i$ owner every paycheck$_i$.

<u>否定极项(negative polarity items)</u>

(19) I showed no one anything.

(20) *I showed anyone nothing.

<u>弱跨越效果(weak crossover)</u>

(21) Which man$_i$ did you send his$_i$ paycheck?

(22) *Whose$_i$ paycheck did you send his$_i$ mother?

<u>优越效果(superiority)</u>

(23) Who did you give which paycheck?

(24) *Which paycheck did you give who?

按照生成语法学的约束理论(binding theory),反身代词的先行语(antecedent)必须处于一个结构上比较高的位置。用专门的术语来讲,就是先行语必须成分统领(c-command)反身代词。①在(12)的

---

① 成分统领牵涉到结构层次的关系。用比较简单的定义,在一个树形图里,如果 X 之上的第一个分支节点统制(dominate)Y,则 X"成分统领"Y。所谓"统制"是一种垂直的关系。比如说,在下面(i)里,B 之上的第一个分支节点是 A,而 A 统制 D(即 A 垂直地高于 D),则 B 成分统领 D;相反,D 之上的第一个分支节点是 C,而 C 并不统制 B,因此 D 不能成分统领 B。

(i)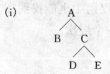

结构里,虽然间接宾语 NP1 能够成分统领直接宾语 NP2,但是,NP2 也能成分统领 NP1,结果造成它们能互相成分统领。按理来讲,反身代词都应该可以出现在间接宾语或者直接宾语的位置。然而,只有(15)合语法,而(16)不合语法,反身代词的先行语"Mary"不能出现在直接宾语的位置,"$_i$"是一个指称标引(index),表示"Mary"和"herself"有相同的指称。这两个例子说明了间接宾语必须高于直接宾语。

　　量化词约束也说明同样的道理。(17)的量化词"every worker"约束一个变项(variable)"his",前者必须成分统领后者;(18)的量化词"every paycheck"不能约束变项"its"说明了前者不能成分统领后者,(12)的结构也就不能成立。

　　否定极项也有相似的要求:否定极项必须被一个否定词所成分统领。在(19),否定词"no one"成分统领否定极项"anything";至于(20),如果(12)的结构是正确的话,否定词"nothing"也应该能成分统领否定极项"anyone"。(20)的不合语法进一步说明了(12)是不对的。

　　所谓"弱跨越效果"是指约束变项的成分(例如疑问词)不能跨过被约束的变项,移到被约束的变项的上面。如果(21)的间接宾语"which man"约束变项"his",由于它在层次上比"his"要高,疑问词移位就没有出现弱跨越效果;相反,由于(22)的直接宾语"whose paycheck"层次上比受约束的"his"低,那么疑问词移位就会出现弱跨越效果。

　　所谓优越效果,就是说如果句子里同时有两个疑问词,结构层次上比较低的疑问词不能移位,只有层次上较高的才能移位,有一种"优越"的现象。如果间接宾语比直接宾语在结构上高,(23)的合语法和(24)的不合语法就能够解释。

　　虽然上述的情况都发生在英语,然而,我们在汉语中也能找到相关的例子,证明间接宾语和直接宾语不能处于同一个层次。

反身代词约束

(25) 我给张三$_i$一本关于他自己$_i$的书。

(26) *我给他自己ᵢ一本关于张三ᵢ的书。

量化词约束

(27) 我给每一个人ᵢ一顶他ᵢ戴过的帽子。

(28) *我给他ᵢ的妈妈一顶每一个人ᵢ都戴过的帽子。

在汉语里,"他自己"是一个反身代词。作为一个反身代词,它必须受到先行语的约束。(25)的"他自己"受到"张三"的约束,说明了"张三"能成分统领"他自己";(26)的不合语法跟上述英语的情况一样,间接宾语的"他自己"不能受到位于直接宾语的"张三"的成分统领,因此"张三"不能作为约束"他自己"的先行语。

量化词约束在汉语的情况也差不多:如果量化词(例如"每一个人")约束一个变项(例如"他")的时候,前者必须成分统领后者。(27)和(28)不同的语感正好说明了汉语的间接宾语和直接宾语不是处于同一个结构层次,把汉语双宾语结构分析为(12)那样的结构是有问题的。

根据上述种种的考虑,我们认为在双宾语结构里,无论在英语还是在汉语里,间接宾语都必须高于直接宾语,前者必须成分统领后者,就正如树形图(29)所表示那样。有关结构(29)里的具体内容和分析,我们将会留待下一节的讨论。

(29)

6.3 双宾语结构和与格结构的关系

我们在前两章讨论到粤语倒置双宾语结构和与格结构的时候,曾经引述过 Baker(1988)所提出的"题元角色一致指派假定"(Uniformity of Theta Assignment Hypothesis,简称"UTAH"),并且根据这个这个假定,认为在深层结构里受事题元角色应该高于终点题元角色(Larson 1988),得出以下的题元层阶:

(30) 施事 > 受事 > 终点

根据生成语法学短语结构理论,短语结构应该根据(30)的题元角色层阶而建立,由最低的题元角色(即最右边的题元角色),一层一层建构到最高的题元角色(即最左边的题元角色)。如果动词是一个能够指派三个题元角色的双宾动词,即指派施事、受事和终点这三个题元角色,那么,根据上述的题元层阶,表示终点的主目应该在结构上比表示受事的主目为低;而表示受事的主目比表示施事的主目为低。按照这个看法,题元角色一致指派假定应该显现为像(31)的句法结构。

(31)

让我们举一个具体的例子。以一个能够指派三个题元角色的英语双宾动词"give"为例,根据上述的题元角色层阶,与格结构的词序应该是最"基本"的。双宾动词"give"后面主目的词序应该是"直接宾语(受事)+间接宾语(终点)"。

(32) John gave [a book] [to Mary].

我们应该怎样把上述的题元层阶和句法结构结合起来呢?基于二元句法结构的考虑,Larson(1988)提出以下对英语与格结构的句法分析。他认为与格结构由"动词短语壳"(VP shell)组成,动词从下面的动词短语中心语的位置经过移位提升到上面的动词短语(动词短语壳),形成了正确的词序。Larson(1988)所讲的所谓"动词短语壳",基本上等同于本书所假设的轻量动词短语"vP"(Chomsky 1995)。假设主语在深层结构里衍生于动词短语之内,①在 Larson(1988)所提出的结构里,主语应该衍生在"动词短语壳"的指定语位

---

① 根据目前流行的结构模式,主语应该衍生于轻量动词短语之内。见第三章的介绍。

第六章 词汇的问题:双宾语和词项的存在与否

置。为了某些需要(例如格位),主语移到屈折短语 IP 指定语的位置。①至于直接宾语和间接宾语,它们分别衍生在动词短语的指定语和补足语的位置,动词移离了动词短语后,就会形成"主语(施事)+动词+直接宾语(受事)+间接宾语(终点)"的正确词序。

(33)

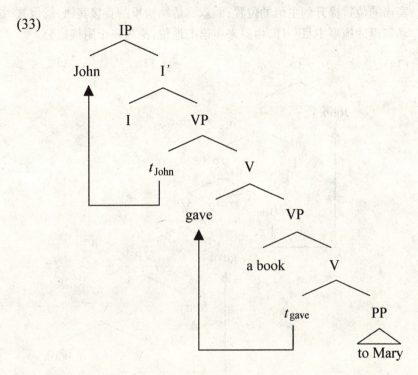

如果与格结构是双宾动词的"深层结构"的话,那么双宾语结构是怎样在没有违反题元层阶的原则下推导出来的呢?Larson(1988) 认为双宾语结构是从与格结构经过移位推导出来的。他假设从双宾语结构到与格结构的推导是一种"被动化"的过程。双宾语的产生是通过间接宾语(例如终点主目"Mary")的被动化提升到原来属于直接宾语的位置(即动词短语的指定语位置),目的是为了获得格位;而

---

① 屈折短语 IP,即等同于本书所假设的时态短语 TP。

原来的受事主目(例如"a book")则变为一个附接成分,形成了"主语(施事)+动词+间接宾语(终点)+直接宾语(受事)"的双宾语结构词序。Larson(1988)所讲的间接宾语"被动化",就像英语被动句里的受事主目一样(如被动句"John was hit by Bill"的"John"),由原来宾语的位置提升到主语的位置;而双宾语结构里的直接宾语,就像被动句里的施事主目一样,由原来主语的地位,沦为一个附接成分。

(34)
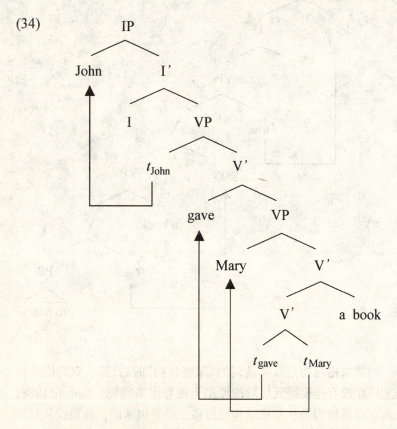

至于普通话的双宾语结构和与格结构,周长银(2000)借用了Larson(1988)的理论对普通话这两种结构有类似的分析。由介词"给"带领、表示终点的间接宾语出现在动词的补足语位置,表示受事的直接宾语出现在动词短语的指定语位置,符合了"受事＞终点"的

题元层阶;而动词移位产生了正确的与格结构词序"主语+动词+直接宾语+介词短语",例如(36)。

(35) 张三送一本书给李四。

(36)

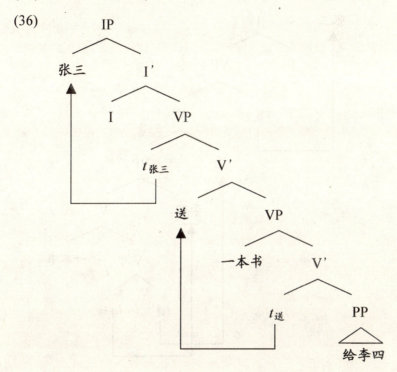

借用"被动化"的概念,周长银(2000)认为跟英语的情况一模一样,普通话双宾语结构也是从与格结构经过移位推导出来的。普通话双宾语的产生是通过间接宾语的被动化提升到动词短语的指定语位置(例如(38)的"李四");而原来表示受事的主目(即"一本书")则变为一个附接成分;动词移位后,我们得出了"主语(施事)+动词+间接宾语(终点)+直接宾语(受事)"的双宾语结构词序。①

---

① 沈阳、何元建、顾阳(2001:9)也利用被动化的概念分析普通话双宾语结构的形成。

(37) 张三送李四一本书。

(38)
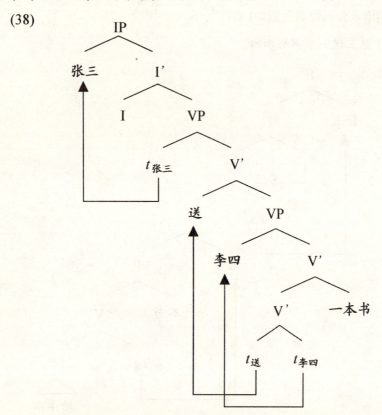

利用 Larson(1988)的理论来分析普通话的双宾语结构有一定的好处。首先,Larson(1988)的理论假设双宾语结构是从与格结构推导出来,这样的推导关系正好解释为什么在普通话里凡是能说双宾语结构,都能说与格结构(朱德熙 1979)。

第二,事实上,尽管有些语言的双宾语结构不丰富或者不存在,但是它们都一定有与格结构。比如说,我们在前几章所提到的粤语就是一个好例子,(40)和(42)在粤语里基本上不能接受,但是它们的与格结构(39)和(41)却完全没有问题;按照陈淑梅(2001)、刘丹青(2001)等人的观察,其他汉语方言也有相类似的情况:很多方言都有与格结构的说法,却缺乏相对应的双宾语结构。这种种现象好像说出了一个道理:与格结构应该是三元述语的"底层"结构,而双宾语结构缺乏普遍性。①

(39) 我送咗一本书畀佢。我送了一本书给他。　　　　　　　(与格)
(40) ?? 我送咗佢一本书。我送他一本书。　　　　　　　　(双宾)
(41) 我卖咗一间屋畀佢。我卖了一间房子给他。　　　　　　(与格)
(42) *我卖咗佢一间屋。我卖了他一间房子。　　　　　　　(双宾)

虽然 Larson、周长银的分析能联系与格结构和双宾语结构,并且推导出正确的词序,但是,他们的分析并非完全没有问题。

首先,Larson(1988)认为双宾语结构的产生是通过间接宾语的"被动化"而提升到直接宾语之上,移位的目的是为了得到格位。这种讲法在八十年代的句法模式里还可以讲得通,但是,在 Chomsky(2000,2001a,2001b)所提出的新模式里,格位不再是诱发移位的原因。新的理论应该有新的分析方法,"被动化"应该有修改的必要。从新的理论出发,Larson(1988)对双宾语结构的分析也必须重新认识。

第二,周长银(2000)直接借用 Larson(1988)的"被动化"理论来分析普通话的双宾语结构在理论上存在一定的问题。Huang(1982)早已指出普通话不允许右附接(right adjunction)。(43a)是一个左附接的结构,而(43b)是一个右附接的结构。按照 Huang(1982)的观察,普通话只允许(43a),而(43a)和(43b)在英语中都可以接受。如果周长银(2000)是对的话,他必须解释为什么普通话双宾语结构允许右附接,但是其他的结构却不允许。此外,Kayne(1994)更进一步假定右附接在人类语言里是不为普遍语法所允许。如果我们同意Kayne(1994)的观点的话,那么,无论在普通话还是在英语里,(43b)的右附接结构都不能够接受。换句话说,双宾语结构"被动化"的分析在普通话和英语里都有一定的问题,(38)里右附接的直接宾语"一本书"是值得商榷的。

---

① 稍候我们会讨论为什么粤语不能接受双宾语结构。

(43)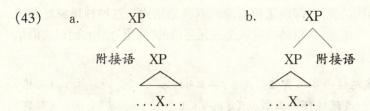

除了理论上的考虑外,句法上汉语的双宾语结构和与格结构并不完全一样。Kung(1993)和 Soh(2001)发现"各"和动量词"两次"可以出现在双宾结构的两个宾语中间;但是,它们却不能出现在与格结构的两个宾语的中间。从事实事实考虑,这两种句式应该有不同的结构。

(44) 张三送了那三个人各一份礼物。 (双宾)
(45) *张三送了那三份礼物各给二十个人。 (与格)
(46) 张三送了那个人两次礼物。 (双宾)
(47) *张三送了礼物两次给他们。 (与格)

既然 Larson(1988)和周长银(2000)的分析存在这些问题,我们应该提出新的分析方法,既可以维持一致的题元层阶,又可以联系与格结构和双宾语结构这两种句式的关系,却避免上述的困难。在下一节里,我们提出一个新的分析方法,并且能照顾汉语方言就双宾语结构的差异。

6.4 双宾语结构:间接宾语移位

基本上,我们同意 Larson(1988)的题元角色层阶,认为(30)的题元角色层阶是正确的(重复在(48))。

(48) 施事 > 受事 > 终点

按照(48)的题元层阶,表示终点的间接宾语比表示受事的直接宾语在句法层次上为低;换句话说,与格结构应该是最基本的结构。因此,我们同意 Larson(1988)和周长银(2000)的分析,表示终点的间接宾语作为动词的补足语,而直接宾语位于动词短语的指定语位置。动词从原来的地方移动到轻量动词 v 的位置(即 Larson(1988)所讲的"动词短语壳"),形成了与格结构正确的词序。(50)的树形图表达了与格结构推导的过程。①

(49) 张三送一本书给李四。

(50)

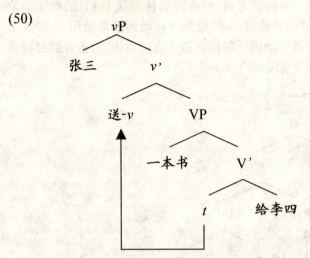

至于双宾语结构的问题,按照题元层阶,表示受事的直接宾语和表示终点的间接宾语应该分别占据动词短语的指定语和补足语位置,形成了直接宾语高于间接宾语的结构,基本上跟与格结构的"底层"结构相似。不过,在双宾语结构里,间接宾语没有任何的介词。根据这个看法,(51)是双宾语结构的部分树形图。

(51)

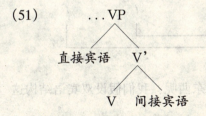

此外,我们认为双宾语结构应该比与格结构多了一个"额外"的

---

① 主语应该经过移位,从原来位于轻量动词短语指定语位置,提升到时态短语指定语的位置。

层次,我们暂时称它为"FP"("F"代表功能性"functional")。这个 FP 出现在动词短语 VP 和轻量动词短语 vP 之间,得出"vP + FP + VP"这样的层次结构。在拼读之前,间接宾语移到这个 FP 的指定语位置;动词从原来的位置经过 F,然后最终移动到轻量动词 v,形成了正确的词序:"主语+动词+间接宾语+直接宾语"。推导的过程可以用树形图(53)来表示。①

(52) 张三送李四一本书。

(53)

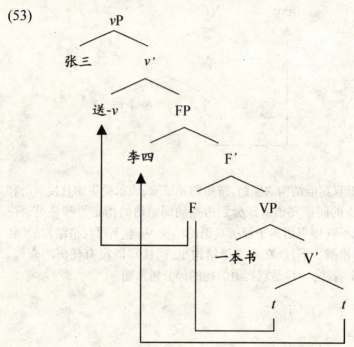

这个"额外"的"F"究竟是什么东西呢?我们假设双宾语结构这

---

① 另外的一种看法是把双宾语结构和与格结构区分开来,各自拥有独立的结构,没有从属派生的关系(Aoun and Li 1989, Hale and Keyser 1993, Bowers 1993 等,也可参考何晓炜 1999 的介绍)。本书不依从这种看法,主要是考虑到汉语方言的双宾语结构和与格结构似乎有一种派生的关系。还有,我们维持"受事>终点"的主张,不必设立两套题元角色层阶。

个F属于功能性词类,在(53)里,它是一个没有语音形态的空词类。① 我们认为这个功能性词类决定了一个句子是不是属于双宾语结构。那么,这个功能性词类在句子里实际扮演了什么角色呢?怎样跟其他的成分配合呢?

我们建议,在动词离开了原来的位置后,本来位于动词补足语位置的间接宾语进行了短语移位,移到位于FP的指定语位置。在我们的分析里,间接宾语移位的目的是什么呢?

我们不可能采用Larson(1988)的理由,因为在新的理论模式里,短语移位不能纯粹受格位所诱发。正如我们在前一章介绍过,FP的指定语是FP内最高的位置,属于FP的音韵边界(Chomsky 2000, 2001a,2001b)。我们认为间接宾语移位的其中一个重要的目的,是为了让间接宾语移到FP的音韵边界,在那里接受适当的语义解释。以(52)的例子为例,间接宾语"李四"本来应该在动词补足语的位置;在拼读之前,"李四"移到属于音韵边界的FP指定语位置,接受适当的语义诠释。F应该具有能够诱发间接宾语移位的词缀特征,这个词缀特征把间接宾语吸引到FP的音韵边界去。(53)的树形图可以利用括号的方式表达,例如(54)。

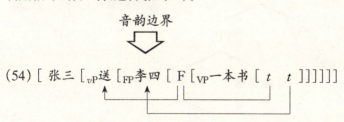

(54) [张三 [$_{vP}$送 [$_{FP}$李四 [F [$_{VP}$一本书 [t　t]]]]]]

我们这个分析有几个好处。首先,与格结构和双宾语结构的"底层"词序基本上是一致的,这两种句式的关系可以紧密地结合起来;而我们遵守同样的题元层阶,假设受事角色比终点角色为高。

第二,虽然我们也同样利用间接宾语移位来推导双宾语结构,但是,跟Larson(1988)的处理手法不同,我们认为间接宾语的移位不是

---

① 有关双宾语结构里存在一个"额外"的功能性词类,也见Marantz(1993)、Koizumi(1993)等人的分析和McGinnis(2001)对这个"额外"功能性词类的性质的讨论。

为了格位,而是受到 F 的词缀特征所诱发,移到 FP 属于音韵边界的指定语位置,接受若干语义诠释。在我们的分析里,间接宾语移位的动机是音韵和语义的,避免了理论上的问题。

第三,在我们的分析里,我们不必采用"被动化"的讲法。为了得出正确的词序,我们也不必需要运用右附接的方法。既能维持普通话不允许右附接的主张,又能符合 Kayne(1994)的假设。在理论上,我们的做法有一定的优点。

第四,我们提出的这个"FP"为普通话提供了一个在两个宾语之间可以让"各"和动量词附接的位置。假如普遍语法规定量化词必须附接在功能性词类上(Tang 1998a)。在双宾语结构里的两个宾语之间,由于多了一个功能性词类 F,这个 F 正好为量化词"各"和动量词提供了一个可以附接的位置,呈现了"主语 + 动词 + 间接宾语 + 各/动量词 + 直接宾语"的词序。(55)的"各"和动量词附接在 F' 之上。

(55)

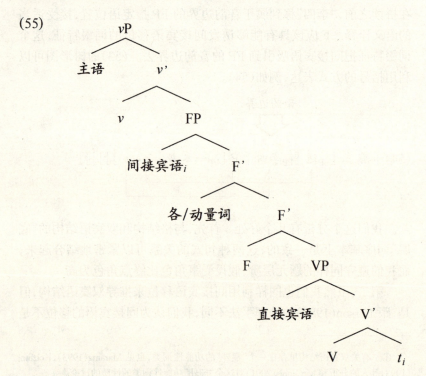

第六章 词汇的问题:双宾语和词项的存在与否

反过来,在与格结构里量化词"各"和动量词不能出现在直接宾语 NP 和间接宾语(=介词短语 PP)之间,理由很简单,就是因为 F 不在与格结构出现,直接宾语和间接宾语之间没有任何的功能性词类,可以让量化词和动量词有一个容身之所。如(56)所示,这两个宾语之间只有 V' 和 PP,这两个成分都是词汇性词类,并没有任何的功能性词类。

(56)

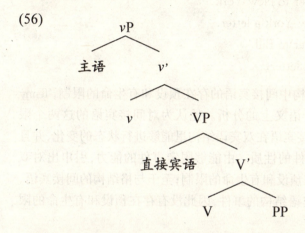

如果双宾语结构比与格结构多了一个功能性词类 F,我们有两个问题:(i)为什么双宾语结构多了一个 F 呢?(ii)这个 F 为什么夹在轻量动词短语 vP 和动词短语 VP 之间而不是出现在别的地方呢?

这个所谓"额外"的 F,说明了双宾语结构应该比与格结构多出一点意义。根据 Green(1974)的观察,英语双宾语结构和与格结构在意义上存在若干差异。首先,Green(1974:107)发现双宾语结构的间接宾语往往需要有一个存在的预设。比较(57)和(58)这两句,他觉得如果一个人不相信圣诞老人,只会说(57)而不会说(58);说(58)的人大抵相信圣诞老人的存在。

(57) Did you really write a thank-you note to Santa Claus?
(58) Did you really write Santa Claus a thank-you note?

此外,Green(1974:103)指出双宾语结构的间接宾语必须遵守有生命的限制。比较(59)和(60),我们可以发现没有生命的间接宾语"New York"不能进入双宾语结构;至于(61)和(62)的间接宾语"Bill",由于是一个有生命的名词短语,与格结构和双宾语结构都可以接受。

(59) He sent a letter to New York.
(60) *He sent New York a letter.
(61) He sent a letter to Bill.
(62) He sent Bill a letter.

对于双宾语结构中间接宾语的存在预设和有生命的限制,Tenny(1987)提出了一个语义上的分析。他认为对间接宾语的这两个限制,主要是要求间接宾语在双宾语结构里能够进行状态的变化,并且有限定(delimit)事件的性质。由能够限定事件的能力,引申出对双宾语间接宾语存在预设和有生命的限制;至于与格结构的间接宾语,由于不能限定双宾语结构的事件,因此没有存在预设和有生命的限制。①

根据我们的句法分析,间接宾语在双宾语结构的特殊限制也可以得到适当的解释。我们假设双宾语结构比与格结构多出了一个功能性词类 F。在推导的过程中,间接宾语从原来位于动词补足语的位置移动到 F 的指定语,就是 FP 的音韵边界。在 FP 的音韵边界里,间接宾语可以获得适当的语义诠释。所谓"适当"的语义诠释,应该包括 Green(1974)所讲有关间接宾语的存在预设限制,这种预设应该是一种广义的焦点作用。利用移位,起码我们可以为间接宾语的这种存在预设的限制提供一个合理的句法解释。

至于间接宾语在双宾语结构的有生命限制,我们认为这个限制跟功能词类 F 也有关系。根据最简方案,在句法结构里没有一个词类是没有任何语义功能的。那么 F 有什么语义功能呢?我们假定,

---

① 有关 Tenny(1987)对事件限定和双宾语结构的语义分析,我们不在这里详谈,有兴趣的读者,请参看该论文的讨论。

这个 F 在给予类的双宾语结构里表示"拥有"的意义。间接宾语从动词的补足语位置移到 FP 的指定语位置后,除了原来表示终点的意思外,它还作为 F 的"主语",成为了表示拥有意义的 F 的"施事者"。此外,在拼读之前,动词离开了原来的位置,超出了 FP 的范围,移到轻量动词(或者更高的位置)。经过间接宾语移位和动词移位之后,剩下来的 FP,里面的结构可以有(63)这样的词序;根据这个词序,我们可以把它诠释为:"间接宾语拥有直接宾语"。

(63) [间接宾语[F[直接宾语 ...

Dowty(1991)曾经讨论过典型的施事者应该是有生命的物体(例如人类),没有生命的物体一般较难成为施事者。按照(63)的表示,间接宾语作为 F 的"主语",在意义上它应该是"拥有"的"施事者"。换句话说,双宾语结构里的间接宾语也应该是一个有生命的物体。我们句法的分析正好解释了 Green(1974)的观察,而这些现象也间接印证了我们的分析应该是正确的。

至于刚才的第二个问题:这个 F 为什么出现在轻量动词短语 vP 之下呢?假设轻量动词 v 在语义上可以理解为一个使役述语(causative predicate),有"使、令"的意思(Larson 1988,Huang 1991,Hale and Keyser 1993,Cheng et al 1996 等)。从(65)的词序,我们可以为双宾语结构得出这样一个诠释:"主语使间接宾语拥有直接宾语"。比如说,(64)的意思是"张三做了一些事情(送)使李四拥有一本书"。(65)这个结构正好是双宾语结构的正确理解;双宾语结构基本上是一个使役句式。

(64) 张三送李四一本书。
(65) [张三[v[李四[F[一本书 ...

在下一个小节,我们会讨论 F 在汉语中的形态和相关的句法特点。

6.5 F 的形态

除了表示"拥有"的意思外,我们假设 F 还有另外一种意思:它在给予类双宾语结构里表示"拥有",在取得类双宾语结构里表示"失去"。跟表示"拥有"的 F 一样,表示"失去"的 F 在双宾语结构里也扮演一定的角色。比如说,(66)的意思基本是"张三做了一些事情(偷)使李四失去了一本书"。在(67)里,经过移位后,间接宾语"李四"作为 F 的主语,在意义上是"失去"的施事者;而轻量动词 v 则表达了主语"张三"使间接宾语"李四"失去了直接宾语"一本书"。

(66) 张三偷李四一本书。
(67) [张三[v[李四[F[一本书 …

我们认为"F"在普通话里可以是一个没有语音形态的成分,也可以显示为一个有语音形态的粘着语素:"给"或者"走"。在双宾语结构里,"动词+给"的"给"表示得到,是拥有义 F 的显现;而"动词+走"的"走"表示失去,是失去义 F 的显现。①

按照我们前文的分析,在双宾语结构的推导过程中,主要动词从原来的位置提升到轻量动词 v,其间必须经过 F。如果 F 显示为"给"或者"走",动词先移到 F 的位置,形成了一个复合动词"V 给"或者"V 走";然后动词继续移到轻量动词 v 后,整个复合词移位,把"给/走"一起带走,好像(68)的推导,形成了像(69)和(70)的双宾句子。

(68) [张三 [$_v$P 寄给/走 [FP 我 [给/走[VP 一本书 [寄 t]]]]]]

(69) 张三寄给我一本书。
(70) 张三寄走我一本书。

---

① F 能够显示为"给"和"走"的主张主要受到 Zhang(1998)和张宁(2000)的启发。在 Zhang(1998)原来的分析里,"V 给"句式的句法结构是(i),其中上层的 V1 显示为双宾动词而下层的 V2 显示为"给"或者"走",视乎意义而定;间接宾语(IO)是 V2 的指定语,直接宾语(DO)是 V2 的补足语。为了推导正确的词序,V2 的"给/走"进行移位,附接在 V1,形成"V 给/V 走"复合动词。她这样的分析某些地方值得商榷,比如说,怎样维持"受事>终点"的题元层阶?作为附接语的"给/走"为什么经过移位后出现在动词的右边?怎样解释上述(44)到(47)等句子的差异?本书把"给/走"独立为一个功能性短语有一定的好处。不过,除了具体的操作跟本书不同外,Zhang(1998)跟我们的基本精神还是一致的。
(i) [V1[IO[V2 DO]]]

第六章 词汇的问题：双宾语和词项的存在与否

有什么证据证明"V 给"和"V 走"是一个复合动词呢？在普通话里，这个复合词的特征非常明显，体标记(例如"了")必须出现在复合动词之后，而不能插在复合词的中间。

(71) 张三寄给了我一本书。
(72) *张三寄了给我一本书。
(73) 张三寄走了我一本书。
(74) *张三寄了走我一本书。

除了普通话的例子外，我们认为这个 F 在英语里似乎也可以显示为一个有语音形态的语素，这个语素就是出现在给予类双宾语结构中的"out"(cf. Emonds 1976, Koizumi 1993)。不过，跟普通话"给/走"不同，"out"不是一个粘着语素，不一定非跟着主要动词不可。(75)显示了"out"可以出现在两个宾语之间；根据 Emonds(1977)的观察，(76)有不同的语感：有些人认为"out"可以直接跟着动词，也有些人不能接受这个句子。

(75) The secretary sent the stockholders out a schedule.
(76) (*)The secretary sent out the stockholders a schedule.

有没有一个可能性，说"V 给"句型经由与格结构的介词短语移位推导出来？

汤廷池(1992)认为普通话的"V 给"句型是从与格结构推导，经过介词短语移位而形成；如果介词"给"进一步进行组并(incorporation)，那么，"给"在表面上消失了，形成双宾语结构。①按照他的讲法，"V 给"句型和双宾语结构的推导过程应该是这样：

(77) a. 动词　直接宾语　[$_{PP}$给　间接宾语]　→
　　　b. 动词　[$_{PP}$给　间接宾语]　直接宾语　t_{PP}　→
　　　c. [$_V$动词＋给]　间接宾语　直接宾语　t_{PP}　→
　　　d. [$_V$动词＋∅]　间接宾语　直接宾语　t_{PP}

虽然我们目前没有直接的证据否定(77)的推导过程，不过，从第

---
① 汤廷池把"incorporation"翻译为"并入"。

一语言习得的过程来看,简单的双宾语结构比"V 给"句型掌握得比较早,请比较下面的例子,引自周国光(1997)。(78)是由一个两岁小孩子所讲的双宾语结构的例子,而(79)是那个小孩子在三岁时所讲的句子,属于"V 给"句型。

(78) 再给我笔,我要写。　　　　　　　　　　　　　　(2 岁)
(79) 发给我一个糖。　　　　　　　　　　　　　　　　(3 岁)

　　如果双宾语结构经过介词组并而产生,为什么小孩子习得"V 给"句型比习得普通的双宾语结构晚呢?按照汤廷池(1992)的分析,"V 给"句型的推导应该是第一步,而普通双宾语结构的推导是第二步,跟习得的情况刚好倒过来。不过,根据我们的讲法,这个语言习得的现象有一个很合理的解释:小孩子先习得了 F 这个功能性词类,至于它的语音特征,则往往比较慢,造成了(79)的习得比(78)慢。大概这个事实正好反映了空语类比显性词类更为"经济"、更为"容易",空语类应该是作为所有词类的"基础"形式(邓思颖 2002a)。

　　根据朱德熙(1979)的观察,并不是所有的与格结构都能够进入"V 给+间接宾语+直接宾语"。比如说,(80)能说,但(81)不能说。由此可见,能说与格结构的不一定能说"V 给"句型,而我们推断与格结构的"给"跟"V 给"双宾语结构的"给"是不一样的:前者是介词,而后者是粘着语素。

(80) 我买了一本书给张三。
(81) *我买给了张三一本书。

　　在普通话里,双宾语"V+间接宾语+直接宾语"和"V 给"句型的关系更为密切,它们基本上是"同源"。按照朱德熙(1979)的观察,能说"V 给"句型,也就一定能说双宾语。根据我们的分析,"V 给"句型属于双宾语结构,只不过是功能词类 F 有语音形态而已。在很多情况下,F 可以自由显示为一个有语音形态的语素,特别是动词本身已经包含有一种给予的意义,例如(82)的"卖"。不过,如果动词本身并非表示给予义,例如(83)的"寄"和(84)的"写",F 必须显示为"给"(朱德熙 1979)。

(82) 张三卖(给)我一本书。
(83) 张三寄*(给)我一个包裹。
(84) 张三写*(给)我一封信。

至于表示失去义的 F,它也可以是一个没有语音形态的成分。①由于像"偷"这类动词本身已经有取得的意思,失去义 F 需要不需要显示为"走"是一项自由的选择。

(85) 张三偷(走)了我一本书。

对于某些说普通话的人来讲,下面的例子是有歧义的,属于所谓"双向"双宾语句子。按照他们的语感,"借"和"租"等动词既可以表示给予义(动作向外),也可以表示取得义(动作向内)。比如说,(86)可以有两个意思:"李四从张三那里得到一本书"(给予义)或者"张三从李四那里得到一本书"(取得义)。有鉴于这种歧义的现象,我们认为这类动词在双宾语结构里可以选择一个没有语音形态的表示拥有义或失去义的 F。②

(86) 张三借李四一本书。
(87) 张三租李四一间房。

如果我们上述的讨论是正确的话,给予义和失去义的双宾语句子都应该"同源",拥有相同的句法结构,那么,赋予源点题元角色(Source)的间接宾语应该原来衍生在动词补足语的位置。在拼读之前,表示源点的间接宾语移到 F 的指定语位置,形成了"间接宾语 + 直接宾语"的词序。在题元层阶里,受事角色应该比终点角色和源点角色为高,终点和源点都应该处于同一个层阶。考虑到源点角色的

---

① 张宁(2000)、徐杰(2001)认为"张三偷了我一本书"的"我一本书"并非组合成一个名词短语。
② 卢建(2002)指出在这类所谓"双向"的双宾语句子里,如果加了一个体标记"了",取得义会比较明显。她认为(ii)的取得义比(i)的强:
(i) 张三借李四一本书。
(ii) 张三借了李四一本书。
此外,张国宪(2001)和卢建(2002)还指出一些影响"双向"双宾语句子理解的语义、语用因素,有兴趣的读者可以参考他们的讨论。

地位,前文(48)的题元层阶应该修改为(88)。

(88) 施事 ＞ 受事 ＞ 终点,源点

受事角色比源点角色为高的句型在英语和古汉语都能找到例子。(89)的间接宾语"me"在语义上是动作、事物的源点,由介词"from"带领,出现在表示受事的直接宾语"a book"的右边。古汉语也有相似的例子,(90)的"先王"是源点,由介词"于"带领,出现在直接宾语"地"的右边。英语和古汉语的这些例子完全符合上述(88)题元层阶的分布,显示了受事角色比源点角色为高。

(89) John stole a book from me.
(90) 受地于先王。
　　(《战国策·魏策》)

英语和古汉语印证了(88)的题元角色层阶,然而,为什么普通话没有像(89)和(90)的句型?"□"是一个虚设的普通话介词。尽管符合了题元角色层阶,(91)在普通话是不合语法的。表示源点的"我"不能出现在直接宾语"一本书"的右面。

(91) *张三偷了一本书□我。

就我所知,(91)在汉语方言里也不能成立,似乎没有一个现代汉语方言允许源点的间接宾语出现在直接宾语的后面。为什么会这样呢?我们暂时没有很具体的解释,或许跟介词的性质有关:现代汉语(包括普通话和方言)缺乏一个出现在句末的源点介词,由于没有这样的一个介词,表示源点的间接宾语必须移位,移到 FP 的指定语,形成了"动词 + 间接宾语 + 直接宾语"的词序。

6.6　缺乏双宾语结构的理论分析

在第四章的讨论里,我们曾经提及过粤语基本上缺乏给予义的双宾语结构。以动词"卖"为例,跟普通话的情况不同,(92)在粤语里不能接受。唯一能说的,就是把这个句子改为一个与格结构,例如(93)。

(92) *我卖咗佢一本书。我卖了他一本书。

(93) 我卖咗一本书畀佢。我买了一本书给他。

为什么粤语缺乏给予义的双宾语结构呢？一个直截了当的方法，就是我们假定粤语这个情况跟功能词类 F 有关：

(94) 粤语缺乏一个表示"拥有"义的 F。

如果(94)是正确的话，表示给予义的双宾语结构在粤语里就跟本不存在。如果没有这个表示"拥有"的 F，间接宾语就不能移到直接宾语的前面，形成双宾语结构的词序。下面不合语法的例子进一步证明粤语缺乏了一个表示拥有义的 F。由于粤语缺乏一个表示拥有义的 F，也就因此缺乏一个有语音形态的 F(显形为"畀")和任何"V 畀"的复合双宾动词。跟普通话的情况很不同(比较(82))，(95)在粤语是一个不合语法的句子。

(95) *我卖畀咗佢一间屋。

然而，粤语并非完全没有 F。我们认为，粤语所缺乏的只是一个表示拥有义的 F，但却有一个表示失去义的 F。正如我们在第四章讨论过，如果动词表示取得义，例如(96)，粤语就允许双宾语结构："我"是源点间接宾语，"一个苹果"是受事直接宾语。这个句子能够成立，我们认为粤语跟普通话一样，有一个表示失去义的 F；(97)进一步证明我们的分析是正确的，F 能够显示为"走"，动词"偷"经过移位后跟"走"形成一个复合动词"偷走"。

(96) 佢偷咗我一个苹果。他偷了我一个苹果。
(97) 佢偷走咗我一个苹果。他偷走了我一个苹果。

(98)是句子(97)的推导过程：源点间接宾语"我"原本是动词"偷"的补足语，经过移位后，间接宾语移到 FP 的指定语位置；至于动词"偷"，首先移到 F 的位置，跟"走"结合，形成一个复合动词，然后整个复合动词继续移位，离开了 FP，形成了"动词＋间接宾语＋直接宾语"的词序。①

---

① 按照我们在第五章的讨论，粤语动词应该移到 vP 之上的一个功能性词类 X。具体的细节在这里从略。

(98) [佢 [$_{vP}$偷走 [$_{FP}$我 [走[$_{VP}$一个苹果 [偷 我]]]]]]

不过,请注意,粤语这个 F 显示为"走"的条件是必须牵涉到物体的空间转移。如果动作只牵涉到资讯的获得和思想上的交通传递,F 就不能显示为"走"。

(99) *我问走佢一条问题。

至于动词"教"的问题,我们在第四章曾经看过"教"在表面上好像能够进入双宾语句式里,例如(100)。

(100) 我教佢语言学。我教他语言学。

我们认为,(100)并不是那种表示典型的给予意义的双宾语,"佢"和"语言学"之间也没有一种拥有的关系。有趣的是,那个所谓直接宾语前面往往可以补上一个动词,表示掌握的意义,这是典型的双宾语句子所不允许的。请比较下面两句普通话的例子:

(101) 我教他(学)语言学。
(102) 我送他(*有)一本书。

因此,我们怀疑(100)的"语言学"并非双宾语句的直接宾语,而是作为"教"的"次谓语"(secondary predicate),隐含一个表示掌握意义、没有语音形态的述语。换句话说,(100)和(101)应该属于传统语法所描述的"兼语句"。如果我们的假设是对的话,粤语应该没有任何表示拥有义的 F,形成给予义的双宾语结构。

表面上,普通话允许给予义的双宾语结构,而汉语的一些方言,例如粤语,却缺乏这种结构。解释这个现象,一个直接的方法就是假设普通话和粤语的差异在于功能性词类 F 的存在和它的性质。粤语缺乏的是拥有义的 F,却有一个失去义的 F。我们的讨论可以总结在下面的表:

(103) 普通话和粤语在双宾语结构上的差异

	拥有义 F	失去义 F
普通话	OK	OK
粤语	*	OK

有关双宾语结构和"V 给"句型的关系,我们还有一个很有意思的观察。按照汉语方言的情况,双宾语结构和"V 给"句型有密切的关系。我们所看到的大致上有四种情况:

缺乏双宾语结构和"V 给"句型

客语属于这类语言,只有与格结构。①

(104) 我送一本书分你。我送一本书给你。
(105) *我送分你一本书。
(106) *我送你一本书。

跟客语的情况相似,属于赣语的安义话也没有双宾语结构和相应的"V 给"句型(万波 1997)。

(107) 我送得一本书到小李。我送了一本书给小李。
(108) *我送得小李一本书。

拥有双宾语结构和"V 给"句型

跟普通话一样,闽语(闽南话)允许与格结构、双宾语结构和"V 给"的句型(Tsao 1988,Cheng et al 1996)。②闽语的 F 可以是一个空语类,或者显示为"给"(或写作"互"、"hoo")。

(109) 我送一本册给伊。我送一本书给他。
(110) 我送给伊一本册。我送给他一本书。
(111) 我送伊一本册。我送他一本书。

属于吴语的苏州话,情况跟闽语差不多,都允许双宾语结构和相应的"V 给"句型(刘丹青 1997)。

---

① 感谢刘镇发提供客语的语料和语感。
② 请参考 Cheng et al(1996)对闽语与格结构提出的空算子移位的分析。

(112) 我要拨钞票拨耐勒。我要给钱给你呢。
(113) 我要拨耐钞票勒。我要给你钱呢。
(114) 我要还拨耐钞票勒。我要还给你钱呢。

缺乏双宾语结构、拥有"V 给"句型

根据储泽祥(1998)的记录,湖南的邵阳话只有与格结构和"V 给"句型,但缺乏双宾语结构。请参考以下邵阳话的例子:

(115) 把本书把我。给一本书给你。
(116) *把你一块钱。给你一块钱。
(117) 借把你一块钱。借给你一块钱。

张国宪(2002)在一篇报告中也指出,湘东赣语的安仁话、吴语的温州话和高淳话,以及大部分湘语都有相似的情况。

拥有双宾语结构、缺乏"V 给"句型

根据文献的记载,属于赣语的泰和话只能说与格结构和双宾语结构,但缺乏相应的"V 给"句型(戴耀晶 1997)。

(118) 我要还一笔钱得你。我要还一笔钱给你。
(119) 我送你一笔钱。我送你一笔钱。
(120) *我寄得你一封信。我寄给你一封信。

根据上述所列的汉语方言例子,差不多所有的汉语方言都允许与格结构(陈淑梅 2001、刘丹青 2001),我们认为与格结构是最基本的结构,反映了题元角色层阶"施事＞受事＞终点"的普遍性。由于双宾语结构比与格结构多了一个功能性词类,而且双宾语结构的推导牵涉到间接宾语移位,相比之下,双宾语结构并非一种理想的"经济"结构,因此,双宾语结构并非所有汉语方言都允许。①

此外,比较双宾语结构和"V 给"句型,我们发觉这四种汉语给予义双宾语类型穷尽了四种逻辑上的可能性:第一类包括粤语、客语、

---

① 我们认为移位是不经济的,因此造成双宾语结构的不经济,详见本书第五章有关移位的讨论。此外,刘丹青(2001)从功能的角度分析与格结构的经济问题,结论与本研究的看法相似。

安义话等;第二类包括普通话、闽语、苏州话等;第三类包括邵阳话、安仁话、温州话、高淳话等;第四类包括泰和话。

(121) 汉语给予义双宾语的类型

	双宾语结构	"V 给"句型
第一类	*	*
第二类	OK	OK
第三类	*	OK
第四类	OK	*

我们认为,第二、三、四类的语言应该跟第一类有本质上的差异:在第一类语言的词库里,表示拥有义的 F 根本不存在,因此双宾语结构和"V 给"句型都不能接受。至于在其他几类语言的词库里,表示拥有义的 F 是存在的,因此双宾语结构或"V 给"句型是可能接受的结构。至于这个 F 在这些语言里能不能显示为一个显性的词类(例如普通话的"给"),则是一个参数化的选择,跟 F 的形态、语音有关。参数定值就是首先决定词库里有没有表示拥有义的 F,如果有的话,下一步就是决定它的形态。这个参数定值的过程大致上可以用以下简单的流程图来表示:

(122)

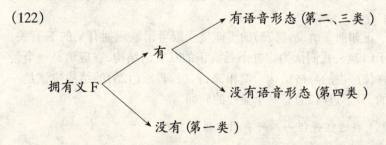

如果我们的讨论是正确的话,普通话和粤语的差异不完全是结构上的差异,而是属于词汇的差异:普通话有一个粤语没有的拥有义 F。词汇的差异,尤其是词项的存在与否,实际上是词类特征和语音特征的差异,这两种特征的差异符合我们提出的"显性参数化假定"。由于这些特征是显性的,从第一语言习得的角度来考虑,小孩子只能察觉和掌握显性的特征。根据 F 不能显示为给予义"畀"、不能形成复合动词"V 畀"等线索,小孩子就会推断给予义的 F 在粤语不存在,也就没有给予义的双宾语结构。相反,由于普通话的 F 能够显示为"给",而且能够组合成"V 给"复合动词,小孩子便会推断普通话应该有一个给予义的 F,允许双宾语结构的出现。

有关 F 的特征(特别是它的词类特征和语音特征)是属于参数定值的一部分,F 的存在与否是靠后天的习得。由于 F 的存在在人类语言的词库里不是必然的,双宾语结构也不是必然的结构;与格结构才是"基本"的结构,为大多数语言(包括大多数的汉语方言)所共同拥有。我们的分析解释了这个普遍的语言现象。

在结束本章的讨论之前,我们留意到粤语好像有一些双宾语结构的"反例"。我们在第四章里,曾经发现当粤语的直接宾语比较"重",就好像允许双宾语结构的出现。试比较(123)和(124)这两句,(123)的直接宾语比较"轻",而(124)直接宾语比较"重",我们就会发觉后者明显地比前者的接受度为高。

(123) ?? 我送咗佢一本书。我送了他一本书。
(124) 我送咗佢一本好有用嘅语法书。我送了他一本很有用的语法书。

为什么直接宾语的重量会使粤语在表面上能够接受双宾语结构呢?

正如前文所说,(123)的不能接受跟粤语缺乏拥有义的 F 有关;至于(124),我们认为它并不是真正的双宾语结构,它应该是一个经过移位产生的与格结构。简单来讲,(124)跟(125)的结构应该是一样的,只不过(125)有一个显性的介词"畀"。

(125) 我送咗畀佢一本好有用嘅语法书。

在前一章,我们讨论过与格结构的介词短语移位。由于粤语动词移到一个更高的位置,因此粤语与格结构允许"动词+介词短语+直接宾语"的词序。粤语介词短语移位的条件是直接宾语音韵上比较"重",或者是焦点之所在。(125)能够说正好符合上述的条件:直接宾语比较"重",因此介词短语"畀佢"能够进行移位。

(124)的情况是一样的:间接宾语也应该是一个介词短语,移到直接宾语的前面，只不过(124)的介词是一个没有语音形态的空介词"∅"。我们在第四章已经详细讨论过，粤语与格结构允许介词省略，形成所谓"倒置双宾语"的词序。(124)移位的介词短语事实上包含一个空介词，而移位的目的是为了焦点的缘故，条件是直接宾语音韵上比较"重"或者是焦点之所在。由于介词是空的，移位后，在表面上听起来跟一个双宾语结构的词序无异："动词 + ∅ + 间接宾语 + 直接宾语"。如果我们的分析是正确的话，(124)的所谓"双宾"句型并非真正的双宾语结构，而是从与格结构经过介词短语移位得出来的。(124)的推导过程可以用(126)的推导方式简单地显示出来。

(126) 动词 [$_{PP}$ ∅ 间接宾语] 直接宾语

此外，如果不能接受介词省略（即所谓"倒置双宾语"）的动词，例如"卖"，无论直接宾语有多重，"双宾语"的句型也是不能接受的。粤语这种"双宾语"的接受度跟动词的选择有密切的关系：不允许介词省略的动词，也不允许所谓"双宾语结构"。

(127) */? 佢卖咗一架车我。他卖了一辆车给我。
(128) *佢卖咗我一架揸咗一年嘅跑车。他卖给了我一辆开了一年的跑车。

当然，粤语还有一些双宾语的用法；不过，我们认为这些用法已经成为固定的、习用的熟语，有一定的历史原因和社会原因，例如从古汉语借过来的(129)和商业广告常用的(130)。相反，香港粤语却没有(131)和(132)这样的说法。(131)和(132)的"♯"表示它们并非不合语法，而是习惯上人们不是这样用，失去了原来的味道，已经牵涉到语用上的问题。

(129) 还我河山。还我河山。
(130) 畀你信心。给你信心。
(131) ♯还河山(畀)我。
(132) ♯畀信心(畀)你。

如果把间接宾语换成别的名词短语，例如(133)的"佢地"（他们）

和(134)的"小明",显然不能接受。这些不合语法的例子证明,(129)和(130)已经是固定的用语,并非由本书提出的双宾语结构推导出来的。

(133) *还佢地河山。
(134) *畀小明信心。

总的来说,粤语没有给予义的双宾语结构,原因是表示"拥有"意义的F不存在。粤语没有"V畀"的复合动词,也是由于F不存在的缘故。普通话和粤语就双宾语结构的差异并非句法上的问题,而应该是词汇的问题。把语言的差异局限在词汇差异上是符合我们建议的显性参数化假定,无论在理论上还是在实际上,我们对双宾语结构的分析都非常合理和有解释能力。

6.7 余论:如果你拥有,你不一定能给

我们在本章指出,粤语没有给予义双宾语结构的原因是由于缺乏了一个表示拥有义的功能性词类F。究竟缺乏这个F在类型学上有没有什么重要的意义呢?

Harley(1997)曾经提出了一个论断,认为"如果你拥有,那么你就能给"(if you have, you can give)。她的意思是说,如果一个语言有一个表示拥有意义的词,那个语言就一定会有一个表示给予意义的双宾动词。以下是她所给的假设:

(135) 有表示拥有关系的语言也一定有双宾语结构;没有表示拥有
　　　关系的语言则缺乏双宾语结构。

英语有一个表示拥有关系的动词"have",形成拥有结构,因此,英语是一个允许双宾语结构的语言,符合了(135)的描述。

(136) Mary had a book.
(137) John gave Mary a book.

根据 Harley(1997)的观察,爱尔兰语没有一个表示拥有关系的动词。比如说,(138)显示了爱尔兰语用"一支笔是在玛丽"来表示玛丽有一支笔,拥有的关系靠"是+在"的方式表达,缺乏与"有"相应的

第六章 词汇的问题:双宾语和词项的存在与否

动词(爱尔兰语的基本词序是"动词+主语+宾语")。有趣的是,爱尔兰语只有与格结构(139),而没有双宾语结构(140)。爱尔兰语的情况正好印证了Harley(1997)的论断。

(138) Tá an peann ag Máire.　　　　　　　　　　(爱尔兰语)
　　　是 冠词 笔 在 玛丽
　　　"玛丽有一支笔。"

(139) Thug Míleó caisearbhán do Bhinclí.
　　　送 米卢 蒲公英 介词 宾奇里
　　　"米卢送蒲公英给宾奇里。"

(140) *Thug Míleó Bhinclí caisearbhán.
　　　送 米卢 宾奇里 蒲公英
　　　"米卢送宾奇里蒲公英。"

究竟"有"和"给"有什么关系呢?Harley(1997)认为所有句子都由一些表示事件意义的(抽象)述语所组成:双宾动词"给"的深层结构由"使役"(CAUSE)和"拥有"(HAVE)所组成;至于动词"有",它的深层结构则由"是"(BE)和"拥有"(HAVE)组成。[①]以英语为例,双宾语结构和拥有结构分别有以下的深层结构,(142)的"使役"(HAVE)表达了双宾语结构基本上是使役句,而(144)的"是"(BE)则表达了句子的事件属于静止的状态。

(141) John gave Bill a book.　　　　　　　　　　(双宾语结构)
(142) John[CAUSE[Bill[HAVE a book]]]
(143) Bill has a book.　　　　　　　　　　　　　(拥有结构)
(144) Bill[BE[HAVE a book]]

按照Harley(1997)这样的分析,双宾语结构和拥有结构有相同的地方——在深层结构里都由一个表示"拥有"(HAVE)意义的述语所组成,因此,这两种结构就串联起来。如果一个语言没有表示"拥有"的述语,也就不可能有上述的两种结构。这种分析解释了为什么

---

① 这种看法跟我们在第三章介绍过的有关轻量动词的说法相似。

有(135)的论断。

按照这个思路,普通话符合了(135)的观察:普通话是一个既有拥有结构(145),又有双宾语结构(146)的语言。

(145) 李四有一本书。
(146) 张三送李四一本书。

不过,我们在本章已经详细地讨论过,粤语是一个缺乏给予义双宾语结构的语言。那么,按照 Harley(1997)的推测,粤语理论上也应该没有拥有结构,就如爱尔兰语的情况一样。然而,这个预测并不正确,粤语事实上允许拥有结构的句子。(147)的例子就跟普通话的情况一样,粤语动词"有"表示拥有的意义;除了显性的动词外,粤语还允许一个理解为拥有意义的空动词,在充足语境的条件下,(148)的空动词"∅"可以理解为"有"。因此,粤语并非一个缺乏表达拥有关系的语言,Harley(1997)的论断实在值得商榷。

(147) 我有一本书。我有一本书。
(148) 我 ∅ 一本书,佢 ∅ 一支笔。我(有)一本书,他(有)一支笔。

按照我们的参数理论,表示拥有意义的语义特征应该是具有普遍性的,所有语言都应该有这个特征,不能参数化;唯一可以参数化的就是如何把这个语义特征显示为适当的形式。换句话说,如何把词类特征、语音特征等配合这个语义特征是参数定值的问题,不同语言会有不同的定值方式,造成语言差异。

以普通话的情况为例,表示拥有的语义特征既可以显示为一个普通的动词"有"(即(149)有底线的动词),形成拥有结构;又可以显示为一个功能性词类 F,形成双宾语结构,就像下面的两种形式。按照我们在第三章介绍过的句法理论,(149)的轻量动词 v 应该是一个表示静止状态的述语"是"(BE),这个"是"选择了以"有"为中心语的动词短语 VP;而(150)的轻量动词 v 应该是一个表示使役意义的述语"使役"(CAUSE),选择了以 F 为中心语的 FP。

(149) ...[$_{vP}$ v [$_{VP}$ 动词   直接宾语   (拥有结构)
(150) ...[$_{vP}$ v [$_{FP}$间接宾语[$_F$ [$_{VP}$直接宾语 动词 ...(双宾语结构)

第六章 词汇的问题：双宾语和词项的存在与否

至于粤语的情况，表示拥有的语义特征只能显示为一个普通动词（例如"有"），而不能显示为 F，因此粤语缺乏双宾语结构。

然而，这个结论并不表示说粤语的使役述语不能选择一个以"拥有"为中心语的短语，从例子(151)我们可以发现，如果粤语表示拥有的语义特征显示为一个普通动词（例如"有"），那么它就能够被使役述语（例如使役动词"等"）所选择，形成使役句。

(151) 我等你地有一个美丽嘅回忆。我让你们有一个美丽的回忆。
(152) ...[$_{vP}$等[$_{VP}$你地[$_{V'}$有 ...

总结我们在本章的讨论，我们认为粤语没有给予义双宾语结构是由于粤语缺乏一个表示拥有义的功能性词类 F；缺乏这个功能性词类的原因是由于表示"拥有"的语义特征只能显示为普通动词，欠缺能够跟这个语义特征配合的功能性特征（例如词类特征和语音特征）。归根究底，粤语没有给予义双宾语结构的原因跟词汇的显性特征有关。按照本章的讨论，我们对汉语方言双宾语结构的差异应该有一个新的体会。

第七章 词汇的问题：
被动句和词项特征的性质

在这一章里,我们通过被动句的问题,探讨普通话和粤语就被动句的差异,还有普通话内部的几种被动句式的差异。我们认为普通话的"被"是一个被动动词,能选择一个小句(长被动句)或者动词短语(短被动句),但粤语的"畀"只能选择小句(长被动句)。我们认为只有词汇性较弱、功能性较强的被动动词才能进入短被动句。我们的理论还能够正确地解释普通话"内部"的情况,包括"被、叫、让、给"的差异。本章对普通话和粤语被动句差异的解释完全符合显性参数化假定——语言差异应该由显性特征(词类特征)参数来决定,而这种参数的定值是有等级性的。

7.1 引言:普通话被动句的分类

普通话被动句基本上可以分为两大类型,为了方便讨论,我们把这两种类型的被动句称为"长被动句"和"短被动句"。[①]所谓长被动句,就是指有施事主目的被动句。例如,句子(1)是一个长被动句的例子,"张三"是受事,而"李四"是施事。没有施事主目的被动句称为短被动句,例如(2)。

(1) 张三被李四打伤了。　　　　　　　　　　　　(长被动句)
(2) 张三被打伤了。　　　　　　　　　　　　　　(短被动句)

普通话被动句里"被"的句法地位一直是语法学家争论的问题。在文献上,大致上有两种说法:

首先是"介词说"。主张这个说法的学者有 Chao(1968)、吕叔湘

[①] 首先提出汉语长短被动句分类的是 Ting(1995,1998)。

第七章 词汇的问题:被动句和词项特征的性质

等(1980)、朱德熙(1982)、Li(1990)和不少现代汉语、汉语语法教科书的编者。根据介词说,"被"是一个介词。在句法上,它跟施事组成一个介词短语(PP)。受事主目衍生在宾语的位置,然后移位至主语的位置,如图(3)所示。图中的"e"代表一个空主语,而"t"表示经过移位后受事主目遗留下来的语迹。

(3) a. [e [$_{VP}$[$_{PP}$被 施事] 动词 受事]] ⇒
    b. [受事[$_{VP}$[$_{PP}$被 施事] 动词 t]]

介词说的分析基本上跟英语被动句的分析有一脉相承的地方。(4)是英语的被动句。从题元角色来考虑,位于主语位置的"John"是受事主目,而位于介词短语内的"Mary"是施事主目。按照比较简单的生成语法学的分析,受事的"John"原来位于宾语的位置,例如(5a);后来经过被动化移位,受事从宾语的位置移到主语的位置,形成了被动句的词序,例如(5b)。施事"Mary"可以不出现,如果出现的话,则由介词"by"带领,作为句子的状语/附接语。

(4) John was criticized by Mary.
(5) a. e was criticized John (by Mary) ⇒
    b. John was criticized t (by Mary).

由此可见,普通话被动句介词说的分析跟英语被动句的分析十分相似:受事主目进行移位,移到句子主语的位置,而施事则出现在介词短语内。唯一的不同是普通话被动句的介词短语出现在动词的左边,而英语被动句的介词短语出现在动词的右边,纯粹是词序的差异。

根据介词说,石定栩(Shi 1997,石定栩 1999)进一步提出普通话被动句有两个"被"字:一个是引领施事的介词,而另外一个是附加在动词上的被动形式标记,相当于附加于英语动词的被动标记"-en"。①

---

① Huang(1991:3)曾把短被动句的"被"分析为被动态标记(passive-voice marker)。吴庚堂(2000)也有类似的分析,他认为所有的普通话被动句动词前都有一个没有语音形态的被动标记。

他认为当介词"被"和被动标记"被"在同一句句子出现时,按照同音删略(haplology)的法则,①位置在后的被动标记"被"删除掉,形成长被动句。比如说,(6)是一个长被动句,"被李四"的"被"是一个介词,而动词前的"被"是一个被动标记。两个同音的"被"同时出现,第二个"被"必须进行同音删略,形成长被动句的句型。如果把这个介词短语拿掉,被动句只剩下一个被动标记"被",同音删略不必要了,形成了一句短被动句,如(7)。

(6) 张三[被李四]被打伤了。　　　　　　　　　　(被……被)
(7) 张三被打伤了。

按照石定栩的分析,(8)的"被"和(9)的"给"都应该是属于被动标记,类似英语被动句的"-en",表示被动意义。

(8) 张三被打伤了。
(9) 张三给打伤了。

除了"被"以外,他认为普通话还有其他的被动句介词,例如"叫/教"和"让"。② 由于介词"叫"和"让"跟被动标记"给"不同音,被动标记"给"不会受到同音删略的限制,可以跟介词"叫"和"让"共存。他利用(10)和(11)这两个例子作为支持这个分析的证据。虽然石定栩没有讨论到"被……给"的句型,但是我们发现(12)的句型是可以接受的。由于介词"被"跟被动标记"给"不同音,不受同音删略的影响。

(10) 我妈叫车给撞伤了。　　　　　　　　　　(Shi 1997:50)
(11) 我妈让车给撞伤了。　　　　　　　　　　(Shi 1997:50)
(12) 杯子被他给打破了。　　　　　　　　　　(朱德熙 1982:179)

对于普通话被动句的分析,第二种说法是"动词说"。主张这个说法的学者包括桥本万太郎(Hashimoto 1968,桥本万太郎 1987)、

---

① 沈家煊把"haplology"译作"掉音"(克里斯特尔 2000:167)。"Haplology"并非一种纯粹的掉音,而是指因同音而造成的语音省略。因此,我们依从石定栩(1999)的翻译把"haplology"译作"同音删略"。

② 由于"叫"和"教"在普通话同音,为了方面讨论,我们在下文统一用"叫"来表示这个语素。

第七章 词汇的问题:被动句和词项特征的性质

Yue-Hashimoto(1971)、Chu(1973)和近年的冯胜利(Feng 1990, 1995,冯胜利 1997,2000)、Ting(1995,1998)、Cheng, Huang, Li, and Tang(1996)、Huang(1999)、吴庚堂(1999,2000)、Tang(2001a)等。根据这个看法,"被"是一个动词,表示受事的主语受到某事件的影响,产生出普通话被动句所谓"不幸"的意思。

除了上述的学者以外,Chiu(1993)、Tsai(1993)、Cole and Wang(1996)、Tang and Gu(1998)、Zou(1998)、吴庚堂(1999)等人也赞同普通话的"被"是动词性而不是一个介词。不过,他们认为"被"本身是一个功能性词类。这种分析比较接近过去一种看法认为"被"是一个助动词(王力 1955,丁声树等 1961,黄正德 1988)。为了方便讨论,我们把主张"被"是一个动词和主张"被"是一个功能性词类都当作"动词说",跟前面所说的"介词说"对立。

按照动词说的分析,长被动句的动词"被"选择一个嵌套句(embedded clause),例如时态短语 TP(或者一个句子 S),而短被动句的"被"则选择一个动词短语(VP),形成一个连动结构。图中的"e"表示一个与受事主目有关的空语类。在长被动句里,施事主目是嵌套句内的主语;而受事主目作为"被"的主语,跟嵌套句内表示受事的空位"e"有若干句法上的联系。在短被动句里,受事主目跟从属的动词短语内的空位"e"也有若干句法上的联系。

(13) 受事[$_{VP}$被[$_{TP}$施事[$_{VP}$动词 e]]]　　　　　　(长被动句)
(14) 受事[$_{VP}$被[$_{VP}$动词 e]]　　　　　　　　　　(短被动句)

受事主目跟那个空位有什么句法上的关系呢?按照动词说的其中一种分析,在长被动句里,原来位于宾语位置的是一个空算子(null operator,用"Op"来代表)。这个空算子进行移位,在表面上附接在嵌套句 TP 上,并且受到最接近的主目(即左边的受事主语)所约束,如(15)所示。因此,空算子把主句主语跟嵌套句内的空宾语无论在句法上还是语义上都连接起来,紧扣了主句和嵌套句的关系(详见上述 Feng、Ting、Huang 等人的分析)。

(15) 受事[$_{VP}$被[$_{TP}$Op[$_{TP}$施事[$_{VP}$动词 t_{Op}]]]]

至于短被动句的情况,根据 Hoshi(1994)对日语的研究,Huang(1999)认为动词短语内空宾语位置原来是一个没有语音形态的大代语 PRO。这个大代语在动词短语内进行移位,移到动词短语指定语的位置,并且受到最接近的主目(即左边的受事主语)所约束,如(16)所示。因此,短被动句内的主语和空宾语必须有相同的指称。

(16) 受事 [$_{VP}$ PRO [$_{V'}$ 被 [$_{VP}$ 动词 t_{PRO}]]]

如果动词说是正确的话,长被动句和短被动句的主要分别是:前者的"被"选择一个嵌套句,而后者的"被"选择一个动词短语,它们的差异是有关"被"的"次范畴化"(subcategorization)的问题。

虽然普通话允许两种被动句,但是,这种现象并非所有汉语方言都一致。比方说,粤语就只有长被动句而没有短被动句。比较下面(17)和(18)两个例子,我们可以发现施事主目在粤语被动句中是一个不能缺少的成分。

(17) 佢畀我闹。他被我骂。
(18) *佢畀闹。他被骂。

施事主目的句法地位对汉语被动句研究和汉语方言比较来讲,都是一个非常重要的课题。被动句施事主目能否省略成为汉语方言之间的"重要差别","研究语法要注意这些差别"(张振兴 1999:242)。我们在这一章里主要讨论普通话和粤语被动句的差异,并且提出我们的分析方法。如果我们的结论是正确的话,"显性参数化假定"可以得到进一步的支持,而我们对汉语方言语法差异又有了新的认识。

在未提出我们的分析之前,先让我们解决普通话被动句的两个大问题:(i)"被"的性质和(ii)短被动句产生的方法。

7.2 "被"的词类地位

在上面的一个小节里,我们曾经介绍过有关普通话被动句介词说。根据介词说,普通话的"被"是一个介词。究竟这种说法对不对呢? 在以下的讨论里,我们回顾文献上针对介词说的一些说法。

首先,跟其他介词短语不同(例如"对李四"),"被 NP"不能进行移位(Ting 1998, Zou 1998, Huang 1999)。①

(19) *被李四张三昨天打了。
(20) 对李四张三很客气。

第二,"被"跟施事名词短语不组成一个短语(桥本万太郎 1987, Cheng et al 1996, Huang 1999)。从下面的例子,我们发现施事主目应该跟动词短语组合成一个成分,而不是跟"被"组合成一个成分。

(21) 他被张三骂了两声,李四踢了一脚。
(22) 他被[张三骂了两声],[李四踢了一脚]。

第三,反身代词可以指称被动句的施事主目(Chiu 1993, Cole and Wang 1996, Tang and Gu 1998, Huang 1999)。比如说,(23)的"自己"既可以指称"张三"又可以指称"李四"。假设汉语的反身代词只指称主语(Cole, Hermon, and Sung 1990),那么,(23)的施事主目"李四"应该具有主语的地位。

(23) 张三被李四关在自己的家里。

第四,(24)和(25)的差异反映了被动句的施事主目可以控制附接语的大代语 PRO,然而,真正的介词短语内的名词短语却不能控制大代语(Chiu 1993)。(24)的大代语指称"李四",得出"李四开车"的意思;但(25)的大代语却只能指称句子的主语"张三",开车的人只能是张三而不能是李四。因此,如果我们把(24)的"被李四"分析为介词短语,(24)和(25)的差异就不能解释了。

(24) 张三$_i$被李四$_j$[PRO$_{*i/j}$开车]撞到了。
(25) 张三$_i$为李四$_j$[PRO$_{i/*j}$开车]送钱给他妈妈。

第五,假如"被"是一个介词,在某些例子里,例如(26),"被"和后面的名词短语无法组合成一个介词短语(吴庚堂 1999)。显然,无论

---

① 贝罗贝(Alain Peyraube)和潘海华分别向笔者指出,并非所有的介词短语都能移位,例如(i)。我认为能够移位的介词短语局限于那些原来位于主目位置的介词短语(例如"对李四"),作为附接语的介词短语(例如(i)的"从美国")不能进行移位。
(i) *[从美国]他来。

从句法或者语义的角度,(26)的"被李四"都不可能分析成为一个介词短语。①

(26) 张三被李四派警察抓走了。

最后,介词说会碰上"介词流落"(preposition stranding)的问题。Shi(1997)认为普通话的"叫"跟"被"一样,都是介词。吕叔湘等(1980)曾经举过下面的例子,在普通话里"叫"后面的施事主目在某些情况下允许省略。众所周知,汉语不允许介词流落的现象。如果"叫"是一个介词,为什么(27)却例外地允许介词流落呢?对于介词说,允许汉语偶尔有介词流落的现象是一个理论上很严重的问题。

(27) 好大的雨,衣服都叫淋湿了。

(吕叔湘等 1980:268)

总的来说,这几个问题对介词说都是必须正视的问题。虽然站在介词说的立场,我们可以为每一个问题提出一个个别的解决方法,但是,对于建构一个解释充分的语言学理论,这是昂贵的代价。相反,动词说马上可以提供简单而统一的解释方法:施事主目是嵌套句的主语,属于嵌套句的一部分,因此施事主目可以跟动词短语走在一起(=问题二)、约束反身代词(=问题三)、控制大代语(=问题四);由于"被"和施事主目并非组合成一个成分,因此"被"和施事主目并不能移位(=问题一)和"被"后面允许比较复杂的结构(=问题五);由于"叫"不是介词,因此"叫"后面施事主目的省略根本不存在介词流落的问题。②

前面我们曾经介绍过,Shi(1997)在介词说的假设下进一步提出介词和被动标记同音删略的分析。除了介词说值得质疑以外,同音删略说也值得商榷。我们认为,长被动句不是经过同音删略得出来的。

首先,已知汉语方言基本上不允许"*被……被"的句型,例如

---

① Huang(1974)最早发现句子(26)的主语"张三"和"抓走了"的空宾语有一个无界依存(unbounded dependency)的关系。

② 有关施事主目省略的问题,我们会留待下文的讨论。

(28)。有趣的是,"给……给"却在某些北方方言中允许出现,例如(29)(Chao 1968,朱德熙 1982,Shi 1997)。按照 Shi(1997)的分析,(29)的第一个"给"是介词,而第二个"给"是被动标记;根据同音删略的原因,第二个"给"因为同音的原因应该被删略掉。为什么(29)却能够接受呢?此外,既然"给……给"的长被动句在某些方言允许出现,反过来看,为什么没有一个汉语方言允许像(28)出现"*被……被"的长被动句呢?

(28) *张三被车被撞了。
(29) 张三给车给撞了。

第二,按照介词说,长被动句(30)和(31)里的"叫、让"都是介词。既然"叫、让"跟被动标记"被"不同音,就没有必要进行同音删略。但是,从现存文献的记载(Yue-Hashimoto 1993,黄伯荣 1996),好像从来没有一个汉语方言允许像(32)的"*叫……被"或者(33)的"*让……被"的长被动句。为什么(32)和(33)是不合语法的呢?

(30) 张三叫车撞了。
(31) 张三让车撞了。
(32) *张三叫车被撞了。
(33) *张三让车被撞了。

第三,应用同音删略的条件不太清楚。根据 Shi(1997)的分析,长被动句可以经过不邻接的同音删略而产生。然而,汉语不邻接同音删略的例子值得商榷。比如说,Shi(1997)认为(34)的第二个表示进行体的"在"虽然跟第一个表示方位的"在"不邻接,由于同音之故,第二个"在"仍然必须删掉。我们发现,(34)的"在"不能出现似乎跟音韵无关。例如(35)的"在"虽然跟表示方向的"向"不同音,"在"也不能出现。或许汉语的句法规定表示进行体的"在"不能出现在表示方向、方位的介词短语之后,跟音韵无关。

(34) 他在地上(*在)爬。
(35) 他们向南(*在)撤退。

第四,尽管我们假设普通话允许不邻接的同音删略,然而,不邻接的同音删略并非处处都行得通。我们曾经在第四章讨论过,粤语由于动词"畀"(给)跟介词"畀"(给)同音,介词"畀"可以删略。类似的例子,在普通话里却不行。如果普通话允许不邻接的同音删略,为什么一方面在被动句(38)的"给……给"同音删略可以接受,但在与格结构(37)"给……给"的同音删略却不能接受呢?

(36) 我会畀本书(畀)你。我会给一本书给你。　　　　　(粤语)
(37) 我会给一本书*(给)你。　　　　　　　　　　　　(普通话)
(38) 张三给车(给)撞了。

　　第五,虽然不同音,"被动介词"和"被动标记"也不能共现。粤语被动句里除了"畀"(bei2,阴上声)以外(例如(39)),还有一个出现在短被动句但声调不同的被动成分"被"(bei6,阳去声)(例如(40))。① 按照 Shi(1997)的分析原则,粤语的"畀"和"被"应该分别分析为介词和被动标记。严格来讲,这两个成分同时在句中出现没有违反同音的问题,(41)应该是一句合法的句子。因此,(41)的不合语法对于同音删略说还是一个不能解决的问题。

(39) 佢畀(bei2)我闹。他被我骂。　　　　　　　　　　(粤语)
(40) 佢已经被(bei6)捕。他已经被捕。
(41) *佢已经畀(bei2)警察被(bei6)捕。*他已经被警察被捕。

　　第六,汉语短被动句的"被、给"不能跟英语的被动标记"-en"相提并论。在英语里,动词和被动标记之间不能插入任何的成分,(42a)的不合语法是由于副词"severely"出现在动词"beat"和被动标志"-en"之间。汉语副词"狠狠地"在(43)和(44)能出现在被动标记和动词之间显然反映了形态上"被、给"跟"-en"不同。

(42) a. *John was beat-severely-en.
　　　b. John was beaten severely.
(43) 张三被狠狠地打了一顿。
(44) 张三给狠狠地打了一顿。

---

① 有关粤语"被"的语法特征,请详见 Tang(2001a)的讨论。

第七章 词汇的问题:被动句和词项特征的性质

综上所述,汉语长被动句不是经过同音删略得出来的,而"被"也不是介词,介词说不能成立。留下来唯一的可能性是依从动词说,把普通话"被"分析为一个动词,这个动词选择一个嵌套句:在长被动句里,"被"选择一个有施事主目的嵌套句 TP;在短被动句里,"被"则选择一个没有施事主目的动词短语。

至于解释(45)(=(28))的不合语法,我们认为跟音韵无关,而纯粹是题元角色冲突的问题。根据被动句动词说,假设(45)有(46)的结构。(46)的第一个"被"选择 TP 作为嵌套句,是一个典型的长被动句句型。其中名词短语(="车")属于嵌套句内的主语,拥有施事的题元角色;另一方面,第二个"被"选择动词短语作为补足语,属于短被动句,作为短被动句"被"主语的名词短语(="车")应该跟动词后面的空语类"e"有相同的指称,拥有受事的题元角色。因此,(45)不合语法的原因很简单:违反了题元理论的基本要求——一个主目不能同时拥有两个角色冲突的题元角色。在语义上,"车"不能理解为既是动作"撞"的施事而同时又是"撞"的受事。同样的解释也适用于"*叫……被"、"*让……被"和"*给……被"等不合语法的句型。[①]

(45) *张三被车被撞了。
(46) *…被[$_{TP}$名词短语$_i$ [被[$_{VP}$动词 e_i]]]

我们在这一小节的结论是:普通话长被动句的"被"字不是介词,也不存在任何被动标记。因此,长被动句不是经过同音删略的方法得出来。动词说应该是正确的分析,长被动句的"被"选择一个嵌套句 TP 作为补足语,而短被动句的"被"选择一个动词短语作为补足语。长短被动句的不同跟"被"的次范畴化有关。

7.3 被动句施事主目的省略问题

假设汉语被动句动词说是正确的。有一种意见认为短被动句是从长被动句经过施事主目的音韵省略而得出来的(桥本万太郎 1987)。Huang(1999)认为在被动句内嵌套句的施事主语不能省

---

① 至于合语法的"叫……给"和"让……给"应该有不同的分析,详见下文的讨论。

略。①他特别用了不少篇幅论证汉语短被动句不是从长被动句经过施事主目音韵省略而来,从历时和共时两方面考虑短被动句产生的问题。以下是他所举的论证:

首先,一般来讲,在汉语"动词+名词短语+动词"的句式里,名词短语不能省略。

(47) *我逼李小姐改嫁了。

第二,短被动句最早产生于公元前约三百年,比长被动句的出现早了差不多五百年。

(48) 今兄弟被侵,必攻者,廉也;知友被辱,随仇者,贞也。
(《韩非子·五蠹》)

第三,历史上汉语长被动句动词后还可以补上一个代词宾语,例如(49)的"之";但是,短被动句好像从来没有补上代词宾语的例子。

(49) 被鸣鹤吞之。(《搜神记》)

第四,某些状语的出现说明了短被动句不是简单地从长被动句经过音韵省略而推导出来的。

(50) 张三被李四在学校骗走了。
(51) *张三被在学校骗走了。

第五,在所谓"无界依存"的被动结构里(见172页脚注),施事主目的音韵省略会导致不合语法的句子出现。

(52) 张三被李四派警察抓走了。
(53) *张三被派警察抓走了。
(54) *张三被李四派抓走了。

第六,假如短被动句是从长被动句经过施事主目的音韵省略而得出来,为什么有"所"字的被动结构不允许这种省略?

(55) 这些事情不能被他们所了解。

---

① 吴庚堂(2000)也有相似的看法。

(56) *这些事情不能被所了解。

　　第七,在某些长被动句里,原来的受事主目位置允许出现一个代词,即所谓"复述代词"(resumptive pronoun)。为什么施事主目经过音韵省略后,这个复述代词变得不合语法呢(类似古汉语(49)的情况)?

(57) 张三被李四打了他一下。
(58) *张三被打了他一下。

　　综合 Huang(1999)的论证,短被动句的产生绝对不是把施事主目进行音韵省略而推导出来的。长被动句和短被动句是两种不同的句式,应该拥有不同的结构。除了他所举的例证外,我们还注意到,虽然普通话被动句在表面上看不出从长被动句经过施事主目省略推导出来的"*他被打了"(=(59))和短被动句"他被打了"的分别,但是,粤语却有明显的区别。如果把粤语长被动句的施事主目省略掉,在表面上"*佢畀打咗"(=(60))是绝对不能接受的。

(59) *他被我打了。　　　　　　　　　　　　　　(普通话)
(60) *佢畀我打咗。　　　　　　　　　　　　　　(粤语)

　　假设施事主目在普通话和粤语长被动句里都不能省略。换句话说,无论在普通话或者粤语里,有一个空的施事主目"e"的长被动句(例如(61))都是不合语法的。

(61) *名词短语[被/畀[e 动词短语]]

　　我们在前文曾经引述过,Huang(1999)假设被动句的施事主目不能省略,特别是在汉语"动词+名词短语+动词"的句式里,表示施事主目的名词短语不能省略。然而,为什么这个施事名词短语不能省略? 在理论上又有什么根据呢?① 假设 Huang(1999)的说法是正

---

　　① 我在 Tang(2002b)一文讨论过像(i)的兼语句移位的问题。(i)和(ii)的主要差别是主要小句动词的音节问题。我在该文中认为单音节动词的兼语句不允许动词后面是一个语迹。
(i) *这些人,我要离开。
(ii) 这些人,我要求离开。

177

确的,被动句的施事主目不能进行音韵上的省略。我们知道在生成语法学的理论框架里,空语类还包括空代语(empty pronominal)和语迹。究竟我们有没有什么办法排除被动句的施事主目是其他类型的空语类?在以下的讨论里,我们将会论证长被动句内的施事主目既不能是空代语,也不能是语迹。

7.3.1 施事主目是一个空代语

按照生成语法学的理论,空代语主语可以分为两类:一类是出现在定式(finite)句子主语的小代语 pro,一类式出现在不定式(infinitive)句子主语的大代语 PRO。小代语只出现在定式句子里,而大代语只出现在不定式句子里。

虽然汉语表面上缺乏英语能够显示时态的形态,但是,我们认为汉语的句子也有定式和不定式的区别(Huang 1982,汤廷池 1988,Li 1990,C.-C. J. Tang 1990 等)。比如说,一般学者假设汉语根句(root clause)的动词,例如(62)的"来",是定式的。众所周知,汉语是一个允许主语脱落的语言。从生成语法学的理论模式来考虑,这个出现在定式动词前的所谓脱落的主语,其实是一个小代语 pro。至于英语的某些从属小句(subordinate clause),例如在例子(63)有不定式动词"to go"的从属小句,生成语法学学者一般假设这个从属小句有一个空的主语,而不定式动词的主语应该是一个大代语 PRO,这个大代语受到主要小句(main clause)的宾语"John"的控制。换句话说,从属小句的主语指称"John",去的人应该是 John。汉语的所谓兼语句,例如(64),其实由两部分组成:包括主要小句"我劝他"和从属小句"去"。参考英语例子(63)的分析,我们可以把(64)的从属小句分析为不定式,而这个从属小句应该有一个空的主语,由大代语来充当,并且受到主要小句的宾语"他"的控制。

(62) pro 来了。
(63) I persuaded John$_i$ [PRO$_i$ to go].
(64) 我劝他[PRO 去]。

回到汉语被动句的问题,要排除汉语被动句施事主目是一个空代语,我们必须否定施事主目是一个小代语和大代语的可能性。如

第七章 词汇的问题:被动句和词项特征的性质

上所述,汉语原则上允许小代语和大代语的出现,为了排除汉语被动句施事主目是一个空代语,我们有什么办法呢?

为了排除被动句施事主目是一个小代语,一个很自然的假设就是我们假设汉语被动句内的嵌套句 TP 是一个不定式的小句。如果那个嵌套句是不定式,它的主语就必须是一个大代语,而不能是一个小代语,像(65)的结构因而不能成立。

(65) *名词短语[$_{VP}$被[$_{TP}$ *pro* 动词短语]]

虽然我们没有直接的证据证明汉语被动句内的嵌套句一定是不定式,但是,如果我们上述不定式的假设是正确的话,这个假设可以为以下被动句种种表面上毫无相干的现象提供一个统一而简单的解释。①

首先,汤廷池(1988)和 C.-C. J. Tang(1990)假设在汉语不定式句子里,不定式动词不能进入正反问句的句式。假设情态动词"可以"选择一个从属小句"走",这个从属小句的动词是不定式,跟英语"You can leave"的"leave"一样。汤廷池(1988)和 C.-C. J. Tang(1990)发现这个不定式的动词不能进入正反问句,(66)是不合语法的。如果我们假设被动句的嵌套句也是不定式,(67)的不合语法就可以得到合理的解释了。

(66) *你可以[走不走]。

(67) *你被他[骂不骂]。

第二,Bošković(1997)指出英语不定式从属小句不允许动词短语省略(VP ellipsis)。Saito and Murasugi(1990)和 Lobeck(1995)根据这个现象提出一些理论上的解释。简单来讲,只有定式的动词能够准许动词短语省略。像(68)有事态的定式助动词"did"能够准许那个省略的动词短语"*e*",而(69)的不定式"to"却不能准许动词短语省略,因此(69)不合语法。

---

① 我们在这里的讨论虽然以普通话为例,但得出的结论也应该同样适用于其他汉语方言的长被动句。详见邓思颖(2000c)对粤语被动句的分析。

(68) John liked Mary and Peter did *e* too.
(69) *John believed Mary to know French but Peter believed Jane to *e*.

如果把动词短语省略的现象搬到汉语来考虑,我们发现典型的定式句子允许动词短语省略,例如(70)的"是"是一个定式的动词/助动词,可以准许后面被省略掉的动词短语。①如果被动句内的嵌套句是不定式(即(71)括号内的小句),那么,动词短语省略的不合语法可以得到一个合理的解释。

(70) 张三给了李四那本书,我也是 *e*。
(71) *那本书被[张三给了李四],那枝笔被[我也是 *e*]。

第三,否定极项(negative polarity item,也简称 NPI)例如汉语的"任何"必须受到否定词的约束。Li(1990)指出在汉语里,约束否定极项的否定词和否定极项本身必须出现在同一个定式句子里,而不能跨过两个定式小句。(72)的不合语法由于"任何"出现在一个作为动词"告诉"补足语的定式小句"你做任何事情",而否定词"没有"出现在主要小句里,否定词和否定极项分别出现在两个不同的定式小句。(73)的情况不一样,处于兼语句内的从属小句是不定式,位于主要小句的否定词和位于从属小句的否定极项虽然在不同的小句内,但是它们仍然处于同一个定式句子内,并没有跨过两个定式小句,因此(73)合语法。

(72) *我没有告诉过他[你做任何事情]。
(73) 我没有劝过他[去做任何事情]。   (Li 1990:21)

根据这个观察,如果假设被动句的嵌套句是不定式,否定词和否定极项并非处于两个不同的定式小句,因此(74)的合语法就可以得到合理的解释。

(74) 我没有被[他偷过任何东西]。

第四,汤廷池(1988)指出情态动词不能插进不定式小句里。

---

① Xu(1999)论证了有"是"的句子应该是动词短语省略的句子。

第七章 词汇的问题:被动句和词项特征的性质

(75)是一句兼语句,兼语句的从属小句是不定式,情态动词"能"的出现是不合语法的。如果我们假设被动句的嵌套句是不定式,(76)的不合语法也不足为奇。

(75) 我叫他[(*能)写一份报告]。
(76) 我被[他(*能)批评]。

综上所述,如果假设汉语被动句的嵌套句是不定式,上面四个问题都可以得到合理的解释。因此,我们有理由相信,被动句的嵌套句应该是一个不定式的小句。如果嵌套句是不定式,按照生成语法学的理论,不定式小句的主语不可能是小代语 *pro*。换句话说,被动句的施事主目不能是一个小代语。粤语被动句更有效地见证了这一点。

(77) *佢畀[*pro* 打咗]。他被打了。（粤语）

另一方面,如果被动句的嵌套句是不定式,为什么施事主目不能是大代语 PRO 呢?(78)的被动句结构有什么问题呢?

(78) *名词短语[$_{VP}$被[$_{TP}$PRO 动词短语]]

为了排除(78)的结构,让我们假设被动句的"被"是一个所谓"例外格位标记"(exceptional Case marking,或简称 ECM)动词。①这种动词原来指英语"believe"这类动词。(79)的动词"believe"选择一个嵌套句"John to be a genius","John"是这个嵌套句的主语。从动词的形态"to be"来看,这个嵌套句明显地属于不定式。按照生成语法学理论的假设,不定式动词不能指派一个格位给主语。因此,(79)的"John"不能从不定式动词"to be"获得任何的格位。唯一能够挽救这个句子的方法,就是主要小句的动词"believe"例外地指派一个格位给嵌套句的主语"John"。因此,这种能够从主要小句指派格位给嵌套句主语的动词称为例外格位标记动词。

(79) I believe[John to be a genius].

---

① Ting(1998)和 Huang(1999)也有相似的假设。此外,沈家煊把"exceptional Case marking"译作"特殊格标记"(克里斯特尔 2000:132)。我们这里依从汤廷池的翻译把"exceptional"译作"例外"是因为想避免因为"特殊"一词而引起的误会。

我们假设汉语被动句的"被"也应该分析为一个例外格位标记动词。已知(80)嵌套句内的动词"批评"是不定式,理论上,它不能指派任何格位给施事主目"李四"。如果"被"是一个例外格位标记动词,它可以指派一个格位给"李四",避免了(80)的不合语法。

(80) 张三被 [李四批评了]。

格位

有什么证据证明我们的假设是对的呢?如果是对的话,跟我们尝试排除嵌套句内大代语有什么关系?先让我们讨论第一个问题。

如果嵌套句内的施事主目从"被"获得格位,指派格位的"被"和接受格位的施事主目之间不能有任何的阻挡。我们认为(81)不合语法的原因主要是状语"大概"塞在"被"和"李四"之间,阻挡了"被"的指派格位,结果"李四"得不到任何格位而变得不合语法。[①](81)不合语法的原因跟(82)的应该是一模一样:状语"probably"阻挡了例外格位标记动词"believe"指派格位给"her"。在汉语里,如果主要小句的动词不是一个例外格位标记动词,而嵌套句的主语不是从主要小句的动词那里获得格位,状语的出现就不是问题。比如说,(83)的"相信"选择了一个定式的嵌套句,并不指派任何格位给这个嵌套句的主语"李四"。虽然在表面上状语"大概"塞在"相信"和"李四"之间,但是,(83)却是一个合语法的句子。

(81) *张三被[大概李四批评了]。

(82) *John expected yesterday her to leave.

---

① 冯胜利(2000)认为造成(81)不合语法的原因是状语阻挡了"被"和施事主目"李四"的合并。按照他的讲法,"被"是一个虚化的次动词,需要靠后面的成分以"组并"(或他所讲的"并入",incorporation)的方式"持助"。"'被'跟后面的名词之间不能有任何的成分,说明'被'需要后面名词成分'持助'的事实。如果'被'不能独立因此而需要后面的名词的'持助',那么当施事名词不出现时,则由后面的动词帮忙"(冯胜利 2000:293)。虽然表面上他的分析解释了(81)的不合语法,但是,施事主目的组并方式并没有详细交待。状语怎样阻挡那种"持助"关系?施事主目组并属于短语移位还是中心语移位?为什么施事主目进行移位后,词序还是"被+施事"而不是"*施事+被"?

第七章 词汇的问题:被动句和词项特征的性质

(83) 张三相信[大概李四不肯来]。

其次,从代词和反身代词的指称问题,我们有理由相信"被"是一个能指派格位的动词。(84)显示了代词"他"不能指称"张三",但(85)的反身代词"自己"却可以指"张三"。如果"被"是一个指派格位给施事主目的动词,按照约束理论(binding theory),"被"应该是一个管辖语(governor),而"张三"和"他/自己"都同在一个管辖范畴(governing category)内。①如果代词"他"在相同的管辖范畴内指称"张三",显然,约束理论 B 违反了——代词和它的先行语同在一个管辖范畴内;如果反身代词"自己"指称"张三",正好符合了约束理论 A——反身代词必须在管辖范畴内找到它的先行语。我们认为,(84)和(85)的现象正好跟英语(86)和(87)的情况完全一样:"believed"给"him/himself"指派格位,"John"和"him/himself"同在一个管辖范畴内。(86)的不合语法由于违反了约束理论 B,而(87)的合语法由于符合了约束理论 A。

(84) *张三$_i$ 被他$_i$ 吓了一跳。
(85) 张三$_i$ 被自己$_i$ 吓了一跳。
(86) *John$_i$ believed him$_i$ to be a genius.
(87) John$_i$ believed himself$_i$ to be a genius.

我们成功地论证了被动句"被"应该是一个例外格位标记动词。那么,怎样排除大代语出现在嵌套句主语的位置呢?

按照生成语法学理论,大代语 PRO 是一个不能接受格位的空语类。②显然,(88)(=(78))的不合语法是由于大代语错误地从"被"获得一个格位,违反了有关大代语的限制。这个限制正好用来解释英语(89)的不合语法:嵌套句的大代语从动词"believed"获得了一个格位。

---

① 虽然"管辖"(government)的概念在最简方案里已经取消了,但是为了方便讨论,我们仍然沿用管辖这个概念。

② Chomsky and Lasnik(1993)曾经提出过大代语 PRO 能接受一个所谓"零格位"(null Case)。有关零格位的问题不在我们的讨论范围内,我们仍然按照生成语法学理论的"标准"讲法,假设大代语不能接受任何的格位。

(88) *名词短语[$_{VP}$被[$_{TP}$ PRO 动词短语]]

(89) *John believed PRO to be a genius.

已知汉语被动句的嵌套句是不定式。假定这个不定式嵌套句的主语是一个大代语 PRO。由于理论上大代语不能接受格位,因此施事主目永远不能是一个空代词。粤语的例子(90)不合语法,说明了施事主目不能是一个大代语。①

(90) *佢畀[PRO 打咗]。他被打了。 (粤语)

无论如何,汉语被动句的施事主目都不能是一个空代语(小代语 pro 或者大代语 PRO)。在汉语的长被动句内,空代语施事主目违反了普遍语法的若干原则。在以下的一个小节里,我们将会讨论为什么施事主目不能是一个语迹。

7.3.2 施事主目是一个语迹

汉语被动句的施事主目有没有可能是一个语迹?从实际的例子,例如不合语法的(91),我们马上否定了这个可能性。黄正德(1988)、Feng(1990)和 Shi(1997)早已指出被动句的施事主目不能进行主题化,移到句子开首的位置。

(91) *李四$_i$,张三被 t_i 批评了。

为什么(91)不合语法呢?正如前文所讲,汉语被动句的"被"是一个例外格位标记动词,选择了一个不定式的嵌套句。据我们所认识,英语的例外格位标记句式并不禁止不定式嵌套句的主语进行移位。比如说,(92)的疑问词"who"是嵌套句的主语,它可以进行疑问词移位,在原来的位置留下一个语迹。

(92) Who$_i$ did Mary believe t_i to be crazy?

汉语长被动句和英语例外格位标记句式的最大差别是:汉语长

---

① Huang(1989)曾经提出一个分析小代语和大代语的统一理论——"概化控制理论"(generalized control theory)。Feng(1990)、Ting(1998:note 30)和邓思颖(2000c)曾经利用概化控制理论来排除被动句施事主目是一个空语类。

第七章 词汇的问题:被动句和词项特征的性质

被动句多了一个空算子"Op"。按照被动句动词说(Feng 1990 et seq,Chiu 1993,Tsai 1993,Ting 1995,1998,Cheng et al. 1996,Huang 1999,Tang 2001a 等人),长被动句嵌套句内有一个空算子 Op 衍生在受事主目的位置,然后这个空算子进行移位,附接在嵌套句之上,并且指称主要小句的主语,确保了主要小句的主语和嵌套句内的受事主目有相同的指称。(93)是一个显示了空算子移位的汉语长被动句结构。

(93) 名词短语$_i$[$_{VP}$被 [$_{TP}$ Op$_i$[$_{TP}$名词短语[$_{VP}$动词 ____]]]]

经过空算子移位后,我们认为附接在嵌套句上的空算子会形成一个"孤岛"(island),嵌套句内任何的成分都不能移离开这个孤岛,呈现了所谓"相关最小限度"(relativized minimality)的现象(Rizzi 1990)。请参考下面的结构:

(94) 名词短语 [$_{VP}$被 [$_{TP}$Op [$_{TP}$ 名词短语 动词短语]]]

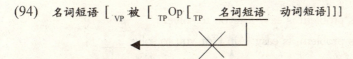

如果(94)的施事主目的名词短语尝试离开嵌套句,移到句子的开首位置,它必须跨过附接在嵌套句上的空算子。假设空算子在这个嵌套句形成了一个孤岛,(94)的移位就不合语法。因此,汉语被动句的施事主目不能进行移位(包括上述(91)的主题化移位),施事主目也就不能是一个语迹。

为什么英语的例外格位标记句却允许移位呢?理由很简单,英语例外格位标记句里没有什么空算子,也不存在移位孤岛的问题,因此像(92)的疑问词移位则绝对没有问题。

我们的分析除了解释施事主目移位的问题外,还可以解释其他成分的不合语法的移位现象。(95)是一个不合语法的例子,间接宾语"他的学生"不能进行移位,成为句子的主题。(96)的结构显示了为什么这个间接宾语不能移位:如果间接宾语进行移位,它必须跨过附接在嵌套句的空算子,违反了移位的限制,造成了(95)的不合语法。

(95) *他的学生$_i$,这种杂志被张三送了 t_i。
(96) 这种杂志 [$_{VP}$ 被 [$_{TP}$ Op [$_{TP}$ 张三送了他的学生]]]

除此以外,利用空算子分析汉语长被动句的方法跟分析英语所谓"tough 句式"相似(Feng 1990 et seq,Ting 1995,1998,Cheng et al. 1996,Huang 1999,Tang 2001a)。按照 Chomsky(1981)对"tough 句式"的分析,位于主要小句的形容词选择了一个嵌套句,这个嵌套句内的空算子原来是嵌套句动词的宾语,经过移位后,空算子附接在嵌套句之上,并且指称主要小句的主语。比如说,(97)是一个"tough 句式",它应该有(98)的结构。空算子原来是动词"solve"的宾语,经过移位后,附接在嵌套句之上,并且指称"the problem"。在意义上,"solve"的宾语跟"the problem"有关。

(97) This problem is easy for you to solve.
(98) This problem$_i$ is easy [Op$_i$[for you to solve ____]]

利用同样的分析,我们认为"tough 句式"内的空算子一样会形成一个移位的孤岛,阻止任何成分移离嵌套句。下面的英语例子证实了这一点。(99)是一个"tough 句式",如果我们企图想把嵌套句内的宾语移出去,例如(100)的"what",句子则不能接受。由此可见,空算子的移位导致孤岛的产生,结果什么东西都不能移离嵌套句。这个分析并不是专门为汉语的被动句而设,而是具有普遍性。

(99) This violin is easy to play the sonata on.
(100) *What is the violin easy to play on?

综上所述,如果我们的分析是正确的话,汉语被动句的施事主目不能是一个空语类。无论施事主目是一个空代语或者是一个语迹,都会违反若干句法的限制。因此,汉语长被动句的施事主目必须出现,不能省略,也不能是一个没有语音形态的空语类。

7.4 方言差异:被动动词的次范畴化

为了解释粤语没有短被动句,我们必须假设粤语的"畀"只能选择一个小句 TP 作为补足语;相反,在普通话里,"被"既可以选择一个小句 TP 作为补足语,也可以选择一个没有施事主目的动词短语 VP 作为补足语,形成短被动句。按照这种讲法,普通话和粤语就被动句的最大差异是那个被动动词的次范畴化。

(101) 普通话"被"可以选择小句 TP 或者动词短语 VP;粤语"畀"只能选择小句 TP。

为什么普通话的"被"和粤语的"畀"有不同的次范畴化呢?我们可以不可以进一步寻找这两个词差异的深层原因?我们发现,除了次范畴化的不同以外,这两个词还有其他差异。

首先,普通话"被"和粤语"畀"有不同的历史来源。虽然它们都是来源于动词,但是它们有不同的本义:"被"的本义是"披",并且引申为"覆盖、及于、蒙受"等意思(李珊 1994);而粤语的"畀"的本义应该是"给予、送"的意思(《说文解字》),粤语被动句的"畀"应该跟与格句/双宾句的"畀"(= (103))和使役句的"畀"(= (104))同源(桥本万太郎 1987)。

(102) 佢畀我闹。他被我骂。　　　　　　　　　　　　　(被动句)
(103) 佢畀本书我。他给我一本书。　　　　　　　　　　(与格句)
(104) 佢畀我离开。他让我离开。　　　　　　　　　　　(使役句)

不过,跟粤语的"畀"不一样,普通话的"被"不能进入与格句/双宾句和使役句。

(105) *张三被我一本书。　　　　　　　　　　　　　　(与格句)
(106) *张三被我离开。　　　　　　　　　　　　　　　(使役句)

其次,普通话的"被"和粤语的"畀"的词类似乎不是完全一样:粤语的"畀"拥有较多的动词性质。Mui and Chao(1999)发现表示经验体的体标记"过"可以依附于"畀"(= (107)),而"畀"也能够进入正反问句的句式(= (108))。

187

(107) 佢畀过我闹㗎喇。他曾被我骂过嘛。
(108) 你畀唔畀我闹，都係噉㗎喇。你是不是被我骂，都是这样的。

相对于粤语来讲，普通话的"被"绝对不能跟经历体的"过"在一起和形成正反问句。

(109) *他已经被过我骂了。
(110) *你被不被我骂都一样。

粤语"得"的出现进一步显示了"畀"句有较多的动词性质。粤语的"得"是一个表示限制焦点的助词，意义上约等同于普通话的"只"；在形态上，"得"只能附加在动词之后，是一个动词的后缀（邓思颖 2000b, Tang 2002a），例如，这个助词能够附加在(111)的动词"探"后。在被动句里，(112)的"得"能够也附加在"畀"后，这显示了"畀"应该是一个动词性的成分。

(111) 佢探得一个人。他只探一个人。
(112) 佢畀得一个人闹。他只被一个人骂。

我们上述的讨论可以总结为下面的描述：

(113) 粤语的"畀"比普通话的"被"拥有更多的动词性质。

从词汇性和功能性的划分，我们可以把(113)所讲的"动词性质"理解为词汇性和功能性的差别。假如一个历史上来源自动词的成分，保留越多的动词性质，就有越强的词汇性性质，就越像一个动词；相反，如果那个成分保留越少的动词性质，就有越强的功能性性质，就越不像一个动词。在汉语被动句里，粤语的"畀"比普通话的"被"有更强的词汇性性质；或者换另一个角度来讲，普通话的"被"比粤语的"畀"有更强的功能性性质。

回到我们前文提及的被动动词的次范畴化和长短被动句的选择问题，如果我们对"被"和"畀"的描述是正确的话，很自然地我们可以得出以下的结论：

(114) 只有词汇性较弱、功能性较强的被动动词进入短被动句。

(114)的结论，联系了被动动词词汇性/功能性的强弱和它们的

第七章 词汇的问题:被动句和词项特征的性质

次范畴化:词汇性较强/功能性较弱的被动动词只能选择一个小句作为补足语,得出长被动句;而词汇性较弱/功能性较强的被动动词既可以选择一个小句,又可以选择一个动词短语,因此允许了长被动句和短被动句。

除了能够解释普通话"被"和粤语"畀"的差异外,(114)还可以正确地描述其他的例子。正如我们在前文看过,普通话除了"被",被动动词还有别的选择:"叫"和"让"。

(115) 墨水瓶叫弟弟打翻了。
　　(吕叔湘等 1980:268)
(116) 活儿都让他们干完了。
　　(吕叔湘等 1980:495)

虽然过去的讨论大多数都会把"叫、让"和"被"等同,但是,我们发觉"叫、让"和"被"应该有不同的地方。以下的例子似乎说明了"叫"和"让"的词汇性应该比"被"强:"叫"和"让"可以用作普通动词和使役动词。

(117) 我叫你。　　　　　　　　　　　　　　　　　(普通动词)
(118) 我让你一次。
(119) 叫人为难。　　　　　　　　　　　　　　　　(使役动词)
(120) 让你久等了。

如果我们假设"叫、让"的词汇性比较强、功能性比较弱,按照(114)的结论,我们估计这两个被动动词只能进入长被动句,不能进入短被动句。下面例子的语感证明了我们的估计是正确的。

(121) *我妈叫撞伤了。　　　　　　　　　　　(Shi 1997:51)
(122) *我妈让撞伤了。　　　　　　　　　　　(Shi 1997:51)

但是,我们在前文曾经引述过一个例子,对某些人来讲,"叫"也能够进入短被动句,例如(123)(=(27))。虽然一般认为被动句的"叫"和"让"在口语里差不多可以互换,但是,正如吕叔湘等(1980:

406)指出,"让"绝对不能进入短被动句。①

(123) 好大的雨,衣服都叫淋湿了。

考虑到例子(123),我们认为"叫"的地位正在变化,对部分人来讲,它已经变为一个词汇性较弱、功能性较强的被动动词。既然"叫"已经是一个功能性较强的动词,就能选择一个动词短语作为它的补足语,得出短被动句的结构。

不过,无论"叫"的功能性如何强,它还是比"被"有较强的词汇性。起码它在普通话里还可以用作一个动词,而"被"却不能。然而,另一方面,"叫"和"让"的词汇性却不够粤语的"畀"那么强。比如说,它们不像粤语的"畀",可以加上经历体"过",(124)和(125)都是不合语法的。

(124) * 张三叫过李四教训一顿。

(125) * 张三让过李四教训一顿。

基于上述种种的考虑,我们假设汉语这些被动动词都是从动词演变出来,不过语法化的速度和过程却不一致。词类的词汇性和功能性也不能一刀切,词汇性和功能性的强弱是相对的概念,而且有程度之分。汉语被动句里的被动动词正好说明了这个道理,(126)的图谱总结了我们的看法:

(126) 畀 > 让 > 叫 > 被

在(126),越靠左边的词,词汇性就越强;越靠右边的词,功能性则越强。如果考虑到长短被动句的问题,我们可以这样说:越靠右边的被动动词,能够进入短被动句的机会越高。按照前文的讨论,"叫"可以作为一个"分水岭":"叫"左边的词只进入长被动句,"叫"右边的词能够进入短被动句,而"叫"本身的地位则有歧义,视乎方言或个人

---

① 不过,胡建华对笔者指出,按照他的语感,"叫"和"让"都可以进入短被动句。对于他来讲,(i)是可以接受的。我怀疑在他的方言里,"让"已经变得较为功能性,而"让"的语法化受到方言和个人差异的影响。

(i) 张三让打伤了。

第七章 词汇的问题：被动句和词项特征的性质

的差异。

把普通话的"被、叫、让"三者按照(126)这样的划分可以进一步得到下面例子的支持。"故意"这一类的副词跟主语意愿有关，要求主语必须有是一个"真正"的施事主目，具有动作施事的意愿。如果插入一个副词"故意"，这三个被动动词的相对差异就显示出来了。对于普通话的母语者，(129)的语感明显地比(127)好得多，不过，(128)就有不同的语感，有些人觉得可以接受，有些觉得有点奇怪，也有些觉得不能接受。这些语感正好反映了"被、叫、让"的差异，也支持了我们在(126)勾画出来的图谱排序。①

(127) *张三故意被李四打了。
(128) (?/*)张三故意叫李四打了。
(129) 张三故意让李四打了。

为什么"被、叫、让"和副词"故意"的搭配有这样的差异呢？按照我们前文的说法，"让"比"被、叫"保留了较强的词汇性特征，更接近一个典型的动词。我们可以进一步假设，只有词汇性较强的动词才能够给主语指派一个典型的施事题元角色，而功能性较强的动词则缺乏这种能力，引致副词"故意"的出现变得不能接受。②

此外，除了共时因素的考虑外，我们提出有关汉语被动动词"被、叫、让、畀"的划分可以得到历时因素的支持。语言发展的事实说明了"被"最早语法化，在战国时代已经进入被动句；至于"叫"和"让"，它们在清代才开始用作被动动词，显然它们进入被动句的年代比"被"迟得多(太田辰夫 1987)。有趣的是，比较"叫"和"让"两者，相对来讲，"叫"比"让"更早语法化进入被动句(太田辰夫 1987，顾穹 1992)。

至于粤语的"畀"，遗憾的是，现在有关粤语的历史语法文献相当缺乏，我们没有办法追溯"畀"在被动句的历时演变。魏培泉(1994)

---

① 感谢张宁向笔者指出了"故意"的问题和进行有用的讨论。
② Huang(1999)注意到如果"故意"重读，有强调的语气，则(127)会比较容易接受。为什么重读会改变(127)的语感？此外，究竟功能性较强的"被"指派什么题元角色给主语呢？这些问题都有待我们日后继续研究。

把"畀"和"与、乞"等表示"给与"意义的被动动词归为一类,认为它们属于南方方言的被动动词,跟属于北方方言的"叫、让"不同。①表示给与义的动词用在被动句里,相对于"被"来讲,产生的时代应该不会太早。大抵上,被动的"与"出现在唐代、"吃/乞"出现在宋元话本(江蓝生 2000)。可惜在缺乏证据之下,我们无法推断"畀"实际进入粤语被动句的年代。不过,反过来,从粤语"畀"的动词性性质来看,说不定"畀"的语法化过程比"让"还要晚。

虽然有关粤语"畀"语法化的推断纯属臆测,仍然有待将来历史文献的验证,但是,无论如何,"被、叫、让"语法化的历时过程为大多数学者所接受。这三个被动动词历时演变的事实正好跟我们在(126)所提出的词汇性/功能性图谱非常吻合,印证了我们的理论是正确的。②

除了上述我们讨论过的"被、叫、让"以外,普通话还有一个"给",可以用在被动句里。我们发现,"给"的不少特征跟"让"相似,比如说,它可以用作双宾动词和使役动词,具有动词的性质。此外,(132)显示了"给"跟副词"故意"搭配,也没有什么问题。

(130) 我给他一本书。　　　　　　　　　　　　　(双宾动词)
(131) 我给他离开。　　　　　　　　　　　　　　(使役动词)
(132) 张三故意给李四打了。　　　　　　　　　　(被动动词)

理论上,"给"的词汇性应该比较强。按照我们的分析,由于只有词汇性较弱、功能性较强的被动动词才能够进入短被动句,"给"应该不能进入短被动句。然而,(133)和(134)在普通话里都可以接受。表面上,(134)是一个短被动句的句式。

(133) 张三给李四打了。
(134) 张三给打了。

---

① 所谓南北方言的对立,详见桥本万太郎(1987)的假设。
② "让"有可能进一步语法化,成为一个功能性比较强的动词,见190页注释①。此外,至于古汉语短被动句"被+动词"和长被动句"被+名词短语+动词"的历史来源和(126)的关系,由于比较复杂,超出了本书讨论的范围,请详见 Tang(2001a)的讨论。

第七章 词汇的问题:被动句和词项特征的性质

Shi(1997)认为(134)的"给"是一个被动标记,表示被动的意思。我们在别的地方曾经详细讨论过这个分析的问题(Tang 2001a),并且列举了一些证据证明短被动句的"被"和句子(134)的"给"是完全不同的。首先,我们发现,只有"被"才能组成有被动意义的名词。"给"没有这个用法。

(135) 被告/*给告
(136) 被选举权/*给选举权

第二,正如前文指出,汉语被动句只有"叫……给"、"让……给"的例子,却不见"*叫……被"、"*让……被"的例子,例如(137)(=(32))和(138)(=(33))。这些不合语法的例子说明了我们不能把"给"和被动句的"被"等同。

(137) *张三叫车被撞了。
(138) *张三让车被撞了。

第三,只有"给"才能进入某些所谓"被动句"里,反而"被"却不行(吕叔湘等 1980:198)。

(139) 杯子弟弟给打碎了。
(140) *杯子弟弟被打碎了。

基于这些考虑,我们认为像句子(134)里的"给"跟"被"不同,并不表示被动意义。在句法上,这个"给"既不是被动标记,也不是被动动词。①我们认为(133)和(134)这两个"给"不是同一个词类:前者是出现在长被动句的被动动词,跟"被、叫、让"有相似的地位;而后者是一个表示"受影响"(affectedness)的标记,与被动无关(Tang 2001a)。这里所讲的"受影响"是一个语义概念,而"给"的作用是强化动作所及的主目的受影响意义。受影响主目与状态的转变和事件的有界有关。②以刚才(134)为例,"给"的作用就是用来强化受到动作"打"影

---

① 吕叔湘等(1984:198)也注意到(139)的"给"和被动句的"给"应该不同:前者分析为"助词"而后者分析为"介词"。
② 有关受影响的讨论,详见 Tenny(1987,1994)。

响的主目"张三"。

如果我们对"给"的假设是正确的话,至少可以解释为什么"给"可以进入"把"字句,例如(141)。

(141) 弟弟把杯子给打碎了。

(141)绝对不是从一句"把"字句和一句短被动句合并而来。假如(141)的"给"也是一个被动动词,地位和短被动句的"被"等同,至少我们可以把(141)的"给"换成"被",得出(142)。然而,(142)却是一句不合语法的句子。因此,我认为"给"根本不是一个表示被动意义的被动标记。

(142) *弟弟把杯子被打碎了。

事实上,(134)的被动意义并非来自"给"。在汉语里,受事主目前移也有被动的"味道",例如(143)。像(143)这样的句子,文献上一般称为"受事主语句"。受事主目"杯子"前移有被动的意义。① 如果我们在这个句子加上一个"给"字,我们可以发现,跟(143)比较,(144)的不同就是"给"赋予了受影响的意义,表示了杯子受到动作"打碎"的影响。至于在"把"字句里(如(141)),"给"的功能跟(144)的"给"一样,表示动作对受事主目的影响,有加强"把"的处置意义的作用。②

(143) 杯子打碎了。
(144) 杯子给打碎了。

我们把(144)的"给"分析为一个表示受影响的标记,可以进一步在汉语方言里得到佐证。在山东烟台话被动句里,"给"可以跟"被、叫、让"配合出现。不过,陈洪昕(1988)、张振兴(1999)指出"给"所带的名词短语必须是被动句受事的"领有者",而且"给"的作用是对领

---

① 有关这类句子的理论分析,见 Cheng and Huang(1994)、Shi and Tang(1999)、王玲玲、何元建(2002)。

② 根据王还(1984)的观察,"把"字句的"给"基本上只是"加重语气,并没有什么意义",不过,有"给"的"把"字句一定表示一种"损害"的意义。这种所谓"损害"意义似乎跟我们所说的受影响意义有关。

有者加以强调。比如说,(145)的"你"并不是动作"弄脏"的受事,而是"衣裳"的领有者,"给"就是强调这个领有者。

(145) 你的衣裳叫我给你弄脏了。

除了在被动句里,烟台话的"给"可以出现在下面的句子里。请注意,正如陈洪昕(1988)、张振兴(1999)指出,(146)并不等于"老牛被他拉走"的意思。在烟台话里,"给"的作用在于引进受事的领有者,起着强化语气、强调的作用。(147)基本上跟(146)同义,只不过缺乏了一种强调的意味。烟台话"给"的这种"强调"意义正是我们所说的受影响意义,跟被动意义无关。

(146) 老牛给他拉走。
(147) 老牛拉走了。

根据烟台话的例证,我们进一步假设那个受影响的标记"给"应该从"给+代词"派生过来。在意义上,那个代词复指受事主目(或与受事者有关的主目),而"给"的作用就是强调动作对这个受事主目的影响。

这个假设可以在闽语得到支持。闽语(闽南话)的"给"(或写作"互、hoo")是被动动词,而"共"[ka^{22}]强调受事主目的处置意义(陈法今1988)。基本上,(148)和(149)是同义,(149)的代词"伊"复指受事"碗"。"共"就是强调动作"拍破"(打破)对"伊"的影响意义。

(148) 碗给小弟共拍破。碗被弟弟给打破了。
(149) 碗给小弟共伊拍破。

(149)的代词"伊"经过语音的合并,并入了"共",得出了(148)。事实上,陈法今(1988)指出(149)的"共伊"可以快读成二合音[kai^{22}]。闽语的快读二合音似乎证明了(148)也曾经进行过语音合并的可能性。

基于闽语的例子,我们认为普通话表示受影响意义的"给"(=(144))后面也有一个复指受事主目的代词,只不过这个代词在普通话里强制性地经过语音合并,并入了"给"。普通话的这种"给"字句基本上跟处置句相似,"给"的功能就像(150)的"把"。①唯一的分别,就是"把"后面的代词不能省略,例如(151)。在被动句里,这个表示受影响意义的"给/把"后面的代词必须出现,指称被动句的受事,只不过"给"后面的代词进行了语音合并,并入了前面的"给",在表面上消失了。

(150) 张三被你把他骗得团团转。
(151) *张三被你把骗得团团转。

在前文讨论长被动句的时候,不少学者指出被动句内的受事主目进行过移位,在原来的位置留下一个语迹。基于这个分析,我们假设当受事语迹前面有一个表示受影响意义的标记"给/把",这个语迹必须显现为一个代词。在句法学里,这种代词可以称为"复述代词"。简单来说,这个复述代词显示了受事主目在移位前的原来位置。汉语被动句"给/把"后面的代词就是受事主目移位后留下来的语迹的语音显示。由于"给/把"后面的代词是受事主目的复述代词,它必须指称受事,不能指别的论元,例如施事主目。②

被动句这种有"给/把"字的句式大概来源自近代汉语的所谓"被动句/处置式的混合句"(简称"混合句")。(152)是一句见于元朝的混合句的例子,其中"先生"是施事主目,而"黄旗"是受事主目。③在近代汉语的这种混合式的被动句,受事主目没有经过句法移位,仍然停留在"把"之后。因为没有移位,所以没有任何语迹,也就根本没有任何的复述代词。

(152) 被先生把黄旗一摇。(元刊本《七国春秋平话》卷下)

---

① 例子(150)和(151)引自 Huang(1999)。在这种"把……被"的结构里,"被"前的受事主目和"把"后的成分有复指的关系,例如(150),或有领属关系/全体与部分的关系,例如(i)和(ii)(王力1955,丁建川、曹贤香2000)。
(i) 张三被刀把手割破了。
(ii) 全连战士被营里把一大半调走了。
② 按照生成语法理论,只有"非主目移位"(A'-movement)的语迹才可以显示为复述代词。介词说认为受事主目进行主目移位;跟介词说不同,动词说主张受事主目进行的移位是非主目移位。如果这里复述代词的分析是正确的话,则进一步支持了动词说。
③ 引自袁宾等人(2001)。

第七章 词汇的问题：被动句和词项特征的性质

根据袁宾等人(2001)的观察,近代汉语混合句基本上是缺乏主语的句子。这个现象不难解释:受事主目停留在"把"字之后,没有移至句子开首的位置,因此,混合句也就缺乏主语。

近代汉语的混合句似乎说明了在有"给/把"字的被动句里,受事主目应该衍生于"给/把"之后的位置,没有移至句子的开首位置。近代汉语的例子间接证明了我们的假设是正确的。到了现代汉语,衍生在"给/把"后面的受事主目必须移位,留下一个语迹,并且这个语迹显现为一个复述代词。只不过在普通话里,复述代词强制性地并入了前面的"给",形成了"受事主目＋给＋动词"的语序。

如果我们的假设是对的话,(144)的"给"是一个表示受影响的标记,并不是一个被动动词,不表示被动意义,而(144)也不是短被动句。如果像(144)等句子不算是短被动句,我们就可以简单地总结认为被动动词"给"只能进入长被动句而不能进入短被动句。由于它的特点跟"让"比较接近,我们把"给"和"让"放在上述(126)图谱的同一个位置,得出以下对普通话和粤语被动句描述得比较完整的图谱。事实上,把"给"放在那个位置也有一点儿历史依据。根据学者的考察,"给"进入被动句发生在很晚的时代,大概是清代,绝对比"被"的出现晚得多(魏培泉 1994,江蓝生 2000 等)。①

(153) 畀 ＞ 让,给 ＞ 叫 ＞ 被

如果从历时演变的观点,我们假定在(153)里,越靠左边的词语法化越迟;而靠右边的词语法化越早。从共时因素来考虑,(153)越靠左边的被动动词词汇性较强,只能进入长被动句;而靠右边的被动动词功能性较强,可以进入短被动句。因此,我们的结论是只有词汇性较弱、功能性较强的被动动词才能进入短被动句。被动动词能否进入短被动句视乎语法化的过程。②

---

① 至于受影响标记"给"的历时发展问题,不在本书讨论的范围之内,有待另文详谈。

② 根据(153)所列的图谱,并且以此为基础,我们可以进一步分析所有汉语方言被动动词的特性。有兴趣的读者,请参考 Yue-Hashimoto(1993)和张振兴(1999)所列的汉语被动动词的语料。

7.5 词类特征的参数化

在这一章里,我们通过被动句的问题,探讨了普通话和粤语就被动句差异的现象,还有普通话内部的几种被动句式的差异。我们赞同被动句的动词说,认为普通话的"被"是一个被动动词。

在长被动句里,被动动词选择一个非限定的嵌套句,而被动动词是一个例外格位标记,给施事主目指派一个格位。因此,施事主目不能是一个小代语或者大代语。由于嵌套句内有一个空算子,形成一个阻止移位的孤岛,嵌套句内任何成分(包括施事主目)都不能移位,施事主目也就不能是一个语迹。

普通话和粤语就被动句的一个最大差异是粤语缺乏短被动句。按照动词说,这个差异跟被动动词的次范畴化有关:普通话的"被"能选择一个小句(长被动句)或者动词短语(短被动句),但粤语的"畀"只能选择小句(长被动句)。为什么会是这个样子?

我们认为只有词汇性较弱、功能性较强的被动动词才能进入短被动句。普通话的"被"功能性比较强,粤语的"畀"词汇性比较强,故此造成次范畴化的差别。此外,我们的理论不仅能够解释普通话和粤语的差异,还能够正确地解释普通话"内部"的情况,包括"被、叫、让、给"的差异。历时的演变也证明了我们的理论是正确的,被动动词的词汇性/功能性的强弱跟语法化的过程有关。

按照本书采用的理论模式,词类特征的作用是标明了一个词的词类及其相关特点,包括词汇性/功能性等性质,用以区别词类。按照本书提倡的"显性参数化假定",词类特征能够出现在音韵部门内,而音韵部门所提供的信息最终转化为语音,为感觉运动系统而服务。这些特征都属于显性的特征,因此它们允许出现变异、可以参数化,普遍语法所提供的参数也可以跟词类特征有关。从理论上来考虑,本章对普通话和粤语被动句差异的解释完全符合显性参数化假定——语言差异由词类特征参数来决定。

我们认为这一章的讨论有两方面的重要性。首先,如果我们的分析是正确的话,证明了词汇性词类能够参数化。我们在第三章曾经提到"功能参数化假定"的主张(Fukui 1988, 1995)。按照这个主张,只有功能性词类允许参数变化,而词汇性词类则不能参数化。根

第七章 词汇的问题:被动句和词项特征的性质

据本章对汉语被动句的分析,长被动句的"被、畀"等词是动词,属于词汇性词类。我们发现这些被动动词的词类特征并非完全一致,语言之间存有差异。这些被动动词的词类特征允许参数定值说明了功能参数化假定的主张值得商榷;然而,我们提出的显性参数化假定却没有这个问题:参数化的特征是词类特征,这些特征属于显性的特征,能够在音韵部门内扮演角色,能够为通往感觉运动系统的接口提供信息,它们的参数化是可以接受的。

本章另外的一个重要性,就是通过普通话和粤语被动句的比较,还有普通话被动句"内部"的比较,我们发现在生成语法学的理论模式下,研究词汇的差异不能用"一刀切"的方法来考虑。词汇特征,特别是词汇性/功能性等性质,不一定是"非黑即白"的划分。有一些词具有典型的词汇性,属于词汇性词类;有一些词具有典型的功能性,属于功能性词类;但是,我们不能否认,在人类语言当中,也有一些词,它们的性质稍微有点儿模糊,可能是词汇性强一点,但不完全是词汇性词类;也可能是功能性强一点,但不完全是功能性词汇。一个描述上充分的语法,应该顾及到这种语言现状,不能机械地采取二分法。

在生成语法学广为接受的模式里,我们习惯把特征区分为正负值,例如元音[i],假设我们有两套特征[±高]和[±后],那么,元音[i]的特征可以描绘成[＋高,－后]。在原则与参数理论里,参数定值的过程往往理解为一个辨别特征正负值的过程。以划分词类为例,在这个模式之下,严格来讲,一个词要么是词汇性,要么是功能性,"半词汇性半功能性"的词类是不可能存在的。

我们提倡的模式就很不同,我们假设词汇特征(特别是词汇性/功能性性质)的这种"模糊性"是普遍语法所允许的,换句话说,"半词汇性半功能性"的词类在我们的模式里是可能的。普遍语法给每个语言的是一个框架,这个框架填一些什么性质,应该怎样来填,则是由后天来决定。有些性质是有正负值的("非黑即白"),但也有些性质是有等级性的("半黑半白")。可能受到不同语言群体的影响(语言之间的参数定值),或者受到不同历时因素、语法特征的限定(同一个语言内的词汇差异)。

我们提倡的模式对语言研究也应该有一定的突破:有一些词类的问题,我们不必像过去那样争论得喋喋不休。比如说,不能加体标记的词类能否是动词? 问这个问题,就好像问"不能飞的动物能否是鸟类?"毫无疑问,在我们一般人心中"典型的"、"公认的"鸟类应该会飞。但是,我们也不能否认有一些鸟类是不会飞的,例如鸡、鸵鸟、企鹅。词类划分也应该是这样子。[①]我们接受世界上存在一些功能性较强的动词,就正好像我们接受不会飞的鸟类一样。至于词汇性/功能性性质的设定,只要我们允许某种模糊性,不仅很多问题能够解决,而且能够把我们的眼光扩展到更广的领域上去,发现一些过去从来没有发现的现象。

---

① 读者可以参考袁毓林(1998:§10-11)从原型范畴的角度分析汉语词类的问题。

第八章 结 语

通过普通话和粤语的语法比较,我们对参数理论提出了严谨的限制,明确提出只有显性的特征才能够参数化。除此以外,人类语言的其他性质应该是一致的。我们希望今后汉语语言学的研究多重视方言、多注重方言句法的研究和多注重理论。以新思维研究汉语方言,发现新的问题,并且关心大多数人关心的问题。

8.1 对汉语方言差异的观察

汉语的历史悠久,覆盖的地域广阔,说的人众多。由于时代的变迁、地域的阻隔、人口的漂移,在这片辽阔的土地上,形成了不同的汉语方言。仔细观察,汉语方言之间同中有异、异中有同,成为值得语言学家研究的珍贵财产,也是窥探人类语言能力的一个窗口。

本书的研究对象是汉语方言。我们所关注的课题是汉语方言语法的比较,主要是比较普通话和粤语的语法异同。通过普通话和粤语的比较,不仅能够对这两种语言的语法特点有更深入的体会,我们还希望本书所观察得到的现象和提出的分析精神能够扩展适用于汉语"北方方言体系"和"南方方言体系"的语法对比。无论对汉语方言语法的研究还是历时和共时汉语语法的研究,都具有一定的普遍性和启发作用。

从传统方言学的研究方法出发,研究汉语方言的学者很多。不过,我们跟传统方言学者研究的方法不同,这本书所采用的分析方向是当代形式语言学的"参数理论"。参数理论是形式语言学的一种尝试解释语言差异的理论。通过对汉语方言的讨论,我们对参数理论提出了严谨的限制,明确提出了"显性参数化假定",认为只有显性的特征才能够参数化。显性的特征包括语音特征、词类特征和词缀特征。除此以外,人类语言的其他性质应该是一致的。用比较简单的话讲,就是说,隐性的部门(例如语义)在不同的语言里不应该有差异;至于一般人认为属于句法的问题,我们认为句法基本的操作、句法结构、句法限制等,在不同的语言里也不应该有差异,因为原则上这些部分是听不到、看不见的,不是后天学来的。例如,语言结构性的特点,似乎是一个跨语言的共性,没有一个语言没有结构性。语言结构性没有形态的显示,按照显性参数化假定,结构性本身不应该有差异。

造成语言表面差异的真正原因,应该由显性的成分所导致,例如音韵、形态、词汇等成分。一些过去所谓"句法差异"的问题,归根究底,都应该属于音韵、形态或者词汇的问题。如果我们想寻找语言的共性,就要从"核心"的部分入手——隐性成分;如果我们想解释语言的个性,那么,我们就要着眼于"形之于外"的因素——显性成分。我们在本书的任务,就是根据汉语的语料,尝试把语言差异的问题归纳到外在显性的因素,发展和完善参数理论的内容。从理论语言学、语言类型学甚至是语言习得的角度来考虑,本书的结论应该具有一定的理论参考价值。

我们研究分析的语言结构,集中在双宾语结构、与格结构和被动结构等句式,比较普通话和粤语的语法差异。对于汉语这三种结构,我们主要的观点和发现可以简单归纳如下:

表面上,粤语有一种"倒置双宾语",跟普通话双宾语的词序不一样。不少汉语方言语法学者认为粤语这种结构是由"倒置"而形成的,并且把这个特点视作方言语法的一个重要标志。不过,我们认为这种结构并不是由"倒置"所形成,而是属于与格结构的一种,从与格结构经过介词省略推导出来。普通话和粤语就倒置双宾语的差异只不过是由于粤语与格结构的介词有选择语音特征[可省略]的可能性,因此与格结构里的介词能够被省略;而普通话与格结构的介词没有这种可能性,也就没有所谓"倒置"的结构。过往一般的看法认为粤语倒置双宾语的形成属于句法的问题,甚至是句法结构的差异。根据我们在本书的讨论,普粤就倒置双宾语的问题根本不是句法的问题,而是属于音韵的问题,跟介词的音韵省略有关。我们的结论纠正了过去某些方言语法学者的看法,重新为这种所谓"倒置"的现象定位。

除了介词省略的问题,普通话和粤语在与格结构上也有一定的分歧:普通话允许介词短语移到动词前的与格结构,而粤语则允许介词短语紧贴动词的与格结构。为了解释这些现象,我们利用移位的分析,认为移位是造成普粤词序差异的原因,而诱发移位的特征是词缀特征。通过比较普通话、粤语和英语的词序,我们发现这些语言的差异在于动词移位:英语动词的移位比粤语的前,而粤语动词的移位比普通话的前,形成一个"英语＞粤语＞普通话"的动词移位层阶。导致词序差异的原因归纳到词缀特征的参数限制,词缀特征属于形态的问题,符合了显性参数化假定的精神。虽然移位的问题一直以来是属于句法学所管的,但是,我们感兴趣的是造成移位/语言差异的原因。我们认为诱发动词移位是词缀特征,造成动词移位的原因基本上跟形态、音韵有关。因此,归根究底,动词移位参数差异的本质应该是形态、音韵。再者,由于采用了移位这样新的理论,我们发现了不少普通话和粤语差异的新事实;而旧事实,在我们的分析里又有了新的诠释。过去汉语方言学者认为粤语拥有较多"后置"的特点,虽然它们在表面上毫无相干,但是在我们的分析里,都得到一个统一的、简单的、直接的解释。利用移位参数的概念,语言表面上复杂纷乱的现象都能够联系起来,普粤差异并非如一般人所想象的那么没有系统。

汉语方言学的不少文献都说南方方言(例如粤语)的"后置"成分"特别丰富",成为南方方言的一大特色,并由此而建立起洋洋洒洒的理论。根据我们对粤语"倒置双宾语"和与格结构的讨论,我们发现,粤语的那些所谓"后置"的现象应该起码区分为两种不同的类型:一种是"假"的"后置"现象,具体推导的过程跟句法移位无关,并非真正的后置,例如粤语所谓"倒置双宾语"就是一个很好的例子;另外一种的"后置"现象,是因别的成分移位而造成的滞后现象,形成"后置"的句式,例如粤语动词后的量化助词、焦点助词、后置状语等。如果我们的分析是正确的话,过去文献上所讲的南方方言的"后置"现象,应该重新分析。我们希望本书的发现能够让读者日后在描写粤语语法和其他汉语方言语法时,加倍小心和谨慎,务求符合描述上充分的基本要求。

除了"倒置双宾语"和与格结构外,我们还讨论过双宾语结构———种跟与格结构有关联的结构。在表面上,粤语的给予义动词缺乏普通话那样的双宾语词序。为了解释普通话和粤语就这方面的差异,我们认为在句法上普通话双宾语结构拥有一个功能性词类"F",表示"拥有"的意义。由于粤语给予义动词缺乏这个功能性词类,因此没有普通话那样的双宾语词序。虽然某些词的存在与否会造成句法结构的差异,属于句法学的问题,但是,词本身的差异跟词汇、语音有关,研究的重点还是在这些显性的特征之上。虽然我们提出的分析方法不一定十全十美,但是我们把普通的双宾语结构跟"V给"句型联系起来,希望在双宾语结构的类型学研究上有一些新的贡献,并且为日后汉语方言双宾语结构的研究打下一个起步的基础。

最后,我们通过被动句的问题,探讨普通话和粤语被动句的差异。普通话的"被"是一个被动词,能够选择一个小句,形成长被动句,或者选择一个动词短语,形成短被动句。至于粤语的"畀",它只能选择小句,形成长被动句,粤语没有短被动句。我们的结论是只有词汇性较弱、功能性较强的被动动词才能进入短被动句。这个理论完全符合显性参数化假定——语言差异应该由显性特征(例如词类特征)参数来决定。此外,这种参数的定值是有等级性的,词汇特征不一定是"非黑即白"的划分。有一些词具有典型的词汇性,有一些词具有典型的功能性,也有一些词的性质比较模糊。一个描述充分和解释充分的语法理论应该允许这种可能性。

根据过去汉语方言学的观察,短被动句在汉语方言的存在与否基本上是一个简单的"有"或"没有"的问题。遗憾的是,调查了表面的现象以后,就再没有深究"有"或"没有"背后的原因和意义。我们在本书的讨论里,尝试证明短被动句的问题并不只是一个"有"或"没有"的问题,而是跟被动动词的次范畴化和词类的性质有关。汉语方言被动句差异的核心问题是被动动词的问题,研究被动句也应该从被动动词入手。我们对汉语被动句的新发现,无论对汉语方言学的研究还是对现代汉语语法的研究,都应该有理论的价值。

第八章 结　语

　　基于本书的讨论,普通话和粤语的面貌会是这样:普通话是一个动词移位不前、较少音韵省略和词汇比较功能性的语言;而粤语是一个动词移位较前、允许音韵省略和词汇比较词汇性的语言。究竟这些特点能说明什么问题呢? 基于有限的资料,我们也很难在这里把这几个特点贯穿起来,并且下一个明确的结论。不过,如果光就移位和省略这两个特点而言,粤语似乎是一个在音韵操作上比普通话较为"丰富"的语言。粤语这些"丰富"的音韵特点跟这个语言的整体性质有没有什么关系,我们在这里也很难讲清楚。[①]不过,我们唯一能够肯定的就是这些"丰富"的音韵特点都是显性的,必须靠后天学习。

　　综合而言,我们所关心的是造成汉语方言语法差异的原因,并且把这些原因分类。从共时的角度出发,我们认为显性的特征是导致汉语方言语法差异的因素,包括音韵、词汇等因素。尽管汉语方言就某些句法结构会出现分歧,造成这些句法分歧的最终都是显性的形态、音韵等因素。小孩子的参数定值必须依赖听得到、看得见的外在语言环境。凭藉这些外在的因素,小孩子设定参数的值,为大脑里的语言机制塑造出自己的面貌,形成个别的语言。

　　显性参数化假定是一个研究语言差异的理论框架和分析方向,或者更准确地说,显性参数化假定是一个帮助我们认识语言差异和人类语言本质的途径。不管这个途径最终证明是对还是错,起码我们可以藉这个新的分析方法发掘和探索更多关于汉语方言有趣的、不为人知的新事实,加深我们对汉语方言以及人类语言的认识。

　　读者可以发现,我们在本书里力图把各种造成汉语方言语法差异的原因归纳到显性特征中去——语音特征、词类特征和词缀特征,把汉语方言语法的问题塑造成形态、音韵的问题。读者可能会误解,

---

　　① 有学者曾经把粤语那些所谓"后置"的句法特点跟粤语语音的某些特点联系起来,例如把粤语的入声都当作一种"后置"的成分,因而说粤语是一个"后置"成分特别"丰富"的语言(黄伯荣 1993)。不过,另一方面,我们却发现,比起其他汉语方言来讲,粤语音节之间的连读变调显得相当贫乏。贫乏的连读变调跟移位、省略等音韵操作又有没有什么"互补"的关系? 句子层面的音韵操作和音节层面的语音性质有没有关系是一个极具创意的课题,有待日后的研究。假若证实这样的关系真的存在的话,音节层面的语音性质将有助于句子层面的参数定值,对参数理论而言将会是一个重要的发现。

以为我们主张句法学(即一般人所讲的"语法学")在汉语方言的研究里没有地位。我们实在有责任在这儿澄清这个可能的误解。

本书总的研究范畴还是属于句法学,并以形式句法学的方式分析汉语方言。不管怎样归类,本研究绝对不是形态学的研究或者音韵学的研究。我们所关心的是怎样形成方言语法差异的问题,找出原因。把原因归纳为一些非句法因素并不代表我们否定句法学。一个是研究学科的层次(句法学),一个是研究结论的层次(显性因素),两者不能混为一谈,这是很明显的逻辑思维。没有句法学的理论,特别是原则与参数理论的句法学,我们没有办法达到上述的结论。

况且,在目前生成语法学最简方案所假设的语言机制模式里,句法、语义、形态和音韵具有互动的关系。句法学的研究不可能完全排除那些所谓非句法的成分,相反,近年对"句法－语义接口"和"句法－音韵接口"的研究越来越受到重视,怎样把句法因素跟语义、音韵等因素区分开来,或者把它们的互动关系讲清楚,极具理论和应用的价值。本书的工作,只不过是想通过汉语方言的比较,建立一个解释语言差异的理论,把导致语言差异的因素交给形态、音韵管,而让句法专管语言共性的部分。在生成语法学的"语法"概念下,句法、语义、形态和音韵的研究同样重要,不能偏废,把句法学从语法研究中强行割裂出来并且孤立地研究不一定行得通。

正如我们在本书第一章中指出的,我们希望透过本书的讨论达到以下两个目的:第一,我们希望藉形式语言学的分析方法,探讨过去传统的汉语方言学和汉语语法学所没有发现的新问题。第二,我们希望藉具体的汉语方言语料和实际的分析讨论,系统地介绍当前形式语言学所关心的问题,展示参数理论原则的概括性和解释性。

我们用参数理论研究汉语方言的语言特点,通过对普通话和粤语这两个语言的比较,我们发现了新的问题,并且对人类语言的语言机制和普遍语法的性质有了新的认识。另一方面,读者从我们的讨论中应该能够掌握形式语言学研究的基本精神,更深入地理解汉语方言语法的差异,明白怎样利用形式化的方式来分析汉语方言的语料,从而丰富汉语语言学研究的理论。因此,本书所提出的目的应该是达到了。

8.2 对汉语方言研究的展望

贯彻本书各章的讨论,我们的基本精神是:人类拥有天赋的语言能力,语言有共性的一面,所有语言都是平等的。造成语言差异的因素必须是显性的,能够从经验中掌握,通过后天习得,不可能有"看不到、听不见"的差异。怎样把这个观点明晰化、系统化地表达出来,属于形式语言学的一个重要任务。参数理论就是作为这种研究的一个尝试。

本书的工作就是通过汉语方言语法的比较,对参数理论提出了严谨的限制,明确提出只有显性的特征才能够参数化。除此以外,人类语言的其他性质应该是一致的。在双宾语结构、与格结构、被动结构等被一般方言学者认为有明显方言语法差异的结构里,我们的讨论都一一说明了显性参数化假定有一定的合理性,能够解释语言差异,帮助我们建构一个解释充分的语法理论,准确认识人类的语言机制和普遍语法的特点。

据我们所知,本书所讨论的语言现象(例如允许"倒置双宾语"、缺乏与格介词短语移位、丰富的动词后助词、缺乏普通的双宾语结构和"V给"结构、缺乏短被动句等)不光出现在粤语里,而且还出现在不少其他汉语方言里,特别是南方方言。碍于我们的知识水平,我们不可能把我们提出的理论逐一在每一个方言里讨论。而且,我们只选择了几种语言现象作为讨论的课题,说不上对汉语方言语法提出一个宏观性的蓝图,更说不上解决所有方言语法的难题。我们现在能够做到的是:一方面通过这本书为读者介绍参数理论的分析方法,引起读者对这方面研究的兴趣,另一方面建立一个研究汉语方言语法差异的示例,好让有兴趣用形式语言学来研究汉语方言语法的读者,有一个可以参考、批评的模式,以本书所采用的分析方法和研究理论作为工具,以本书所发现的结论作为出发点,为自己所说的或者所认识的方言进行调查研究,寻找新的问题、新的现象,并且反过来验证现存的理论,从而丰富汉语方言学和理论语言学的内容。

在结束本书的讨论之前,我们在这里想提出三点,与今后从事或有志于从事汉语语言学研究和汉语方言研究的读者分享。

第一点,我们希望汉语语言学的研究多重视方言。无论是哪一个学派,大多数研究汉语语言学的学者都以普通话为主要的研究对象。这种研究方向无可厚非,作为民族共同语和现代汉语的代表,普通话有重要的地位。研究普通话无论是在学术上还是在实用上都有它的必要性。不过,既然我们汉语有众多的方言,方言语料提供了丰富而多姿多彩的研究资源,我们可以从中发现很多普通话所缺少的现象,帮助我们对现代汉语的面貌有一个完整的理解,汉语方言资料实在是汉语研究的宝库。

研究方言的一个有效途径是比较分析。想找出某一个方言的语言特征,最直接的方法就是比较。通过比较,方言之间的差异就容易突显。以方言语法的研究为例,张振兴(1999:214)曾经指出过比较的重要性:"一是讨论普通话语法时要注意比较方言;二是讨论方言语法时要注意比较普通话;三是注意方言语法之间的互相比较"。无论是传统汉语方言学的研究还是以生成语法学为研究方向,比较研究都是一个非常重要的研究方法。汉语方言差异的研究正好作为人类语言差异的一种微观研究,而反过来说对汉语方言的深入研究也可以增加我们对人类语言差异的宏观认识。

第二点,我们希望汉语方言学多注重方言句法的研究。[①]正如我们在第三章里引述的过去一些学者的看法,他们认为汉语方言基本上只有语音和词汇的差异,而句法上有很大程度的一致性,没有什么差异(袁家骅等 1960、Chao 1968、吕叔湘 1982 等)。由于语音和词汇的差异比较容易察觉,过去不少有关汉语方言的研究都是集中在这两个方面,尤其是在方言的语音、音韵方面,取得显著的成果;然而,方言句法方面的研究相对地显得不够。

表面上,汉语方言句法相似的地方好像比差异的地方多,也许这种表面上的相似性是造成我们对方言语料缺乏敏感的一个原因。有时候方言之间在表面上有很多相似的面貌,它们的分歧不一定那么容易就能够察觉出来。明显的特点可能早已被一般的语法学著作或方言学著作描述过,但是,文献上描述过的特点绝对不是方言句法的

---

① 这里的"方言句法"基本上等同于一般汉语方言学文献所讲的"方言语法"。

全部。方言句法的研究仍然有空间可以发展,大有可为。

要完整描写一个方言的语音系统并不是那么困难,因为一个语音系统内的语音数量是极有限的;至于词汇的描写,虽然词汇的数量远比语音的数量要多,但只要花点时间,记录一个比较全面的词汇系统、标写出造词的规则应该不是做不到的事情。跟语音和词汇的研究不同,句法的研究就显得比较复杂。要穷尽造句的规则并不容易,起码至今还没有人敢承认他的研究能囊括一个语言所有的造句规则和正确预测所有合语法的句子。如果我们同意语言有生成的能力,我们的大脑应该能够衍生无穷无尽的新句子。要做好句法的描述实在不易,更不用说提升到解释的层次。

要准确描述一个方言的句法规则,我们必须依靠说该方言的母语者一步一步把藏在他们大脑里的秘密显露出来。没有母语者的语感,方言中微小的句法差别是不能轻易发现的。此外,我们在本书的讨论中也发现不少方言句法的问题实际上是跟其他部门有关的问题,例如音韵和词汇。如何区分哪些是句法问题、哪些是音韵问题、哪些是词汇问题,饶有趣味。无论对方言本身的认识,还是对语言机制实际运作的了解,方言句法学都能够提供一个入门的途径。正由于句法研究这种貌似"神秘"、但实际上具有挑战性的性质,使得方言句法成为一个极有研究潜力、极需要开发的新天地。

第三点,我们希望汉语方言研究注重理论。除了上述提过方言的相似性会造成汉语方言句法研究的障碍外,缺乏理论的指导是另外的一个障碍。正如我们在第二章里指出的,没有正确的理论观念,就连"语言"、"方言"等定义也搞不清楚,引起很多不必要的混淆,间接妨碍了方言的研究。

掌握一个好的语言学理论,就好像拥有一副性能良好的望远镜,把我们的视野带到更远的地方,观察到更细微的特点。面对复杂的语言现象,尤其是句法现象,我们总不能乱搞一通,东拉西扯,胡乱拼凑一个系统出来。怎样从千头万绪中归纳出道理、发现新问题,总得依靠一个有效的方法。有一个描述充分的理论,我们才能把语言的形式面貌描述得好,观察到我们应该观察的特点,把相关的要点展示给读者看。

除了描述的层次,汉语方言研究还应该最终达到解释充分的境界。当然,我们要搞清楚怎样的研究才算是达到了解释上的充分,这里牵涉到理论的问题,怎样为语言研究定位的问题。

由于汉语方言之间有密切的历史渊源和地域关系,文献上有些研究就是尝试从历时的观点来解释某些方言语法的现象,或者从语言接触的观点来说明方言之间的相互影响,以及造成某些语法现象的原因。这些研究当然非常重要,有助我们对方言流变有一个客观的认识。但是,如果我们从一个小孩子的角度出发,尝试理解他怎样习得一个方言的语法系统,把设定一个方言的面貌当作一种心理过程来看待,显然,历时演变和语言接触等"外部"因素对语言习得没有太大的作用。如果我们想通过方言语法比较,窥探出人类语言的特征,找出人会说话的原因和所受到的心理、认知限制,我们就不得不从语言"内部"的研究入手,探索这方面的解释。

本书的定位非常清楚,目的就是想通过方言比较找出造成语言差异的原因,而这些原因能够为大脑内的语言机制所接受。我们采用的理论框架是生成语法学,特别是原则与参数理论。生成语法学是一种研究语言的科学方法,有它的系统性和严密性,也是当今极有影响力的学科。这个学科值得从事或有志于从事汉语方言学研究的读者参考,作为研究的出发点。尽管生成语法学所牵涉到的复杂术语比较多,读者只要慢慢克服表面上的困难,细心领略形式化背后的主要精神和研究大方向,一定会有新的体会、新的收获。

虽然不能说生成语法学完美无缺,但起码经过这几十年众多语言学家的共同努力,这个学科至今已经发展成为一个具有解释能力的语言学学科,适用于研究任何一种人类语言,在很多的语言里都取得了丰硕的研究成果,已经是一门跨民族、跨国界的学科。本书通过生成语法学的讨论,特别是研究语言差异的参数理论,不仅解释了一些方言研究的"老问题",而且把我们的眼光扩大,使我们发现不少过去文献没有留意到的汉语方言新事实。由此可见,一个好的理论框架对汉语方言的研究有非常重要的影响。

总括而言,我们希望今后的研究能够多留意汉语方言语法,特别是有关句法的事实,以新的理论发现新的问题。作为从事汉语语言

第八章 结 语

学研究的一分子,我们需要把汉语语言学研究提升到一个高水平的新领域,用新的思维研究我们的语言。汉语方言语法的参数分析应该是今后汉语语言学和汉语方言学的一个可发展的新方向。

　　身为汉语方言的研究者,我们有没有想过如何让汉语方言的研究成果直接参与建构普遍语法和探索人类认知系统的工作?我们不能囿于有限的范围,必须关心大多数人关心的问题,思考怎样从我们丰富的汉语方言宝库中发掘新资料,把研究成果带到主流语言学理论的层次,让更多人尊重、认识和重视汉语方言。在这个面向世界、面向未来的年代,我们不仅希望汉语方言研究对汉语语言学有贡献,也希望能够对当今跨民族、跨国界的普遍语言学理论作出贡献,为研究人类语言的共性和个性、为窥探大脑认知的秘密给予一份启示。

参 考 文 献

陈法今,1988,闽南话的"互"字句,《华侨大学学报(哲社)》第2期,转引自黄伯荣主编(1996)。

陈洪昕,1988,烟台市方言被动句说略,《语言学通讯》(山东)第11期,转引自黄伯荣主编(1996)。

陈慧英、饶穗,1990,《广州话、普通话对照400句》,北京:北京语言学院出版社。

陈淑梅,2001,汉语方言里一种带虚词的特殊双宾句式,《中国语文》5:439-444。

程工,1994,Chomsky新论:语言学理论最简方案,《国外语言学》3:1-9。

程工,1999,《语言共性论》,上海:上海外语教育出版社。

储泽祥,1998,《邵阳方言研究》,湖南教育出版社。

戴耀晶,1997,赣语泰和方言的动词谓语句,收录于李如龙、张双庆编:《动词谓语句》,212-228,广州:暨南大学出版社。

邓思颖,2000a,自然语言的词序和短语结构理论,《当代语言学》3:138-154。

邓思颖,2000b,粤语量化词"得"的一些特点,收录于单周尧、陆镜光编:《第七届国际粤方言研讨会论文集》,425-433,北京:商务印书馆。

邓思颖,2000c,粤语被动句施事者的省略和"原则与参数语法",《中文学刊》2:243-260。

邓思颖,2002a,经济原则和汉语没有动词的句子,《现代外语》25(1):1-13。

邓思颖,2002b,粤语句末助词的不对称分布,《中国语文研究》2(总第14期)75-84。

邓思颖,2002c,数量词主语的指称和情态,将收录于《语法研究和探索(十二)》。

丁建川、曹贤香,2000,浅谈被字句,《岱宗学刊》2:75-76。

丁声树等,1961,《现代汉语语法讲话》,北京:商务印书馆。

冯胜利,1997,《汉语的韵律、词法与句法》,北京:北京大学出版社。

冯胜利,2000,《汉语韵律句法学》,上海:上海教育出版社。

高华年,1980,《广州方言研究》,香港:商务印书馆。

高名凯、石安石,1961,《语言学概论》,北京:中华书局。

高然,1999,再论汉语方言调查研究的作用与意义,收录于高然:《语言与方言论稿》,22-26,广州:暨南大学出版社。

顾钢,1999,"乔姆斯基理论"四十年发展概述,《天津师大学报》4:66-70。

顾穹,1992,论汉语被动句在历史发展过程中的变化规律,《东岳论丛》1:102-107。

顾阳,2000,导读,收录于 Andrew Radford:《句法学:最简方案导论(Syntax: a minimalist introduction)》,F10-30,北京:外语教学与研究出版社。

桂诗春、宁春岩,1997,《语言学方法论》,北京:外语教学与研究出版社。

哈特曼(R. R. K. Hartmann)、斯托克(F. C. Stork),1981,《语言与语言学词典》(黄长著等译),上海:上海辞书出版社。

何晓炜,1999,双宾语结构的句法研究,《现代外语》4:331-345。

何晓炜,2000,Chomsky 最简方案的新发展——《最简方案指框架》介绍,《外语教学与研究》32(2):147-151。

胡建华,1999,限制性句法:句法反对称理论,《当代语言学》2:44-52。

胡明扬,1981,北京话的语气助词和叹词,《中国语文》5:347-350,6:416-423。

黄伯荣,1959,广州话补语宾语的词序,《中国语文》84:275-276。

黄伯荣,1993,广州话后置成分较丰富,收录于郑定欧编:《广州话研究与教学》,45-50,广州:中山大学出版社。

黄伯荣主编,1996,《汉语方言语法类编》,青岛:青岛出版社。

黄皇宗,1991,《简明社交粤语:广州话·普通话对译》,中山大学出版社。

黄家教、詹伯慧,1983,广州方言中的特殊语序现象,《语言研究》2。又收录于詹伯慧,1993,《语言与方言论集》,254-264,广州:广州人民出版社。

黄景湖,1987,《汉语方言学》,厦门大学出版社。

黄正德,1988,汉语正反问句的模组语法,《中国语文》4:247-264。

江蓝生,2000,《近代汉语探源》,北京:商务印书馆。

克里斯特尔(David Crystal),2000,《现代语言学词典》(沈家煊译),北京:商务印书馆。

李敬忠,1994,《语言演变论》,广州:广州出版社。

李临定,1990,《现代汉语动词》,北京:中国社会科学出版社。

李荣,1989a,中国的语言和方言,《方言》3:161-167。

李荣,1989b,汉语方言的分区,《方言》4:241-259。

李如龙,2001,《汉语方言学》,北京:高等教育出版社。

李珊,1994,《现代汉语被字句研究》,北京:北京大学出版社。

李新魁,1994,《广东的方言》,广东人民出版社。

李新魁等,1995,《广州方言研究》,广东人民出版社。

李行德,1994,粤语"晒"的逻辑特点,收录于单周尧编:《第一届国际粤方言研讨会论文集》,131-138,香港:现代教育研究社。

李亚非,2001,多变的语序、统一的词组结构,《中国语文》1:16-26。

力提甫·托乎提,2001,《维吾尔语及其他阿尔泰语言的生成句法研究》,北京:民族出版社。

理查兹(Jack C. Richards)等,2000,《朗文语言教学及应用语言学辞典》(管燕红译),北京:外语教学与研究出版社。

刘丹青,1997,苏州方言的动词谓语句,收录于李如龙、张双庆编:《动词谓语句》,1-20,广州:暨南大学出版社。

刘丹青,2001,汉语给予类双及物结构的类型学考察,《中国语文》5:387-398。

刘镇发,2001a,《"客家"——误会的历史、历史的误会》,学术研究杂志社。

刘镇发,2001b,《香港客粤方言比较研究》,广州:暨南大学出版社。
卢建,2002,影响予夺不明双宾句语义理解的因素,发表于国际中国语言学学会第 11 届年会,日本爱知县立大学。
吕叔湘,1982,《语文常谈》,香港:三联书店。
吕叔湘等编,1980,《现代汉语八百词》,北京:商务印书馆。
马庆株,1992,《汉语动词和动词性结构》,北京:北京语言学院出版社。
马真,1981,《简明实用汉语语法》,北京:北京大学出版社。
麦耘,2001,广州话以"佢"复指宾语的句式,发表于第八届国际粤方言研讨会,暨南大学。
麦耘、谭步云,1997,《实用广州话分类词典》,广东人民出版社。
欧阳觉亚,1993,《普通话广州话的比较与学习》,北京:中国社会科学出版社。
欧阳伟豪,1998,也谈粤语"晒"的量化表现特征,《方言》1:58 - 62。
乔砚农,1966,《广州话口语词的研究》,香港:华侨语文出版社。
桥本万太郎,1987,汉语被动式的历史・区域发展,《中国语文》1:36 - 49。
清水茂(Shigeru Shimizu),1972,粤方言双宾语の词序,收录于《鸟居久靖先生华甲纪念论集——中国の言语と文字》,193 - 208,天理:天理大学。
饶秉才等,1981,《广州话方言词典》,香港:商务印书馆。
沈阳、何元建、顾阳,2001,《生成语法理论与汉语语法研究》,哈尔滨:黑龙江教育出版社。
石定栩,1999,"把"字句和"被"字句研究,收录于徐烈炯主编:《共性与个性——汉语语言学中的争议》,111 - 138,北京:北京语言文化大学出版社。
石定栩,2002,《乔姆斯基的形式句法——历时进程与最新理论》,北京:北京语言文化大学出版社。
石毓智、李讷,2001,《汉语语法化的历程——形态句法发展的动因和机制》,北京:北京大学出版社。
司富珍,2002,多重特征核查及其句法影响,北京语言文化大学博士论文。

宋国明,1997,《句法理论概要》,北京:中国社会科学出版社。
太田辰夫,1987,《中国语历史文法》,北京:北京大学出版社。
汤廷池,1979,《国语语法研究论集》,台北:台湾学生书局。
汤廷池,1988,《汉语词法句法论集》,台北:台湾学生书局。
汤廷池,1989,《汉语词法句法续集》,台北:台湾学生书局。
汤廷池,1992,《汉语词法句法三集》,台北:台湾学生书局。
万波,1997,安义方言的动词谓语句,收录于李如龙、张双庆编:《动词谓语句》,229-246,广州:暨南大学出版社。
王还,1984,《"把"字句和"被"字句》,上海:上海教育出版社。
王力,1955,《中国现代语法》,北京:中华书局。
王玲玲、何元建,2002,《汉语动结结构》,杭州:浙江教育出版社。
魏培泉,1994,古汉语被动式的发展与演变机制,《中国境内语言暨语言学》2:293-319。
温宾利,2002,《当代句法学导论》,北京:外语教学与研究出版社。
文若稚,1992,《广州方言古语选译》,澳门:澳门日报出版社。
吴庚堂,1999,"被"字的特征与转换,《当代语言学》1(4):25-37。
吴庚堂,2000,汉语被动式与动词被动化,《现代外语》23(3):249-260。
吴竞存、侯学超,1982,《现代汉语句法分析》,北京:北京大学出版社。
徐杰,2001,《普遍语法原则与汉语语法现象》,北京:北京大学出版社。
徐烈炯,1988,《生成语法理论》,上海:上海外语教育出版社。
徐烈炯编,1999,《共性与个性——汉语语言学中的争议》,北京:北京语言文化大学出版社。
许余龙,1992,《对比语言学概论》,上海:上海外语教育出版社。
游汝杰,1992,《汉语方言学导论》,上海:上海教育出版社。
余蔼芹,1991,粤语方言分区问题初探,《方言》3:164-181。
袁宾、何天玲、陈效胜,2001,被动式与处置式的混合句型,收录于范开泰等编:《面向21世纪语言问题再认识》,314-326,上海:上海教育出版社。

袁家骅等,1960,《汉语方言概要》,北京:文字改革出版社。
袁毓林,1998,《语言的认知研究和计算分析》,北京:北京大学出版社。
曾子凡,1989,《广州话·普通话口语词对译手册(增订本)》,香港:三联书店。
詹伯慧,1985,《现代汉语方言》,湖北教育出版社。
詹伯慧等,1991,《汉语方言及方言调查》,湖北教育出版社。
张伯江,1999,现代汉语的双及物结构式,《中国语文》3:175–184。
张伯江,2000,现代汉语的双及物结构式,收录于陆俭明、沈阳、袁毓林编:《面临新世纪挑战的现代汉语语法研究》,197–211,济南:山东教育出版社。
张国宪,2001,制约夺事成分句位实现的语义因素,《中国语文》6:508–518。
张国宪,2002,双宾语结构式的语法化渠道与"元"句式语义,发表于国际中国语言学学会第11届年会,日本爱知县立大学。
张洪年,1972,《香港粤语语法的研究》,香港:香港中文大学。
张宁,2000,汉语双宾语的结构分析,收录于陆俭明、沈阳、袁毓林编:《面临新世纪挑战的现代汉语语法研究》,212–223,济南:山东教育出版社。
张双庆,1997,香港粤语的动词谓语句,收录于李如龙、张双庆编:《动词谓语句》,247–262,广州:暨南大学出版社。
张振兴,1999,从汉语方言的被动式谈起,收录于邢福义编:《汉语法特点面面观》,234–243,北京:北京语言文化大学出版社。
赵元任,1980,《语言问题》,北京:商务印书馆。
郑定欧,1991,《粤语(香港话)教程》,香港:文化教育出版社。
周长银,2000,现代汉语"给"字句的生成句法研究,《当代语言学》3:155–167。
周国光,1997,《汉语句法结构习得研究》,合肥:安徽大学出版社。
朱德熙,1979,与动词"给"相关的句法问题,《方言》2,也收录于《现代汉语语法研究》,151–168,北京:商务印书馆。
朱德熙,1982,《语法讲义》,北京:商务印书馆。

邹嘉彦、游汝杰,2001,《汉语与华人社会》,复旦大学出版社、香港城市大学出版社。

Abney, Steven Paul. 1987. The English Noun Phrase in Its Sentential Aspect. Doctoral dissertation, MIT.

Aoun, Joseph, and Yen-hui Audrey Li(李艳惠). 1989. Scope and Constituency. *Linguistic Inquiry* 20: 141 – 172.

Baker, Mark C. 1988. *Incorporation: a Theory of Grammatical Function Changing*. Chicago and London: The University of Chicago Press.

Ball, J. Dyer. 1888. *Cantonese Made Easy* (second edition). Hong Kong: The 'China Mail' Office.

Barss, Andrew, and Howard Lasnik. 1986. A Note on Anaphora and Double Objects. *Linguistic Inquiry* 17, 347 – 354.

Beghelli, Filippo, and Tim Stowell. 1997. Distributivity and Negation: the Syntax of *Each* and *Every*. In Anna Szabolcsi, ed., *Ways of Scope Taking*, 71 – 107. Dordrecht: Kluwer Academic Publishers.

Bennett, Paul Anthony. 1978. Word Order in Chinese. Doctoral dissertation, SOAS, University of London.

Bošković, Zeljko. 1997. *The Syntax of Nonfinite Complementation*. Cambridge, MA.: The MIT Press.

Borer, Hagit. 1984. *Parametric Syntax: Case Studies in Semitic and Romance Languages*. Dordrecht: Foris Publications.

Bowers, John. 1993. The Syntax of Predication. *Linguistic Inquiry* 24: 591 – 656.

Bruche-Schulz, Gisela, and Alain Peyraube. 1993. Remarks on the Double-object Construction in Hong Kong Cantonese. Paper presented at the Fourth International Conference on Cantonese & Other Yue Dialects. City Polytechnic of Hong Kong.

Chan, Y.-K. 1951. *Everybody's Cantonese*. Hong Kong: Man Sang Printers.

Chao, Yuen-Ren(赵元任). 1968. *A Grammar of Spoken Chinese*. Berkeley and Los Angeles: University of California Press.

Cheng, Lisa L.-S. 1988a(郑礼珊). Aspects of Ba-construction. In Carol Tenny ed., *Lexicon Project Working Papers*, 73–84. Cambridge, Mass: MITWPL.

Cheng, Lisa L.-S. 1988b. Dative Constructions in Mandarin and Cantonese. Ms., MIT.

Cheng, Lisa L.-S. 1989. Aspectual Licensing of pro in Mandarin Chinese. Ms., MIT.

Cheng, Lisa L.-S. 1991. On the Typology of *Wh*-questions. Doctoral dissertation, MIT.

Cheng, Lisa L.-S., and C.-T. James Huang(黄正德). 1994. On the Argument Structure of Resultative Compounds. In Matthew Y. Chen, and Ovid J.-L. Tzeng, eds., *In honor of William S. Y. Wang: Interdisciplinary Studies on Language and Language Change*, 187–221. Taipei: Pyramid Press.

Cheng, Lisa L.-S., C.-T. James Huang(黄正德), Y.-H. Audrey Li(李艳惠), and C.-C. Jane Tang(汤志真). 1996. *Hoo, Hoo, Hoo*: Syntax of the Causative, Dative, and Passive Constructions in Taiwanese. Ms., University of California, Irvine, University of Southern California, and Academia Sinica.

Cheung, Samuel Hung-nin(张洪年). 1992. The Pretransitive in Cantonese. *Chinese Languages and Linguistics* 1, 241–303. Taipei: Academia Sinica.

Chiu, Bonnie Hui-Chun(邱慧君). 1993. The Inflectional Structure of Mandarin Chinese. Doctoral dissertation, University of California, Los Angeles.

Chomsky, Noam. 1957. *Syntactic Structure*. The Hague: Mouton.

Chomsky, Noam, 1970. Remarks on Nominalization. *Readings in English Transformational Grammar*, ed., by R. Jacobs and P. Rosenbaum. Waltham, Mass.: Ginn.

Chomsky, Noam. 1976. Conditions on Rules of Grammar. *Linguistic Analysis* 2, 303-351.

Chomsky, Noam. 1981. *Lectures on Government and Binding*. Dordrecht: Foris Publications.

Chomsky, Noam. 1986. *Knowledge of Language: Its Nature, Origin, and Use*. New York: Praeger.

Chomsky. Noam. 1988. *Language and Problems of Knowledge: the Managua Lectures*. Cambridge, Mass.: The MIT Press.

Chomsky, Noam. 1991. Some Notes on Economy of Derivation and Representation. In Robert Freidin, ed., *Principles and Parameters in Comparative Grammar*, 417-454. Cambridge, Mass.: The MIT Press.

Chomsky, Noam. 1993. A Minimalist Program for Linguistic Theory. In Kenneth Hale and Samuel Jay Keyser, eds., *The View From Building 20: Essays in Linguistics in Honor of Sylvain Bromberger*, 1-52. Cambridge, Mass.: The MIT Press.

Chomsky, Noam. 1995. Categories and Transformation. In *The Minimalist Program*. 219-394. Cambridge, Mass.: The MIT Press.

Chomsky, Noam. 1998. Some Observations on Economy in Generative Grammar. In *Is the best good enough? Optimality and Competition in Syntax*, eds. Pilar Barbosa et al., 115-127. Cambridge, Mass.: The MIT Press and MITWPL.

Chomsky, Noam. 2000. Minimalist Inquiries: the Framework. In Roger Martin, David Michaels, and Juan Uriagereka, eds., *Step by Step: Essays on Minimalist Syntax in Honor of Howard Lasnik*, 89-155. Cambridge, Mass.: The MIT Press.

Chomsky, Noam. 2001a. Derivation by Phase. In *Michael Kenstowicz ed., Ken Hale: a Life in Language*, 1-52. Cambridge, Mass.: The MIT Press.

Chomsky, Noam. 2001b. Beyond Explanatory Adequacy. *MIT Occa-*

sional *Papers in Linguistics 20*. Cambridge, Mass.: MITWPL.

Chomsky, Noam. 2002. *On Nature and Language*. Cambridge, Mass.: Cambridge University Press.

Chomsky, Noam, and Howard Lasnik. 1993. The Theory of Principles and Parameters. In Joachim Jacobs, et al. eds., *Syntax: an International Handbook of Contemporary Research*. Berlin and New York: Walter de Gruyter.

Chu, Chauncey C. (屈承熹). 1973. The Passive Construction: Chinese and English. *Journal of Chinese Linguistics* 1, 437–470.

Chui, Ka-Wai(徐嘉慧). 1988. Topics in Hong Kong Cantonese Syntax. MA thesis, Fu Jen Catholic University.

Cinque, Guglielmo. 1999. *Adverbs and Functional Heads: a Crosslinguistic Perspective*. New York and Oxford: Oxford University Press.

Cole, Peter, Gabriella Hermon, and Li-May Sung(宋丽梅). 1990. Principle and Parameters of Long-distance Reflexives. *Linguistic Inquiry* 21: 1–22.

Cole, Peter, and Chengchi Wang. 1996. Antecedents and Blockers of Long-distance Reflexives: the Case of Chinese *Ziji*. *Linguistic Inquiry* 27: 357–390.

Diesing, Molly. 1992. *Indefinites*. Cambridge, Mass.: The MIT Press.

Dowty, David. 1991. Thematic Proto-roles and Argument Selection. *Language* 67: 547–619.

Emonds, Joseph. 1976. *A Transformational Approach to English Syntax*. New York: Academic Press.

Feng, Shengli(冯胜利). 1990. The Passive Construction in Chinese. Ms., University of Pennsylvania.

Feng, Shengli. 1995. Prosodic Structure and Prosodically Constrained Syntax in Chinese. Unpublished doctoral dissertation, University of Pennsylvania.

Fukui, Naoki. 1986. A Theory of Category Projection and Its Applications. Doctoral dissertation, MIT.

Fukui, Naoki. 1988. Deriving the Differences between English and Japanese: a Case Study in Parametric Syntax. *English Linguistics* 5: 249–270.

Fukui, Naoki. 1995. The Principles-and-Parameters Approach: a Comparative Syntax of English and Japanese. In Masayoshi Shibatani and Theodora Bynon, eds., *Approaches to Language Typology*, 327–372. Oxford: Clarendon Press.

Fukui, Naoki, and Taisuke Nishigauchi. 1992. Head-movement and Case-marking in Japanese. *Journal of Japanese Linguistics* 14: 1–35.

Fukui, Naoki, and Yuji Takano. 1998. Symmetry in Syntax: Merge and Demerge. *Journal of East Asian Linguistics* 7: 27–86.

Green, Georgia M. 1974. *Semantics and Syntactic Regularity*. Bloomington and London: Indiana University.

Greenfield, Patricia M. 1991. Language, Tools and Brain: the Ontogeny and Phylogeny of Hierarchically Organized Sequential Behavior. *Behavioral and Brain Sciences* 14(4): 531–595.

Grimshaw, Jane. 1990. *Argument Structure*. Cambridge, Mass.: The MIT Press.

Gu, Yang(顾阳). 1995. Aspect Licensing, Verb movement and Feature Checking. *Cahiers de Linguistique Asie Orientale*, 24(1): 49–83.

Hale, Kenneth, and Samuel Jay Keyser. 1993. On Argument Structure and the Lexical Representation of Syntactic Relations. In Kenneth Hale and Samuel Jay Keyser, eds., *The View from Building 20: Essays in Linguistics in Honor of Sylvain Bromberger*, 53–109. Cambridge, Mass.: The MIT Press.

Harley, Heidi. 1997. If you *have*, You Can *Give*. In Brian Agbayani and Sze-Wing Tang eds., *The Proceedings of the Fifteenth West Coast Conference on Formal Linguistics*, 193 – 207. Stanford: CSLI.

Hashimoto, Mantaro(桥本万太郎). 1969. Observations on the Passive Construction. *Unicorn* 5: 59 – 71.

Hauser, Marc D., Noam Chomsky, and W. Tecumseh Fitch. 2002. The Faculty of Language: What Is It, Who Has It, and How Did It Evolve? *Science* 298, 1569 – 1579.

Hornstein, Norbert. 1995. *Logical Form: from GB to Minimalism*. Oxford and Cambridge, Mass.: Blackwell.

Hornstein, Norbert. 2001. *Move! A Minimalist Theory of Construal*. Malden, Mass. and Oxford: Blackwell.

Hoshi, Hiroto. 1994. Theta-role Assignment, Passivization, and Excorporation. *Journal of East Asian Linguistics* 3: 147 – 178.

Huang, C.-T. James(黄正德). 1974. Constraints on Transformations: a Study of Chinese Movement Transformation. MA thesis, National Taiwan Normal University.

Huang, C.-T. James. 1982. Logical Relations in Chinese and the Theory of Grammar. Doctoral dissertation. MIT.

Huang, C.-T. James. 1989. Pro-drop in Chinese: a Generalized Control Theory. In Osvaldo Jaeggli and Kenneth J. Safir, eds., *The Null Subject Parameter*, 185 – 214. Dordrecht: Kluwer Academic.

Huang, C.-T. James. 1991a. Modularity and Chinese A-not-A Questions. In Carol Georgopoulos and Roberta Ishihara, eds., *Interdisciplinary Approaches to Language: Essays in Honor of S.-Y. Kuroda*, 305 – 332. Dordrecht: Kluwer Academic.

Huang, C.-T. James. 1991b. Verb Movement, (In)definiteness, and the Thematic Hierarchy. In Paul Jen-Kuei Li, Chu-Ren Huang, and Ying-Chin Lin, eds., *Proceedings of the Second International Symposium on Chinese Languages and Linguistics*,

481 – 498. Taipei: Academia Sinica.

Huang, C.-T. James. 1993. Reconstruction and the Structure of VP: Some Theoretical Consequences. *Linguistic Inquiry* 24: 103 – 138.

Huang, C.-T. James. 1994. More on Chinese Word Order and Parametric Theory. In Barbara Lust, Margarita Suñer, and John Whitman, eds., *Syntactic Theory and First Language Acquisition: Cross-linguistic Perspectives*, volume 1 *Heads, Projections, and Learnability*, 15 – 35. Hillsdale, NJ.: Lawrence Erlbaum Associates, Publishers.

Huang, C.-T. James. 1997. On Lexical Structure and Syntactic Projection. In Feng-fu Tsao and H. Samuel Wang, eds., *Chinese Languages and Linguistics 3*, 45 – 89. Taipei: Academia Sinica.

Huang, C.-T. James. 1999. Chinese Passives in Comparative Perspective. The *Tsing Hua Journal of Chinese Studies*, New Series 29(4): 423 – 509

Huang, C.-T. James, and Y.-H. Audrey Li(李艳惠). 1996. Recent Generative Studies in Chinese Syntax. In C.-T. J. Huang and Y.-H. A. Li, eds., *New Horizons in Chinese Linguistics*, 49 – 95. Dordrecht: Kluwer Academic Publishers.

Jackendoff, Ray S., 1972. *Semantic Interpretation in Generative Grammar*. Cambridge, Mass.: The MIT Press.

Jackendoff, Ray. 1990a. On Larson's Treatment of the Double Object Construction. *Linguistic Inquiry* 19: 427 – 456.

Jackendoff, Ray. 1990b. *Semantic Structures*. Cambridge, Mass.: The MIT Press.

Johnson, Kyle. 1994. Bridging the Gap. Ms., University of Massachusetts, Amherst.

Kayne, Richard S. 1984. *Connectedness and Binary Branching*. Dordrecht: Foris.

Kayne, Richard S. 1994. *The Antisymmetry of Syntax*. Cambridge, Mass.: The MIT Press.

Killingley, Siew-Yue. 1993. *Cantonese*. München: Lincom Europa.

Koizumi, Masatoshi. 1993. Object Agreement and the Split VP Hypothesis. *MIT Working Papers in Linguistics* 18, 99–148.

Koopman, Hilda, and Dominque Sportiche. 1991. The Position of Subjects. *Lingua*, 85: 211–258.

Kratzer, Angelika. 1994. On External Argument. In E. Benedicto and J. Runner, eds., *University of Massachusetts Occasional Papers 17: Functional Projections*, 103–130. Amherst, Mass.: GLSA.

Kung, Hui-I(龚慧懿). 1993. The Mapping Hypothesis and Postverbal Structures in Mandarin Chinese. Doctoral dissertation, University of Wisconsin, Madison.

Kuroda, S.-Y. 1988. Whether We Agree or Not: a Comparative Syntax of English and Japanese. *Linvisticae Investigationes* 12: 1–47. Reprinted in *Japanese Syntax and Semantics: Collected Papers*. 315–357. Dordrecht: Kluwer Academic Publishers.

Kwok, Helen(郭张凯伦). 1971. *A Study of the Cantonese Verbs*. Hong Kong: Centre of Asian Studies, University of Hong Kong.

Larson, Richard K. 1988. On the Double Object Construction. *Linguistic Inquiry* 19: 335–391.

Larson, Richard K. 1990. Double Objects Revisited: Reply to Jackendoff. *Linguistic Inquiry* 21: 589–632.

Lau, Sidney(刘锡祥). 1972. *Elementary Cantonese 1*. Hong Kong: Government Printer.

Levin, Beth. 1993. *English Verb Classes and Alternations: a Preliminary Investigation*. Chicago and London: The University of Chicago Press.

Li, Charles N.(李纳), and Sandra A. Thompson. 1981. *Mandarin Chinese: a Functional Reference Grammar*. Berkeley and Los

Angeles: University of California Press.

Li, Yen-hui Audrey(李艳惠). 1990. *Order and Constituency in Mandarin Chinese*. Dordrecht: Kluwer Academic Publishers.

Li, Yen-hui Audrey. 2001. The *Ba* Construction. Ms., University of Southern California.

Lobeck, Anne. 1995. *Ellipsis: Functional Heads, Licensing, and Identification*. New York and Oxford: Oxford University Press.

Man, Patricia Yuk-Hing(文玉卿). 1998. Postverbal KEOI as a Marker for Nonasserted Bounded Clauses. In Stephen Matthews ed., *Studies in Cantonese Linguistics*, 53 – 62. Hong Kong: The Linguistic Society of Hong Kong.

Marantz, Alec. 1993. Implications and Asymmetries in Double Object Constructions. In Sam A. Mchombo ed., *Theoretical Aspect of Bantu Grammar 1*. Stanford: CSLI Publications.

Martin, Roger, and Juan Uriagereka. 2000. Some Possible Foundations of the Minimalist Program. In Roger Martin, David Michaels, and Juan Uriagereka, eds., *Step by step: Essays on Minimalist Syntax in Honor of Howard Lasnik*, 1 – 29. Cambridge, Mass.: The MIT Press.

Matthews, Stephen, and Virginia Yip(叶彩燕). 1994. *Cantonese: a Comprehensive Grammar*. London and New York: Routledge.

May, Robert. 1977. The Grammar of Quantification. Doctoral Dissertation, MIT.

May, Robert. 1985. *Logical Form: Its Structure and Derivation*. Cambridge, Mass.: MIT Press.

McGinnis, Martha. 2001. Phases and the Syntax of Applicatives. In Minjoo Kim and Uri Strauss eds., *Proceedings of NELS 31*, 333 – 349. Amherst, Mass.: GLSA.

Mok, Sui-Sang(莫瑞生). 1998. Cantonese Exceed Comparatives. Doctoral dissertation, University of California, San Diego.

Mui, Evelynne(梅基美), and Wynn Chao. 1999. The Bei Passive

Construction in Chinese. Handout of talk given at the International Association of Chinese Linguistics Eighth Annual Conference, University of Melbourne.

Peyraube, Alain. 1981. The dative construction in Cantonese. *Computational Analyses of Asian and African Languages* 16, 29–65.

Peyraube, Alain. 1988. *Syntaxe Diachronique du Chinois: Evolution des Constructions Datives du XIV Siecle av. J.-C. au XVIII Siecle*. Paris: College.

Peyraube, Alain. 1997. Cantonese Post-verbal Adverbs. In Anne O Yue and Mitsuki Endo, eds., *In Memory of Mantaro J. Hashimoto*, 303–313. Tokyo: Uchiyama Shoten.

Pollock, Jean-Yves. 1989. Verb Movement, Universal Grammar, and the Structure of IP. *Linguistic Inquiry* 20: 365–424.

Radford, Andrew. 1990. *Syntactic Theory and the Acquisition of English Syntax*. Oxford: Basil Blackwell.

Rizzi, Luigi. 1990. *Relativized Minimality*. Cambridge, MA.: The MIT Press.

Saito, Mamoru, and Keiko Murasuki. 1990. N'-deletion in Japanese: a Preliminary Study. In Hajime Hoji ed., *Japanese/Korean Linguistics*, 285–301. Stanford: CSLI.

Selkirk, Elisabeth O. 1984. *Phonology and Syntax: the Relation between Sound and Structure*. Cambridge, Mass.: The MIT Press.

Shi, Dingxu(石定栩). 1997. Issues on Chinese Passives. *Journal of Chinese Linguistics* 25: 41–70.

Shi, Dingxu, and Sze-Wing Tang(邓思颖). 1999. Some Notes on the So-called 'Pseudo-passives' in Chinese. Handout of talk given at Linguistic Society of Hong Kong Annual Research Forum, The Chinese University of Hong Kong.

Simpson, Andrew. 2001. Focus, Presupposition and Light Predicate

Raising in East and Southeast Asia. *Journal of East Asian Linguistics* 10: 89 – 128.

Simpson, Andrew, and Zoe Wu(吴秀枝). 2002. IP-raising, Tone Sandhi and the Creation of Particles: Evidence for Cyclic Spell-out. *Journal of East Asian Linguistics* 11: 67 – 99.

Smith, Carlota S. 1997. *The Parameter of Aspect (second edition)*. Dordrecht: Kluwer Academic Publishers.

Soh, Hooi Ling. 2001. Quantifier Scope in Mandarin Chinese. Handout of talk given at the First International Conference on Modern Chinese Grammar for the New Millenium, City University of Hong Kong.

Sybesma, Rint. 1996. Chinese Functional Projections. Handout of talk given at Theoretical East Asian Linguistics Workshop, April 13, University of California, Irvine.

Tai, James H.-Y.(戴浩一). 1969. Coordination Reduction. Doctoral dissertation, Indiana University.

Tang, Chih-Chen Jane(汤志真). 1990. Chinese Phrase Structure and the Extended X'-theory. Doctoral dissertation, Cornell University.

Tang, Gladys(邓慧兰), and Yang Gu(顾阳). 1998. Subject Orientation in the Chinese Reflexives 'Ziji'. In Yang Gu ed., *Studies in Chinese Linguistics*, 195 – 216. Hong Kong: Linguistic Society of Hong Kong.

Tang, Sze-Wing(邓思颖). 1992. Classification of Verbs and Dative Constructions in Cantonese. Paper presented at the Linguistic Society of Hong Kong Annual Research Forum. The Chinese University of Hong Kong.

Tang, Sze-Wing. 1996. A Role of Lexical Quantifiers. *Studies in the Linguistic Sciences* 26(1/2): 307 – 323.

Tang, Sze-Wing. 1998a. Parametrization of Features in Syntax. Doctoral Dissertation, University of California, Irvine.

Tang, Sze-Wing. 1998b. On the 'Inverted' Double Object Construction.

In Stephen Matthews ed., *Studies in Cantonese Linguistics*, 35-52. Hong Kong: The Linguistic Society of Hong Kong.

Tang, Sze-Wing. 2000. Identity Avoidance and Constraint Interaction: the Case of Cantonese. *Linguistics* 38: 33-61.

Tang, Sze-Wing. 2001a. A Complementation Approach to Chinese Passives and Its Consequences. *Linguistics* 39: 257-295.

Tang, Sze-Wing. 2001b. The (Non-)existence of Gapping in Chinese and its Implications for the Theory of Gapping. *Journal of East Asian Linguistics* 10: 201-224.

Tang, Sze-Wing. 2001c. On QU-features. In Maki Irie and Hajime Ono eds., *UCI Working Papers in Linguistics* 7, 191-204. Irvine: ILSA, University of California, Irvine.

Tang, Sze-Wing. 2002a. Focus and *dak* in Cantonese. *Journal of Chinese Linguistics* 30(2): 266-309.

Tang, Sze-Wing. 2002b. Extraction in Control Structures in Chinese. *Cahiers Linguistique - Asie Orientale* 31(2):261-272.

Tenny, Carol Lee. 1987. Grammaticalizing Aspect and Affectedness. Doctoral dissertation, MIT.

Tenny, Carol Lee. 1994. *Aspectual Roles and the Syntax-semantics Interface*. Dordrecht: Kluwer Academic Publishers.

Ting, Jen. 1998. Deriving the *Bei*-construction in Mandarin Chinese. *Journal of East Asian Linguistics* 4: 319-354.

Ting, Jen(丁仁). 1995. A Non-uniform Analysis of the Passive Construction in Mandarin Chinese. Doctoral dissertation, University of Rochester.

Ting, Jen. 1998. Deriving the *Bei*-construction in Mandarin Chinese. *Journal of East Asian Linguistics* 4: 319-354.

Tsai, Wei-tien(蔡维天). 1993. Visibility, Complement Selection and the Case Requirement of CP. In *MIT Working Papers in Linguistics* 18, 215-242. Cambridge, MA.: MITWPL.

Tsai, Wei-tien. 1994. On Economizing the Theory of A-bar Dependencies. Doctoral dissertation, MIT.

Tsao, Feng-fu (曹逢甫). 1988. The Functions of Mandarin *Gei* and Taiwanese *Hou* in the Double Object and Passive Constructions. In Robert L. Cheng, and Shuanfan Huang, eds., *The Structure of Taiwanese: a Modern Synthesis*, 165 – 208. Taipei: The Crane Publishing Co.

Wexler, Kenneth, and M. Rita Manzini. 1987. Parameters and Learnability in Binding Theory. In Thomas Roeper and Edwin Williams, eds., *Parameter Setting*, 77 – 89. Dordrecht: D. Reidel Publishing Company.

Wisner, O. F. 1906. *Beginning Cantonese*. Canton: China Baptist Publication Society.

Wong, Colleen H (黄吴杏莲). 1994. The Acquisition of Bei2 as a Verb, Coverb and Preposition in a Cantonese Speaking-child. In Jose Camacho and Lina Choueiri, eds., *Proceedings of the Sixth North American Conference on Chinese Linguistics*, Volume 2, 206 – 220. Los Angeles: GSIL, University of Southern California.

Xu, Ding (徐丁). 1997. *Functional Categories in Mandarin Chinese*. Holland Institute of Generative Linguistics.

Xu, Liejiong (徐烈炯). 1999. Remarks on VP-ellipsis in Chinese. Handout of talk given at the International Association of Chinese Linguistics Eighth Annual Conference, University of Melbourne.

Xu, Liejiong, and Alain Peyraube. 1997. On the Double Object Construction and the Oblique Construction in Cantonese. *Studies in Language* 21: 105 – 127.

Yue-Hashimoto, Anne (余霭芹). 1971. Mandarin Syntactic Structures. *Unicorn 8*.

Yue-Hashimoto, Anne. 1993. *Comparative Chinese Dialectal Grammar*. Paris: CRLAO.

Yuen, Y.-C. (袁英才). 1958. *A Guide to Cantonese* (粤语指南). Hong Kong: Calson Printers.

Zhang, Niina Ning(张宁). 1997. Syntactic Dependencies in Mandarin Chinese. Doctoral dissertation, University of Toronto.

Zhang, Niina Ning. 1998. Argument Interpretations in the Ditransitive Construction. *Nordic Journal of Linguistics* 21: 179–209.

Zou, Ke(邹科). Alienable and Inalienable Objects in the Chinese Bei-construction. In Hua Lin ed., *Proceedings of the Ninth North American Conference on Chinese Linguistics* Vol. 1, 428–443. Los Angeles: GSIL, University of Southern California.

语言学术语英汉对照表

（数字为本书的章节）

A

A'-movement	非主目移位	7.4
across-the-board movement	全面扩散移位	5.6
activity predicates	动作述语	3.5
adjunct	附接语	3.5
affectedness	受影响	7.4
affix features	词缀特征	3.3
Agent	施事	4.3
agreement	一致标记	3.5
antecedent	先行语	5.3, 6.2
argument	主目	4.3
Argument Augmentation	主目扩充	4.5
argument structure	主目结构	4.5
aspect	体	3.5
aspect marker	体标记	3.5
autonomous syntax	自主句法	4.6

B

bare phrase structure theory	简明短语结构理论	3.5
base	词基	5.1
BE	是	3.5, 6.7
BECOME	变成	3.5
Benefactive	受益者	4.3
binary	二元	6.2
binding theory	约束理论	6.2, 7.3

C

Case	格位	3.5

categorial features	词类特征	3.3
causative predicates	使役述语	3.5, 6.4
CAUSE	使役	3.5, 6.7
c-command	成分统领	6.2
cognitive system	认知系统	3.2
complement	补足语	3.5
complementary distribution	互补分布	5.6
complementizer, C	标补语	3.5
computational system	运算系统	3.2
conceptual-intentional systems	概念意向系统	3.2
contrastive linguistics	对比语言学	2.4
conversational principle	谈话原则	4.6
covert component	隐性部门	3.2
creative aspect of language use	语言使用的创造性	4.6

D

dative construction	与格结构	4.2, 5.3
daughter phrase	女儿节点短语	4.4
declaration expression	宣称的表达	4.2
deep structure	深层结构	3.2
deletion-up-to-recoverability	省略至可还原程度	4.5
delimit	限定	6.4
derivation	推导	3.2
Descartes's problem	笛卡尔问题	4.6
descriptive adequacy	描述充分	3.1
direct argument	直接主目	4.4
direct object	直接宾语	4.1
DO	进行	3.5
dominate	统制	6.2
do-support	do-支撑	5.1

E

economy	经济	3.2
economy of derivation	推导经济	3.2
economy of representation	表征经济	3.2
economy principles	经济原则	3.2
embedded clause	嵌套句	7.1
empty pronominal	空代语	7.3
eventualities	事件意义	3.5
exceptional Case marking, ECM	例外格位标记	7.3
explanatory adequacy	解释充分	3.1
external language	外在语言	2.2

F

feature	特征	3.3
focus	焦点	5.1
formal linguistics	形式语言学	1.2
functional category	功能性词类	3.3
Functional Parametrization Hypothesis	功能参数化假定	3.3

G

gapping	缺空现象	5.6
GB theory	管约论	3.1
generalized control theory	概化控制理论	7.3
generative grammar	生成语法学	2.2, 3.1
Goal	终点	4.3
governing category	管辖范畴	7.3
government and binding theory	管辖与约束理论	3.1
governor	管辖语	7.3
grammar	语法	2.2

H

haplology	同音删略	7.1
HAVE	拥有	6.7
head	中心语	3.5
head parameter	中心语参数	5.2
Heavy NP Shift	重块头名词短语移位	5.1
HOLD	持续	3.5

I

inchoative predicates	表始述语	3.5
incorporation	组并	6.5, 7.3
indefinite	无定	5.6
index	标引	5.3, 6.2
indirect argument	间接主目	4.4
indirect object	间接宾语	4.1
infinitive	不定式	7.3
inflection, Infl, I	屈折成分	3.5
inflectional rules	屈折规则	3.3
initial state	初始状态	3.1
interface	接口	3.2
interface condition	接口条件	4.4
internal language	内在语言	2.2
Internal Subject Hypothesis	内部主语假定	3.5
island	孤岛	7.3

J

judgment expression	判断的表达	4.2

L

labeled bracketing	带标加括法	3.5
language acquisition	语言习得	3.1
language faculty	语言机制	2.2

last resort	最后手段	5.1
lexical category	词汇性词类	3.3
Lexical Parametrization Hypothesis	词汇参数化假定	3.3
lexicon	词库	3.2
license	准许	5.6
light verb, v	轻量动词	3.5
Linear Correspondence Axiom, LCA	线性对应定理	3.5, 5.2
Location	处所	4.3
Logical Form, LF	逻辑形式	3.2

M

main clause	主要小句	7.3
maximal projection	最大投射	3.5, 5.1
Merge	合并	5.1, 6.2
Merge over Move, MOM	合并优先于移位	5.1
metrical grid	节律栅	4.4
mind/brains	心智/大脑	2.2
minimal projection	最小投射	3.5, 5.1
Minimalist Program	最简方案	3.2
modality	情态	5.5
morphology	形态	1.1, 2.2
Move	移位	5.1
Move-α	移位 α	5.1

N

narrow syntax	狭义句法	3.2
native speaker	母语者	1.1
negative polarity items	否定极项	6.2, 7.3
new/old information	新旧信息	5.1
nomination expression	命名的表达	4.2
nonfinite	不定式	5.1
nonspecific	无指	5.4

null Case	零格位	7.3
null operator	空算子	7.1

O

Obligatory Contour Principle, OCP	强制曲拱原则	4.4
OCCUR	呈现	3.5
overt component	显性部门	3.2
Overt Parametrization Hypothesis	显性参数化假定	3.3

P

parameter	参数	3.1
parameter setting	参数定值	3.1
Patient	受事	4.3
perception	感知	4.6
perfect	完成时	3.5
performance system	表现系统	3.2
phase	阶段	3.2
phonetic features	语音特征	3.3
Phonetic Form, PF	语音形式	3.2
phonological border	音韵边界	5.1, 6.4
phonological component	音韵部门	3.2
phonology	音韵	1.1, 2.2
phrase	短语	3.5
phrase structure rules	短语结构规则	3.5
preposition stranding	介词流落	7.2
principle	原则	3.1
principles-and-parameters framework	原则与参数理论	3.1
PRO	大代语	7.1, 7.3
pro	小代语	7.3
production	产生	4.6
project	投射	5.1

Q

Quantifier Raising, QR	量化词提升	5.1
QU-feature	量化特征	5.6

R

reanalysis	重新分析	4.4
reflexive	反身代词	3.3, 6.2
relativized minimality	相关最小限度	7.3
resumptive pronoun	复述代词	7.3, 7.4
rewrite rules	重写规则	3.5
right adjunction	右附接	6.3
root clause	根句	3.5
rule	规则	3.1, 3.5

S

scope	辖域	5.1
secondary predicate	次谓语	6.5
semantic component	语义部门	3.2
semantic features	语义特征	3.3
semantics	语义	1.1, 2.2
sensorimotor systems	感觉运动系统	3.2
Silent Demibeat Addition hypothesis	加入无声半拍假定	4.4
small clause	小小句	4.2
Source	源点	4.3, 6.5
specific	有指	5.4
specifier	指定语	3.5
spell-out	拼读	3.2
Standard Theory	标准理论	3.5
stative predicates	静态述语	3.5
subcategorization	次范畴化	4.5, 7.1
subordinate clause	从属小句	3.5, 7.3

superiority	优越效果	6.2
surface structure	表层结构	3.2
syntax	句法	1.1, 2.2, 3.5
systems of thought	思想系统	3.2

T

tense, T	时态	3.5
thematic hierarchy	题元层阶	4.4, 6.3, 6.5
thematic relation	题元关系	3.5
thematic roles	题元角色	3.5, 4.3
theta theory	题元理论	4.3
theta-grid	题元网络	4.5
three-place predicate	三元述语	4.5
trace	语迹	3.5
transformation	转换	5.1
Transformation Generative Grammar	转换生成语法	5.1
tree diagram	树形图	3.5
two-place predicate	二元述语	4.5

U

unbounded dependency	无界依存	7.2, 7.3
Uniformity of Theta Assignment Hypothesis, UTAH	题元角色一致指派假定	4.4, 6.3
Universal Grammar	普遍语法	3.1

V

value	值	3.1
variable	变项	6.2
VP ellipsis	动词短语省略	7.3
VP shell	动词短语壳	3.5, 4.4, 6.3

W

weak crossover	弱跨越	5.3, 6.2
wh-movement	疑问词移位	5.1

X

X' theory	X杠理论	3.5

语言学术语汉英对照表

(按汉语拼音序,数字为本书的章节)

B

变成	BECOME	3.5
变项	variable	6.2
标补语	complementizer, C	3.5
标引	index	5.3, 6.2
标准理论	Standard Theory	3.5
表层结构	surface structure	3.2
表始述语	inchoative predicates	3.5
表现系统	performance system	3.2
表征经济	economy of representation	3.2
补足语	complement	3.5
不定式	infinitive	7.3
不定式	nonfinite	5.1

C

参数	parameter	3.1
参数定值	parameter setting	3.1
产生	production	4.6
成分统领	c-command	6.2
呈现	OCCUR	3.5
持续	HOLD	3.5
重写规则	rewrite rules	3.5
初始状态	initial state	3.1
处所	Location	4.3
词汇参数化假定	Lexical Parametrization Hypothesis	3.3
词汇性词类	lexical category	3.3
词基	base	5.1
词库	lexicon	3.2

词类特征	categorial features	3.3
词缀特征	affix features	3.3
次范畴化	subcategorization	4.5, 7.1
次谓语	secondary predicate	6.5
从属小句	subordinate clause	3.5, 7.3

D

大代语	PRO	7.1, 7.3
带标加括法	labeled bracketing	3.5
笛卡尔问题	Descartes's problem	4.6
动词短语壳	VP shell	3.5, 4.4, 6.3
动词短语省略	VP ellipsis	7.3
动作述语	activity predicates	3.5
do-支撑	*do*-support	5.1
短语	phrase	3.5
短语结构规则	phrase structure rules	3.5
对比语言学	contrastive linguistics	2.4

E

| 二元 | binary | 6.2 |
| 二元述语 | two-place predicate | 4.5 |

F

反身代词	reflexive	3.3, 6.2
非主目移位	A'-movement	7.4
否定极项	negative polarity items	6.2, 7.3
附接语	adjunct	3.5
复述代词	resumptive pronoun	7.3, 7.4

G

| 概化控制理论 | generalized control theory | 7.3 |
| 概念意向系统 | conceptual-intentional systems | 3.2 |

感觉运动系统	sensorimotor systems	3.2
感知	perception	4.6
格位	Case	3.5
根句	root clause	3.5
功能参数化假定	Functional Parametrization Hypothesis	3.3
功能性词类	functional category	3.3
孤岛	island	7.3
管辖范畴	governing category	7.3
管辖与约束理论	government and binding theory	3.1
管辖语	governor	7.3
管约论	GB theory	3.1
规则	rule	3.1, 3.5

H

合并	Merge	5.1, 6.2
合并优先于移位	Merge over Move, MOM	5.1
互补分布	complementary distribution	5.6

J

加入无声半拍假定	Silent Demibeat Addition hypothesis	4.4
间接宾语	indirect object	4.1
间接主目	indirect argument	4.4
简明短语结构理论	bare phrase structure theory	3.5
焦点	focus	5.1
阶段	phase	3.2
接口	interface	3.2
接口条件	interface condition	4.4
节律栅	metrical grid	4.4
解释充分	explanatory adequacy	3.1
介词流落	preposition stranding	7.2
进行	DO	3.5
经济	economy	3.2

经济原则	economy principles	3.2
静态述语	stative predicates	3.5
句法	syntax	1.1, 2.2, 3.5

K

空代语	empty pronominal	7.3
空算子	null operator	7.1

L

例外格位标记	exceptional Case marking, ECM	7.3
量化词提升	Quantifier Raising, QR	5.1
量化特征	QU-feature	5.6
零格位	null Case	7.3
逻辑形式	Logical Form, LF	3.2

M

描述充分	descriptive adequacy	3.1
命名的表达	nomination expression	4.2
母语者	native speaker	1.1

N

内部主语假定	Internal Subject Hypothesis	3.5
内在语言	internal language	2.2
女儿节点短语	daughter phrase	4.4

P

判断的表达	judgment expression	4.2
拼读	spell-out	3.2
普遍语法	Universal Grammar	3.1

Q

嵌套句	embedded clause	7.1
强制曲拱原则	Obligatory Contour Principle, OCP	4.4

轻量动词	light verb, v	3.5
情态	modality	5.5
屈折成分	inflection, Infl, I	3.5
屈折规则	inflectional rules	3.3
全面扩散移位	across-the-board movement	5.6
缺空现象	gapping	5.6

R
| 认知系统 | cognitive system | 3.2 |
| 弱跨越 | weak crossover | 5.3, 6.2 |

S
三元述语	three-place predicate	4.5
深层结构	deep structure	3.2
生成语法学	generative grammar	2.2, 3.1
省略至可还原程度	deletion-up-to-recoverability	4.5
施事	Agent	4.3
时态	tense, T	3.5
使役	CAUSE	3.5, 6.7
使役述语	causative predicates	3.5, 6.4
事件意义	eventualities	3.5
是	BE	3.5, 6.7
受事	Patient	4.3
受益者	Benefactive	4.3
受影响	affectedness	7.4
树形图	tree diagram	3.5
思想系统	systems of thought	3.2

T
谈话原则	conversational principle	4.6
特征	feature	3.3
题元层阶	thematic hierarchy	4.4, 6.3, 6.5

题元关系	thematic relation	3.5
题元角色	thematic roles	3.5, 4.3
题元角色一致指派假定	Uniformity of Theta Assignment Hypothesis, UTAH	4.4, 6.3
题元理论	theta theory	4.3
题元网络	theta-grid	4.5
体	aspect	3.5
体标记	aspect marker	3.5
同音删略	haplology	7.1
统制	dominate	6.2
投射	project	5.1
推导	derivation	3.2
推导经济	economy of derivation	3.2

W

外在语言	external language	2.2
完成时	perfect	3.5
无定	indefinite	5.6
无界依存	unbounded dependency	7.2, 7.3
无指	nonspecific	5.4

X

X杠理论	X' theory	3.5
狭义句法	narrow syntax	3.2
辖域	scope	5.1
先行语	antecedent	5.3, 6.2
显性部门	overt component	3.2
显性参数化假定	Overt Parametrization Hypothesis	3.3
线性对应定理	Linear Correspondence Axiom, LCA	3.5, 5.2
限定	delimit	6.4
相关最小限度	relativized minimality	7.3
小代语	*pro*	7.3

小小句	small clause	4.2
心智/大脑	mind/brains	2.2
新旧信息	new/old information	5.1
形式语言学	formal linguistics	1.2
形态	morphology	1.1, 2.2
宣称的表达	declaration expression	4.2

Y

一致标记	agreement	3.5
移位	Move	5.1
移位 α	Move-α	5.1
疑问词移位	*wh*-movement	5.1
音韵	phonology	1.1, 2.2
音韵边界	phonological border	5.1, 6.4
音韵部门	phonological component	3.2
隐性部门	covert component	3.2
拥有	HAVE	6.7
优越效果	superiority	6.2
有指	specific	5.4
右附接	right adjunction	6.3
与格结构	dative construction	4.2, 5.3
语法	grammar	2.2
语迹	trace	3.5
语言机制	language faculty	2.2
语言使用的创造性	creative aspect of language use	4.6
语言习得	language acquisition	3.1
语义	semantics	1.1, 2.2
语义部门	semantic component	3.2
语义特征	semantic features	3.3
语音特征	phonetic features	3.3
语音形式	Phonetic Form, PF	3.2

原则	principle	3.1
原则与参数理论	principles-and-parameters framework	3.1
源点	Source	4.3, 6.5
约束理论	binding theory	6.2, 7.3
运算系统	computational system	3.2

Z

直接宾语	direct object	4.1
直接主目	direct argument	4.4
值	value	3.1
指定语	specifier	3.5
中心语	head	3.5
中心语参数	head parameter	5.2
终点	Goal	4.3
重块头名词短语移位	Heavy NP Shift	5.1
重新分析	reanalysis	4.4
主目	argument	4.3
主目结构	argument structure	4.5
主目扩充	Argument Augmentation	4.5
主要小句	main clause	7.3
转换	transformation	5.1
转换生成语法	Transformation Generative Grammar	5.1
准许	license	5.6
自主句法	autonomous syntax	4.6
组并	incorporation	6.5, 7.3
最大投射	maximal projection	3.5, 5.1
最后手段	last resort	5.1
最简方案	Minimalist Program	3.2
最小投射	minimal projection	3.5, 5.1